Maik Albrecht und Frank Rudolph

Tigersturz und Ringerbrücke

Effektive Trainingsmethoden für Kampfkunst und Sport

Palisander

Der Verlag dankt Dr. Janett Kühnert und Norbert Wölfel (Chemnitzer Karateverein) für die fachliche Unterstützung bei der Redaktion.

Deutsche Erstausgabe
1. Auflage 2014
© 2014 by Palisander Verlag, Chemnitz
Umschlaggestaltung: Anja Elstner
Lektorat: Frank Elstner
Redaktion & Layout: Palisander Verlag
Druck- und Bindearbeiten: Jelgavas tipogrāfija SIA
Printed in Latvia
ISBN 978-3-938305-73-7

www.palisander-verlag.de

Die Autoren

Maik Albrecht, Jahrgang 1981, praktiziert seit mittlerweile zwei Jahrzehnten die verschiedensten östlichen und westlichen Kampfkünste. Mit 20 Jahren ging er nach China und studierte dort chinesische Kampfkunst bei den letzten noch lebenden Meistern des alten Wushu.

2006 gewann er als einziger Ausländer in der chinesischen Profigruppe eine Goldmedaille bei der Wushu-Weltmeisterschaft in Zhengzhou. Im selben Jahr erhielt er den 4. Meistergrad (Wushu Duan) und war zu dieser Zeit der jüngste Ausländer mit einer solch hohen Graduierung. Albrecht besitzt einen Abschluss in Sinologie von der Universität Wuhan, die zu den besten der Welt gehört.

Maik Albrecht ist heute einer der führenden Chinaexperten und Kenner der chinesischen Kampfkünste weltweit. Er trainierte als einer der ersten Ausländer in China sogar Chinesen, unter anderem Mitglieder chinesischer SWAT-Einheiten.

Das ARD hat 2008 einen Dokumentarfilm über sein Leben in China gedreht: »Herr Albrecht macht Wushu – Ein Deutscher kämpft in China.« In China, wo er selbst von den Meistern der alten Generation als Kenner und Könner des Wushu anerkannt wird, gibt es zahlreiche Veröffentlichungen über ihn. 2009 drehte das chinesische Staatsfernsehen eine mehrteilige Dokumentation über sein Leben mit der Kampfkunst.

Maik Albrecht lebt in Wuhan, China. Er ist mit der Tochter seines Shifu (Lehrer-Vater) Li Zhenghua verheiratet.

Frank Rudolph, Jahrgang 1969. Nach mehreren Ausbildungen absolvierte er von 1993 bis 1996 ein Journalistikstudium. Tätigkeit als freier Mitarbeiter bei verschiedenen Zeitungen und Magazinen. Seit 1992 Veröffentlichungen über Philosophie, Geschichte, Kampfkunst und Kultur mit den Schwerpunkten Asien und vergleichende Geschichte. Mehrere Studienreisen führten ihn nach China. Er verfasst Belletristik, Lyrik und Essays, des weiteren Biographien und Fachtexte zu den unterschiedlichsten Themen. Er lebt in Wolfsburg.

Frank Rudolph praktiziert verschiedene europäische und asiatische Kampfkünste. Gemeinsam mit Maik Albrecht gründete er das Albrecht-Rudolph Institute of Martial Arts Research (ARIOMAR).

Maik Albrecht (links) und Frank Rudolph.

Inhaltsverzeichnis

In memoriam
Klemens Neumann (18.11.1932-25.02.2013)
58 Jahre Fechtlehrer beim VFL Wolfsburg

schaft der Chinesen ein besonders großer Stellenwert eingeräumt wird. Der Grund hierfür besteht einzig und allein darin, dass wir nach langjähriger Beschäftigung mit den verschiedensten Trainingssystemen aus den unterschiedlichsten Weltgegenden zu dem Schluss gekommen sind, dass die chinesischen Trainingsmethoden oft tatsächlich die effektivsten sind.

Sie werden hochwirksame Übungen kennenlernen, mit deren Hilfe Sie ein hervorragendes Körpergefühl gewinnen, eine flexible Kraft aufbauen und zudem kampfstark und nicht zuletzt auch nachhaltig gesund werden können. Alle hier beschrieben Übungen können Sie allein oder mit einem gleichgesinnten Partner ausführen, mit und ohne Hilfsmittel; die Trainingsmaschinen eines Fitnessstudios werden Sie hierfür jedoch nicht benötigen.

Unser Körper ist unser wichtigstes Werkzeug. Wir haben nur diesen einen, und er begleitet uns unser gesamtes Leben – wir *sind* der Körper. Um ein angenehmes und erfülltes Leben führen zu können, sind nicht Geld oder materieller Luxus die Grundlage, sondern einzig und allein ein gesunder, gut funktionierender Körper, dessen Fähigkeiten wir vollkommen zu nutzen in der Lage sind. »Erst kommt der Körper, dann das Gut«, lautet ein altes Sprichwort, dem wir nichts hinzufügen müssen.

Maik Albrecht und Frank Rudolph, 2014

Die Ziele dieses Buches

Jeder Mensch hat seine eigenen Gründe für sein Training. Die einen wollen sich gesunderhalten, die anderen möchten stärker werden – für Kampfspiele, für reale Auseinandersetzungen, für den Wettkampf oder nur zum Selbstzweck, das ist individuell sehr verschieden. Manche Menschen wollen einfach nur herausfinden, wie belastbar ihr Körper ist und wo die eigenen Grenzen liegen. Doch nur sehr wenigen Trainierenden gelingt es, ihre Fähigkeiten wirklich erschöpfend zu entwickeln, da ihnen das Wissen darüber fehlt, wie dies zu bewerkstelligen sei. Bis zur Erschöpfung zu trainieren oder den Körper während der Übungen von Apparaten überwachen zu lassen, führt in der Regel nicht zu diesem Ziel. Genauso wenig helfen diverse Nahrungsergänzungsmittel oder gar Hormonpräparate.

In den Kampfkünsten ist das körperliche Training die eigentliche Essenz, nicht die Techniken. Im Gegenteil, Formen und Techniken entwickelten sich erst im Laufe der Zeit als Medium der Wissensübermittlung. Heute stellen sie auch ein Mittel dar, die Massen in den großen Verbänden kanalisieren, unterhalten und finanziell ausbeuten zu können. In den authentischen, auf kämpferische Effizienz ausgerichteten Kampfkünsten lernen die Praktizierenden nach wie vor die Techniken als Mittel zum Zweck und nicht als Selbstzweck. Die Ausbildung schärft den Geist, stärkt den Willen und formt den Körper der Schüler. Den Körper so zu schmieden, dass wir die Fähigkeit erlangen, die erlernten Prinzipien und Techniken in realen Kampfsituationen anzuwenden, uns also im Kampf effektiv zu bewegen, war zu allen Zeiten oberstes Ziel jedes Meisters der Kampfkunst, sei es in Europa oder in Asien. Und als ebenso wichtig galt es, durch das Training den Körper gesundzuerhalten. Die entsprechenden Trainingsmethoden erfordern Disziplin, Leidenschaft und das notwendige Verständnis und Wissen um unser wertvollstes Gut – unseren Körper.

Wir haben von der Natur jede Fähigkeit mitbekommen, um effektiv kämpfen zu können. Der menschliche Körper gibt uns alles, was wir brauchen. Wir haben vier Gliedmaßen, mit denen wir zerstörerische Schläge austeilen können, wir haben Zähne zum Beißen und Finger zum Kratzen und Stechen … Die Kampfkunst dient uns dazu, unsere natürlichen Körperwaffen zu stählen und sie effektiv einsetzen zu können. Sie sorgt dafür, dass wir unsere natürlichen Anlagen schneller und gezielter umzusetzen vermögen, sie erhöht unsere Kraftreserven. Sie lehrt uns, wie wir uns fokussieren können. Hier geht es nicht um Techniken, es geht darum, unseren Körper gesundzuerhalten und ihn zu »schärfen«. Dies muss einheitlich geschehen, das heißt, der Körper als Ganzes muss trainiert werden, ohne dass bestimmte Körperteile bevorzugt oder vernachlässigt werden. Nach der chinesischen Kampfkunst-Trainingslehre müssen beispielsweise die Beine genauso flexibel sein wie die Arme. Umgekehrt sollen die Arme genauso viel Kraft haben wie die Beine. Dieses Prinzip galt übrigens auch im deutschen Turnen des 19. Jahrhunderts. Wie das alles zu erreichen ist, erfahren Sie in diesem Buch.

Das wirklich Traditionelle und Essentielle in der Kampfkunst wie im Sport ist das systematische harte körperliche Training. Das war zu allen Zeiten und in allen Kulturen so. Über die Jahrhunderte haben sich die Meister außerordentlich viele Gedanken zum Training gemacht. Im antiken Griechenland experimentierten die *Paidotriben* (Trainer von Athleten) und die *Aleipten* (»Einsalber« von Athleten, die aber auch als Trainer fungierten) mit verschiedenen Trainingsmethoden, Diäten und Massagen. In Rom waren es die *Doctores* und die *Lanista*, welche sich um die Gladiatoren bemühten. Sie alle erschufen Trainingstheorien, die zum Teil bis heute gültig sind. Die Athleten wurden dadurch in die Lage versetzt, sich flexibel an die Wettkampfbedingungen anzupassen und automatisch optimale Bewegungen auszuführen. Um Techniken in dem Sinne, wie wir das heute verstehen, ging es beim antiken Training eher weniger.

Trainieren Sie Ihren Körper, bis er seine bestmögliche Gesundheit erreicht hat und jederzeit in der Lage ist, diese zu schützen. Ein optimal trainierter Körper wird sowohl starke Abwehrkräfte gegen Krankheiten besitzen als auch die Fähigkeit, Angriffe von Gewalttätern abzuwehren – selbst, wenn Sie keine Kampfkunst praktizieren. Sie werden auf diese Weise Ihre Lebensqualität erhöhen. Darum geht es uns in diesem Werk.

Bereits an der Körperhaltung kann man oft erkennen, ob jemand einen gesunden Bewegungsapparat besitzt oder nicht. Letzteres betrifft zu einem großen Teil alte Menschen, bei denen man oftmals entschuldigend sagt: Naja, die sind eben alt. Allerdings trifft es auch auf viele Sportler bereits in jungen Jahren zu, nicht zuletzt auf Kampfsportler. Menschen wie Uehara

Seikichi[1] oder Max Schmeling[2], um nur zwei zu nennen, zeigen aber, dass auch Kampfkünstler und Sportler bis ins höchste Alter in guter körperlicher (und geistiger) Verfassung bleiben können, einschließlich intakter Gelenke. Gesundheit ist keine Frage des Alters, jedenfalls keine ausschließliche.

Das Training, das in diesem Buch beschrieben wird, ist grundsätzlich auf Nachhaltigkeit ausgelegt. Es stellt Übungen vor, die Sie bis ins hohe Alter ausführen und bei denen Sie zu jeder Zeit Fortschritte machen können. Hier liegt auch einer der gravierenden Unterschiede zwischen (Kampf-) Sport und Kampfkunst. Kampfsportler und Leistungssportler trainieren allzu häufig auf eine Weise, die zwar ihre Leistung für eine gewisse Zeit ins Extreme steigert, jedoch den Körper dabei verschleißt. Was nutzt es, einen Kampf- oder Leistungssport zu betreiben, ein paar Medaillen zu gewinnen und dafür mit 35 Jahren bereits zum alten Eisen gezählt zu werden, mit 40 an chronischen Knie- und Rückenbeschwerden zu leiden und mit 50 oder 60 Kandidat für ein künstliches Hüftgelenk zu sein? In der Kampfkunst bedeutet Alter nicht Stillstand und nicht Krankheit. Das gleiche gilt für Sport, der nicht auf kurzfristige Spitzenleistungen ausgerichtet ist. Solange der Mensch lebt und atmet, kann er sich entwickeln und verbessern, sowohl körperlich als auch geistig. Der griechische Philosoph Diogenes verglich das Leben mit einem Wettlauf und sagte: »Kurz bevor man das Ziel erreicht, wird man nicht langsamer, sondern erhöht seine Geschwindigkeit, bis zum Schluss.« Aus diesem Grund sah man die alten Meister auch bis ins hohe Alter trainieren, sei es in China, auf Okinawa oder in der westlichen Kultur. Sie konnten sich ständig verbessern, bis zu dem Moment, in dem sie ihre Augen schlossen und aufhörten zu atmen.

---

[1] Uehara Seikichi (上原清吉, 1904-2004) war das 12. Stiloberhaupt des Motobu ryu (*motobu undunti* 本部御殿手). Diese Schule wurde lange nur innerhalb der Familie Motobu gelehrt, bis man sich Uehara gegenüber öffnete. Interessant an dieser Schule ist, dass sie von der Struktur her weich und oft tänzerisch wirkt. Außerdem lehrt man neben den klassischen okinawanischen Waffen auch den Umgang mit dem japanischen Schwert sowie mit chinesischen Waffen.

[2] Max Schmeling (1905-2005) war ein deutscher Schwergewichtsboxer und zwischen 1930 und 1932 der bisher einzige deutsche Weltmeister in dieser Disziplin. Durch die nationalistisch aufgeheizte Zeit war es im Boxsport offenbar nicht möglich, faire Urteile zu sprechen, wodurch Schmeling 1932 den Rückkampf gegen Sharkey verlor. Später verbaute man ihm jede Chance auf einen neuen Titelkampf.

Sie müssen ausbrechen aus steifen Trainingsmustern, wie sie in so vielen Kampfsport- und anderen Sportarten gelehrt werden. Das ist pures Gift für Sie als Individuum. Ein Mensch braucht freie Trainingsmethoden, die auf natürlichen Prinzipien und den Gegebenheiten der menschlichen Anatomie aufgebaut sind. Sie müssen *lebhaft* trainieren, bis ihr Körper ebenfalls *lebhaft* ist. Dies ist ein Grundprinzip der chinesischen Trainingslehre.

Wir sagen hier klipp und klar: Ohne Anstrengung und ohne zu schwitzen erreicht man keine nützlichen Ergebnisse. Ihre körperliche Leistungsfähigkeit zu erhöhen geht nur über ein an Ihre persönlichen Fähigkeiten und Bedürfnisse angepasstes Übungsprogramm. Suchen Sie sich einige der in den folgenden Kapiteln vorgestellten Übungen heraus, die Sie bewältigen können und bauen Sie diese in Ihr tägliches Training ein. Einige Elemente werden vielleicht anfangs zu schwer sein. Setzen Sie sich realistische Ziele, dann wird dank der sich allmählich verbessernden körperlichen Verfassung und mit der nötigen Willensstärke fast alles möglich sein.

Die Dauer des Trainings ist nicht entscheidend. Mehrere kleine Intervalle über den Tag verteilt sind für manche Menschen besser geeignet als große Blöcke. Wenn Sie verschiedene Übungen (zum Beispiel Dehnung oder Gleichgewichtstraining) in Ihren Tagesablauf integrieren, haben Sie bedeutend mehr davon, als wenn Sie nach der langen Büroarbeit zwei Stunden auf dem Hometrainer fahren oder ins Fitnessstudio gehen, um an Maschinen zu trainieren.

I. Dehnung

Westliche und östliche Dehnungskonzepte

Für die Chinesen galt die umfassende Dehnung des Körpers stets als ein vorzügliches Element in den Kampfkünsten und als die erste Grundlage des körperlichen Trainings überhaupt. Die Dehnung ist ebenfalls eine der wichtigsten Behandlungsmethoden der chinesischen Medizin.[3] Ein gründlich gedehnter Körper ist weniger anfällig für Krankheiten und Verletzungen. Hier erkennt man einen der wichtigsten Unterschiede zur westlichen Kampf- und Heilkunst. In vielen – wenn auch nicht in allen – westlichen Kampfkünsten dehnt man den Körper nur soweit, wie es als Grundlage für die Techniken notwendig ist. Fechter beispielsweise dehnen ihre Beine für den Ausfall, so dass die meisten von ihnen problemlos einen Spagat schaffen. In dieser Sichtweise liegt schon eines der großen Missverständnisse. Der Spagat – der freilich seine Berechtigung hat, wie wir noch sehen werden –, ist nicht gleichzusetzen mit einer guten Dehnung, da er passiv ausgeführt werden kann und den Körper kräftemäßig nicht sonderlich fordert. Ringer haben allgemein einen geschmeidigen Oberkörper, der für die Belange ihrer Kunst ausreichend flexibel ist. Aber die Dehnung in dieser Disziplin geht selten darüber hinaus. Die europäischen Fußfaustkampf-Schulen, wie das französische *savate* oder das deutsche Hand- und Fußboxen,[4] lehren ein umfangreiches Repertoire an hohen Fußtritten (siehe Abbildungen 1 und 2). Die Geschmeidigkeit und die Kraft dieser Tritte

---

[3] Wir verwenden bewusst den Begriff »chinesische Medizin« und nicht »Traditionelle Chinesische Medizin« (TCM), wie das sonst allgemein üblich ist. TCM ist heute ein Markenbegriff und bezeichnet nicht unbedingt alte chinesische Behandlungsmethoden.

[4] Diese Disziplin wird auch Fußfaustkampf oder Schulfußboxen (für Paare) genannt. Sie ist heute beinahe vergessen, da sie zu sehr von anderen Kampfarten überlagert wurde und wird. Das französische Boxen ist die bekanntere Disziplin und der geistige Pate der deutschen Schwester. Doch gibt es Unterschiede. Das französische *savate* hat sich früh an die *canne* und *baton* genannten Stockkampfarten angelehnt und eine recht vollständige Schule geschaffen, die bis heute populär geblieben ist. Das deutsche Hand- und Fußboxen hingegen stand stets im Schatten des reinen Boxens, wenn es nicht gar als illegal betrachtet wurde. Da es auch nur wenige Publikationen zu dieser Disziplin gab, blieb der Bekanntheitsgrad gering.

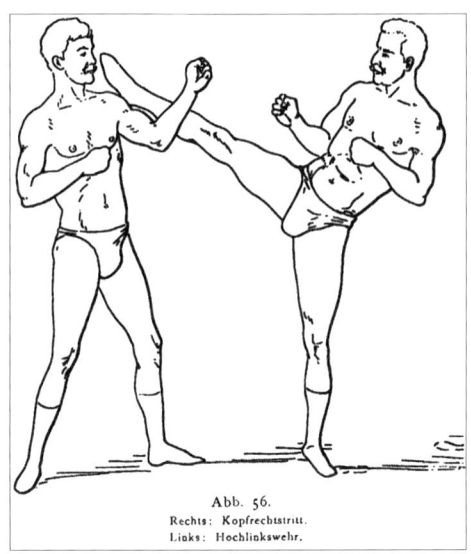

Abb. 56.
Rechts: Kopfrechtstritt.
Links: Hochlinkswehr.

Abb. 1: Hochtritt (Luerssen 1914).

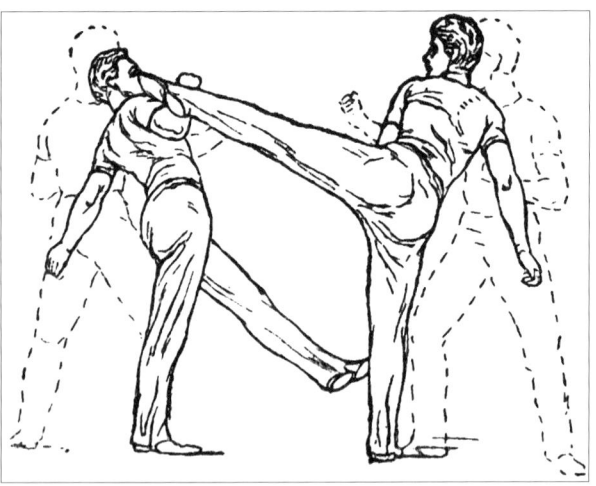

Abb. 2: Tritt gegen den Kopf (Happel 1896).

nehmen hierbei durch das ständige Üben im Laufe der Zeit zu. Je eher man damit beginnt, desto gründlicher ist die Dehnung. Doch auch bei diesen Disziplinen ist die Dehnung selten Selbstzweck und bleibt innerhalb des notwendigen Maßes.

Ähnliches könnte man über die meisten anderen westlichen Schulen sagen. Es gab zwar Lehrer, die ihre Schüler dazu anhielten, ihren Körper zusätzlich mittels turnerischen oder gymnastischen Elementen zu stärken, aber das war eine individuelle Vorgehensweise und sprach mehr für den jeweiligen Lehrer und weniger für die Lehre an sich.[5]

Etwas anders verhält es sich bei den Kontorsionisten[6] und auch bei den Ballerinen und Balletttänzern. Diese dehnen ihren Körper sehr einseitig und manchmal über das gesunde Maß hinaus. Das Balletttraining an sich stattet die Tänzer mit einer guten, flexiblen Kraft aus. Die trainierten Bewegungen wären sogar für einen Kampf tauglich. Die Körperschule erzieht die Künstler zu einer einheitlichen und koordinierten Bewegung, was sowohl dem Tanz als auch der allgemeinen Beweglichkeit zugute kommt. Die Dehnung ist nicht so effektiv wie die des alten *wǔshù*[7] oder jene der frühen deutschen Turnbewegung; es werden nicht alle Möglichkeiten ausgeschöpft. Doch ist sie viel besser als die rudimentären Lockerungsversuche vieler Kampfsportarten. Der Nachteil tänzerischer Dehnung liegt in den vielen körperfeindlichen Bewegungen, für die sie genutzt wird, und die durch eben diese Dehnung erst möglich werden.[8] Diese Techniken, die recht häufig die natürlichen Grenzen der Gelenke zu überwinden versuchen, kann der Körper nur eine Zeitlang kompensieren. Entwächst man der Jugend, kommt es fast immer zu chronischen Schäden. Deswegen ist Dehnung nicht gleich Dehnung. Ungesunde Bewegungen führen zur Zerstörung. In der chinesischen Dehnung achtet man darauf, den natürlichen Bewegungsumfang der Gelenke zu akzeptieren und ihm nicht zuwiderzuhandeln. Ziel ist die Gesundheit des Menschen. Ästhetik ist zweitrangig.

---

[5] In den damaligen Schulen, die sich einer gezielten Kampfausbildung widmeten, war es jedoch eine Voraussetzung, sich zuvor durch verschiedene Übungen auszubilden. Vereinzelt wurde man nicht zugelassen, wenn man sich nicht zuvor gründlich gekräftigt hatte. Hierfür gab es eine Unzahl verschiedener Techniken und Hilfsmittel.

[6] Im Volksmund auch Schlangenmenschen genannt.

[7] Oberbegriff für die chinesischen Kampfkünste; im Westen oft als Kung Fu bezeichnet.

[8] Jean-Claude van Damme (geb. 1960) wurde fünf Jahre lang als Balletttänzer ausgebildet. Er ist einer der wenigen Kampfsportler, die es verstanden haben, Nutzen für ihr Training aus solch einer Ausbildung zu ziehen. Seine Mischung aus Tanz, Kampfsport und Krafttraining verhalf ihm zu einem guten »Untergestell« und einem ausgewogenen Körperbau.

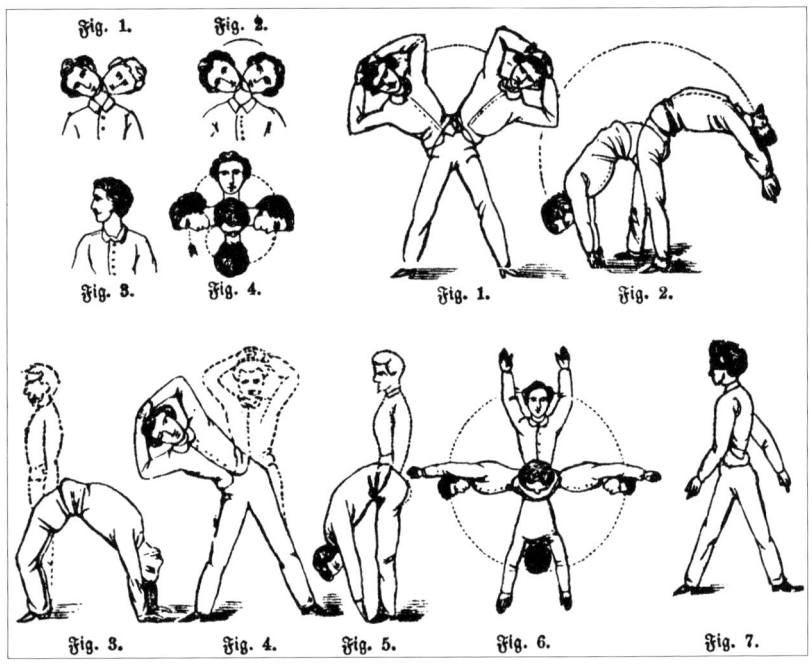

Abb. 3

Abb. 4

Während man in den Kampfkünsten durch Technikschulung und Kraft-training ein Gegengewicht schafft, das den Organismus stärkt, wird bei den Tänzern Geschmeidigkeit bei gleichzeitiger Zierlichkeit gewünscht. Die klassische chinesische Dehnung wird immer parallel zur Kräftigung eingesetzt, so dass die beiden Elemente in der Waage bleiben. Eine reine

Abb. 5

Abbildungen 3 bis 5: Westliche Dehnungstechniken (Ravenstein 1868).

Dehnung ohne die gleichzeitige Stärkung des Körpers, speziell der beanspruchten Glieder, wird früher oder später zu einer Schädigung des Organismus führen. Interessanterweise blieb selbst der Kleine Drache[9] recht weit hinter seinen Möglichkeiten zurück. Seine Dehnungsfähigkeit war, wie das im Westen üblich ist, seiner Kampffähigkeit geschuldet und ging nur wenig darüber hinaus. Auch sein früher Tod lässt vermuten, dass sein Training nicht auf optimale Gesunderhaltung ausgerichtet war.

Mit dem Aufkommen des Sportgedankens im England des 18. und 19. Jahrhunderts und der zur gleichen Zeit entstandenen Turnerbewegung in Deutschland gewannen die Dehnungsübungen mehr Beachtung (siehe Abbildungen 3 bis 6). In dieser Ära machten sich Fechter, Boxer, Kraftmenschen und Turner erstmals seit der Antike wieder tiefgründige Gedanken zum Training. Ihre Theorien gingen über die ihrer Vorfahren hinaus, man experimentierte auf einem breiteren Gebiet.

Doch bereits im Mittelalter und während der Renaissance verbanden die Kämpfer verschiedene Elemente des Körpertrainings mit ihren Kampfübungen. Der Effekt der Leistungssteigerung durch zusätzliche Kraftarbeit, verbunden mit Ausgleichsübungen, insbesondere Dehnung, war ihnen durch-

---

[9] Bruce Lee (1940-1973), genannt der Kleine Drache (Lǐ Xiǎolóng 李小龍). In vielen Teilen der Welt handhabt man die Namensgebung anders als in Deutschland. Oft bekommt man einen Kindernamen – der auch nicht geschlechtsspezifisch sein muss –, einen Jugendnamen und einen Erwachsenennamen. Auch die Zählung der Lebensjahre unterscheidet sich. So war Lee nach westlicher Zählung bei seinem Tod noch keine 33 Jahre, nach chinesischer Tradition jedoch bereits 34 Jahre alt.

Abb. 6: Partner-Dehnungsübungen. Nils-Bukh-Schule, ca. 1920.

aus bekannt. Zwar geben die erhaltenen Quellen[10] wenig Auskunft darüber, wie weit die einzelnen Elemente perfektioniert wurden, doch können wir davon ausgehen, dass gerade die Verbindung von Kraft- und Dehnungsübungen noch in den Kinderschuhen steckte (siehe Abbildung 7).

In China sah man das schon im Altertum anders. Chinesische Kämpfer, besonders jene, die nicht dem militärischen Drill unterworfen waren, legten Wert auf eine ausnehmend gründliche Grundlagenarbeit. Bei jedem Training begann und beginnt man noch heute damit, egal um welche Methode oder um welchen Stil es sich handelt. Im chinesischen *wǔshù* sieht man die Dehnung keineswegs als Bestandteil des Aufwärmens oder als Zusatzübung an, deren Vernachlässigung entschuldbar wäre. Im Gegenteil, in jeder Schule der *Wǔshù*-Familie stellt das Dehnen ein essentielles Grundlagentraining, eine Kraftübung und ein Mittel zur Gesundheitspflege zugleich dar. Der gesamte Körper wird hierbei beansprucht, so dass durch die große Innenspannung ein isometrischer Trainingseffekt entsteht. Das bedeutet, dass es sich um ein vorzügliches Krafttraining handelt, durch welches man eine funktio

---

[10] Es ist allerdings denkbar, dass noch irgendwo Manuskripte oder Bücher in Archiven verstauben, die zum Training früherer Epochen genauere Auskünfte geben könnten. So fand man beispielsweise erst vor wenigen Jahren eine fragmentarisch erhalten gebliebene griechische Ringerschrift aus dem 1. Jahrhundert.

COTSWOLD GAMES.

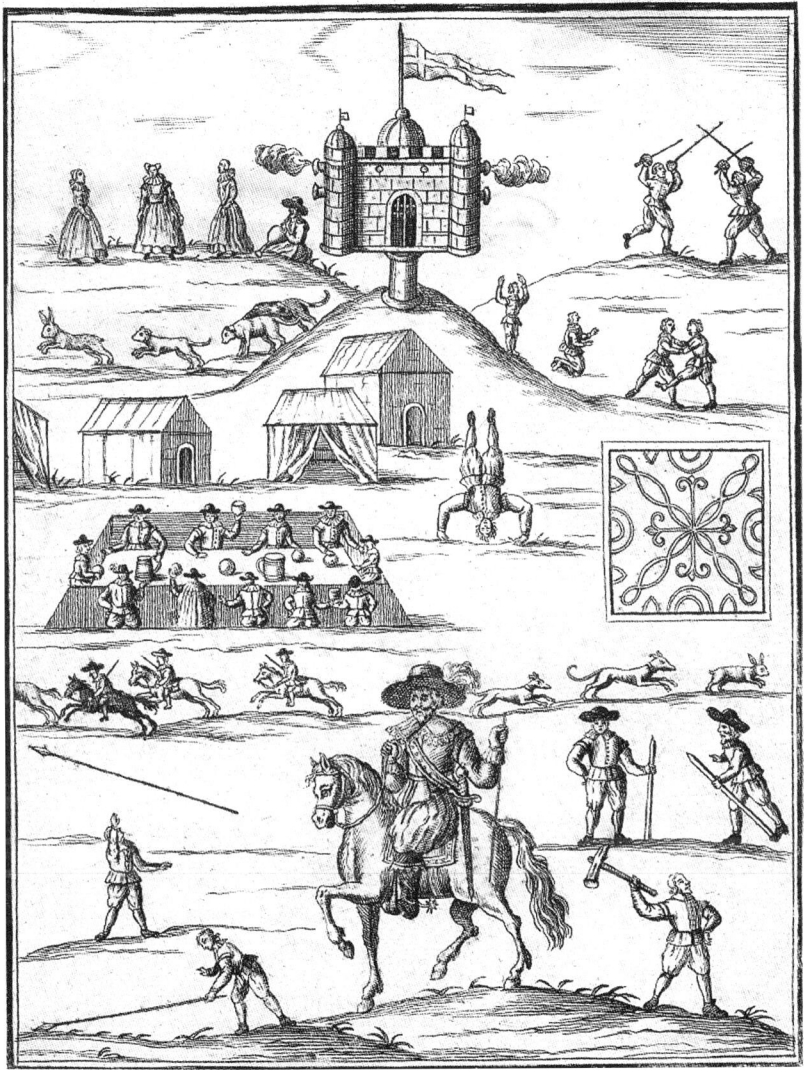

Abb. 7: Zeitgenössische Darstellung der Cotswold Olimpick Games aus dem Jahr 1635. Diese Sportspiele, die um 1612 erstmals durchgeführt wurden, stellten einen ersten Versuch der Wiederbelebung der antiken olympischen Idee in der Neuzeit dar.

nelle und flexible Kraft aufbaut, was sich zudem positiv auf die Gesundheit auswirkt. Verspannungen werden sehr gründlich gelöst und die Funktionen des Körpers laufen reibungslos ab. Diese Art des Dehnens ist nach unserem Wissen in den westlichen Kampfkünsten nie durchgängig[11] praktiziert worden. Kaum eine der überlieferten Schriften, seien sie antik oder neuzeitlich, berichtet darüber. Im Abendland wurden und werden die Möglichkeiten, die Sehnen zu dehnen, nicht vollkommen ausgeschöpft.

Aber Dehnung muss auf die richtige Weise erfolgen. Wer sich oft falsch bewegt oder wer es mit der Dehnung übertreibt, untergräbt seine Gesundheit. Ist der Körper hingegen gut und auf korrekte Weise gedehnt, haben Krankheiten es schwer, sich einzunisten. In der chinesischen Medizin existiert die Theorie, dass Krankheiten erst entstehen, wenn bestimmte Leitbahnen blockiert sind. Diese Bahnen sind die Sehnen, die Arterien, die Venen, die Lymphkanäle und die Faszien. Sind sie frei, werden Krankheiten bereits im Ansatz verhindert. Das ist das primäre Ziel der chinesischen Kampfkunst, die unmittelbar mit der traditionellen Medizin verbunden ist. Die Akupunktur erfüllt einen ganz ähnlichen Zweck. Auch sie löst Blockaden an »verstopften« Stellen im Körper. Sie zählt allerdings nur als eine sekundäre Methode zur Gesunderhaltung, da sie auf eine bereits bestehende Krankheit reagiert.

Unser Körper ist kein aus Einzelteilen zusammengesetztes System, sondern ein einheitliches Gebilde. Von der Kopfspitze bis hin zu den Spitzen der Gliedmaßen ziehen sich Sehnen, Muskeln und Bänder. Das gesamte Gewebe ist miteinander verbunden. Um die hundertprozentige Verfügbarkeit zu erhalten, müssen alle weichen Teile so gedehnt wie möglich sein. Nur so kann das volle Potential des Körpers ausgeschöpft werden. Für die Dehnung bedeutet das, die zu trainierenden Regionen nicht zu isolieren. Dehnung kann nur als Einheit funktionieren, weil eben alle Teile des Körpers miteinander verbunden sind.

Je älter der Mensch wird, desto mehr zieht er sich zusammen. Er schrumpft. So wie das Neugeborene sich ausdehnt und wächst, so zieht

---

[11] Es gab in Deutschland durchaus manche Schulen, die eine Dehnung ähnlich der chinesischen gelehrt haben. Nach unserem heutigen Wissensstand war das jedoch kein Allgemeingut.

sich der alte Mensch zusammen. Die richtige Dehnung ist das wichtigste Mittel der chinesischen Medizin, diesen Verfall zu verhindern. Ebenso verliert man »normalerweise« mit zunehmendem Alter an Beweglichkeit. Beweglichkeit steht für das Leben, Unbeweglichkeit steht für den Tod. Je mehr man sich dem Sterben nähert, desto steifer und unflexibler wird man. Neugeborene sind weich, dehnbar und sehr flexibel. Alte oder sehr kranke Menschen sind steif, unbeweglich und hart. Sie zerfallen langsam. Je länger Sie gut gedehnt und flexibel sind, desto länger können Sie ein gesundes Leben genießen. Sind Sie bereits in einem fortgeschrittenen Alter, benutzen Sie Dehnungsübungen, um sich, solange es nur geht, eine bestmögliche Flexibilität und Beweglichkeit zu erhalten. Selbst wenn Sie es nicht schaffen, diese Dehnungsübungen optimal auszuführen, werden Sie davon profitieren. Solange Sie üben, werden Sie sich verbessern. Ihr gesamter Organismus wird es Ihnen danken. Diese Art des Dehnens ist mühselig, hart und anstrengend, aber wann ist das Leben schon einfach? Im Buddhismus heißt es: »Alles Leben besteht aus einem Kreislauf aus Leiden und Genuss. Erst wenn man eine Leidenszeit hinter sich hat, wird man genießen können, und die Zeit der Freude setzt ein.«

Die chinesische Dehnung erfüllt in der Kampfkunst auch eine ganz praktische Aufgabe. Bei den Dehnungsübungen streckt man den Körper entweder vollkommen durch oder zieht diesen eng und kraftvoll zusammen. Die Sehnen und die Bänder werden verlängert, ohne dass sie dabei geschwächt werden. Dadurch werden die Gliedmaßen in die Lage versetzt, die höchstmögliche Geschwindigkeit zu erreichen, ohne dass dabei die Gefahr von Zerrungen und dergleichen besteht. Zerrungen entstehen ja meist, weil der Körper der abverlangten Belastung nicht gewachsen ist. Sind die Sehnen hingegen bis zu ihrer natürlichen Grenze gezogen, können Tritte, Schläge und andere Körperbewegungen ohne die sonst zwangsläufige Bremswirkung steifer Muskeln und kurzer Sehnen erfolgen. Dadurch werden nicht nur die Bewegungen schneller, sondern auch das Reaktionsvermögen nimmt zu. Darüber hinaus wächst das Spektrum an möglichen Techniken, was wiederum den Handlungsspielraum enorm erweitert.

Dadurch, dass die klassische chinesische Dehnung zugleich auch ein Krafttraining ist, verleiht man seinen Schlägen und Tritten ebenfalls mehr Nachdruck. Zudem arbeiten die Muskeln effektiver, was sich wiederum positiv auf die Widerstandsfähigkeit, die sogenannten Nehmerfähigkeiten, auswirkt.

Das alles vermag eine gute Dehnung. Die Dehnung in Verbindung mit Schlag- und Trittübungen reicht für eine hohe Kampfbereitschaft fast schon aus. In Gefahrensituationen können wir uns auf Grundlage dieses Trainings schnell, kraftvoll und überraschend bewegen.[12]

Übungen zur chinesischen Dehnung

Im Zusammenhang mit der Dehnung sollte nicht unerwähnt bleiben, dass sich der Körperbau von Europäern und Chinesen oft unterscheidet. Im Allgemeinen sind die Beine eines Europäers länger als sein Oberkörper. Bei den Chinesen ist das selten der Fall. Aus diesem Grund fällt uns die chinesische Dehnung so unglaublich schwer. Auch das *Mǎbù*-Training (siehe Seite 206) ist eine Tortur für uns. Das heißt aber nicht, dass wir keine chinesischen Trainingsmethoden benutzen sollten, im Gegenteil. Weil Dinge wie die Dehnung und das Stehen im *mǎbù* so außerordentlich effektiv sind, sollten wir sie unbedingt ausführen. Spannen und dehnen wir unseren Körper und unsere Beine, dann erreichen wir eine wesentlich höhere Kraft und Effektivität.

Die folgenden Abbildungen zeigen das Ergebnis eines langen, beharrlichen Trainings. Lassen Sie sich nicht davon entmutigen, dass einige der gezeigten Stellungen Ihnen als »unmöglich« für sich selbst erscheinen. Gehen Sie die Dehnung mit Geduld und Ausdauer an. Möglicherweise werden Sie zu Beginn nur bis zu den in Abbildungen 9 bzw. 13 gezeigten Positionen gelangen. Doch Sie werden sich allmählich verbessern, Schritt für Schritt. Vermeiden Sie »bequemere« Dehnungen, wie in Abbildungen 12, 15, 18, 19 und 26 dargestellt. Sie führen nicht zum gewünschten Erfolg.

Diese Art der Dehnung, die auf Chinesisch als *shēnyāo* (伸腰 – »die Taille strecken«) bezeichnet wird, ist eine klassische und gute Dehnungs-

---

[12] Eine Trainingsmethode, die die chinesische Trainingslehre umfassend berücksichtigt, ist das *Yàn Chí Gōng*. Wir haben diesem Übungskomplex ein eigenes Buch gewidmet: Xióng, D., Albrecht, M. und Rudolph, F.: *Yàn Chí Gōng. Eine fast vergessene Shaolin-Tradition.* Chemnitz: Palisander 2014.

variante. Die Taille bzw. die Hüfte wird dadurch auf sehr vorteilhafte Weise durchgezogen und flexibel gemacht. Besonders empfehlenswert ist das nach langem Sitzen, durch das die Hüfte steif wird und »einrostet«.

Solches Dehnen ist für den Körper nicht im mindesten schädlich, selbst wenn es dem Laien so erscheinen mag. Im Gegenteil, diese Form der Körperarbeit richtet sich nach der Anatomie und steht in Einklang mit dem Bewegungsradius der Gelenke. Schädlich sind hingegen manche Dehnungsübungen von Akrobaten, Tänzern oder in manchen Sportarten, bei denen Gelenke überdehnt werden. Einen ähnlichen Ansatz wie das chinesische Dehnen verfolgen im übrigen die in jüngerer Vergangenheit im Westen entwickelten Methoden Feldenkrais[13] und Rolfing[14].

Abbildungen 8 bis 11 zeigen die erste Dehnungsübung: Der Oberkörper ist vollkommen gerade aufgerichtet. Der Bauch wird eingezogen, die Brust herausgedrückt. Halten Sie den Kopf gerade, das Kinn leicht aufwärts. Die Knie sind vollkommen durchgedrückt. Dann beugen Sie sich mit unverändert gerade gehaltenem Oberkörper so weit wie möglich zu Ihren Füßen hinunter. Abbildung 12 zeigt, wie Sie die Übung *nicht* ausführen sollten, wenn Sie eine optimale Dehnung erzielen wollen.

Abbildungen 13 bis 27 zeigen weitere Dehnungsübungen in ihrer korrekten Ausführung und mit typischen Fehlern. All diese Dehnungen werden langsam und nicht mit Schwung ausgeführt. Auf diese Art und Weise werden Ihre Bänder und Sehnen im Körper vollkommen gedehnt. Ebenfalls sind die Übungen gut für den Blutfluss. Diese Art der Dehnung ist neben einer Gesundheits- und Flexibilitätsübung auch eine für den Kraftaufbau, weil es sehr viel Kraft erfordert, den eigenen Körperwiderstand zu überwinden. Sie trainieren eine innere Kraft, wie es beispielsweise durch Gewichtheben nicht möglich ist. Fangen Sie gemächlich an und benutzen Sie anfangs keine große Kraft. Sie müssen nur konsequent bleiben und täglich trainieren. Wenn Sie es gleich am ersten Tag übertreiben, werden Sie sich am zweiten Tag kaum noch bewegen können, was Ihre Motivation bremsen wird.

---

[13] Die Feldenkrais-Methode der Körpertherapie wurde von Moshe Feldenkrais (1904-1984) ab den 20er Jahren des letzten Jahrhunderts u. a. auf der Basis des japanischen *judo* geschaffen.
[14] Rolfing ist eine Therapie- und Massageform in Verbindung mit Körperarbeit, die von Ida Rolf (1896-1979) in den 1950er Jahren des 20. Jahrhunderts entwickelt wurde.

Abb. 8

Abb. 9

Abb. 10

Abb. 11

Abb. 8 bis 11: Vorwärtsdehnung auf richtige Weise. Der Rücken und die Knie müssen vollkommen gestreckt sein. Nur so erhält man den maximalen Effekt.

Abb. 12: Falsche bzw. uneffektive Körperhaltung bei der Vorwärtsdehnung.

Abb. 12

Abb. 13

Abb. 14

Abb. 13 und 14: Richtige Dehnung. Die Sehnen und Muskeln des Beins werden von der Fußsohle bis zur Hüfte langgezogen und aufgrund des Muskelwiderstandes zugleich gekräftigt. Der untere Rückenbereich wird durch die richtige chinesische Dehnung vollständig und gleichmäßig beansprucht. Bänder, Sehnen und Muskeln sind beteiligt und werden gestärkt.

Abb. 15: Falsche Dehnung. Weder die Wade noch die Schenkel werden bei dieser Art halbherzigen Dehnens ausreichend beansprucht. Hierbei wird Potential verschenkt, welches man im Kampf wie im Wettkampf bei allen Fußtechniken (Tritte, Ballschüsse, Schritte) benötigt. Man erreicht weder seine volle Belastbarkeit noch die optimale Leistungsfähigkeit. Auch der untere Rückenbereich wird nicht ausreichend gedehnt. Die Wirbelsäule wird einseitig beansprucht. So erlangt man keine Kontrolle über seine Möglichkeiten.

Abb. 15

Abb. 16   Abb. 17

Abb. 16 und 17: Arbeiten Sie während der Dehnung aktiv mit dem Becken, indem Sie es leicht nach vorn drücken, um die Spannung und damit den Dehnungseffekt zu erhöhen. Seien Sie jeden Augenblick konzentriert und sich Ihres Körpers vollkommen bewusst.

Abb. 18

Abb. 19

Abb. 20

Abb. 21

Abb. 18: Falsche Vorwärtsdehnung.
Abb. 19: Falsche Seitwärtsdehnung.
Abb. 20 und 21: Richtiges seitliches Dehnen.

Abb. 22

Abb. 23

Abb. 24

Abb. 25

Abb. 22 bis 25: Tiefe Vorwärtsdehnung.

Abb. 26   Abb. 27

Abb. 26: Falsche tiefe Vorwärtsdehnung.

Abb. 27: Richtige seitliche tiefe Dehnung. Achten Sie während der tiefen Seitdehnung auf die Stellung Ihrer Knie. Überdrehen Sie nicht Ihre Gelenke, sondern beachten Sie die Grenzen und Möglichkeiten der Anatomie. – Dies gilt für alle Arten der Dehnung.

Brückentraining

Die Ringerbrücke

Das Brückentraining ist eine wichtige Komponente der Kampfkunst, die Kraft und Flexibilität der Hüfte vereint. Das Ringertraining ist für sich genommen recht schädlich für die Gelenke. Aus diesem Grund haben viele Ringer, besonders Leistungssportler, gesundheitliche Probleme wie kaputte Knie und Wirbelsäule usw. Das Brückentraining an sich ist aber gesund und eine gute Übung, um die Taille und den Lendenbereich flexibel zu halten. Im fortgeschrittenen Alter sollte man allerdings genau abwägen, ob man für das Brückentraining noch – oder schon – fit genug ist.

Nehmen Sie aus dem Stand die Ringerbrückenhaltung ein (Abbildungen 28 bis 34). Optional können Sie sich aus der Brücke herausdrehen und in die Ausgangsstellung für einen Kopfstand übergehen (Abbildungen 35 bis 41) und diesen gegebenenfalls ausführen. Wenn Sie bereits gut trainiert sind, können Sie sich anschließend aus dem Kopfstand in den Handstand drücken (siehe Abschnitt »Der Handstand«, Seite 67).

Abbildung 42 zeigt eine andere Form Ringerbrücke. Jede Brückenform stellt eine gute Art der Dehnung dar.

Abb. 28

Abb. 29

Abb. 30

Abb. 31

Abb. 32

Abb. 33

Abb. 34

Abb. 35

Abb. 36

Abb. 37

Abb. 38

Abb. 39

Abb. 40   Abb. 41

Abb. 28 bis 41: Ringerbrücke mit Übergang in den Kopfstand. Nehmen Sie die Brückenhaltung langsam ein. Achten Sie auf die allmähliche Verlagerung Ihres Gewichtes. Verzichten Sie auf diese Übung, wenn Sie Probleme mit der Wirbelsäule oder den Hüft- und
Kniegelenken haben.

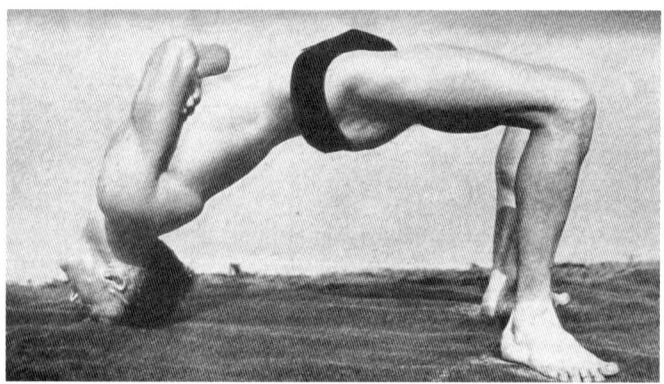

Abb. 42: Ringerbrücke, ca. 1920.

Der Ring

Sie begeben sich zu Beginn dieser Übung (chin. *huán* 環) in eine knieen-
de Stellung. Lassen Sie Ihren Oberkörper gerade. Nun neigen Sie Ihren
Körper langsam nach hinten, bis Sie einen Ring bilden. Drücken Sie Ihre
Hüften nach vorn. Anfangs werden Sie vielleicht noch nicht sehr tief gelangen, aber mit der Zeit schaffen Sie es, Ihren Kopf leicht auf dem Boden

aufzusetzen. Verweilen Sie eine Zeitlang in dieser Haltung und richten Sie sich dann ebenso langsam wieder auf.

Das ist eine sehr zu empfehlende Übung, da sie den gesamten Körper, vor allem aber die Oberschenkel und Hüften, kräftigt und dehnt.

Abb. 43: Der Ring.

Die Brücke im »Boxen des Betrunkenen«

Die Ausgangshaltung ist ein völlig entspannter Körper, wie er für das *zuìquán* (auch als *zuìjiǔquán* 醉(酒)拳 bezeichnet – Boxen des Betrunkenen) üblich ist. Man hockt sich tief nieder, so dass die ganze Sohle auf dem Boden ruht und das Gesäß die Fersen berührt. Dann stützt man eine Hand nach hinten und biegt den Körper zu einer Brücke durch. Anschließend setzt man die andere Hand ebenfalls auf, geht in eine »normale« Brücke über und dreht den Körper soweit seitlich, dass diesmal ausschließlich der andere Arm belastet wird und führt die Übung symmetrisch zum Anfang zu Ende. Während des gesamten Vorganges, aber auf alle Fälle in der Brücke, hebt man die Fersen an, bis nur noch die Ballen den Boden berühren. Am Ende geht man wieder in die Ausgangs-Hockstellung zurück. – Abbildungen 44 bis 52.

Hierbei wird der gesamte Organismus beansprucht. Der Rücken wird flexibel und kräftig. Es geht hierbei darum, jeden einzelnen Muskel und jedes einzelne Gelenk beweglich werden zu lassen. Diese Übung und ähnliche Bewegungsabläufe stärken den gesamten Körper und halten ihn lebenslang gesund und geschmeidig.

Lassen Sie bei der gesamten Übung den Körper vollkommen locker und spüren Sie, wie die Schwerkraft auf ihn wirkt. Wenn Sie dabei eine Art »Schwerelosigkeit« empfinden, so ist das das beste Zeichen dafür, dass Ihr Körper wirklich entspannt ist.

Abb. 44

Abb. 45

Abb. 46

Abb. 47

Abb. 48

Abb. 49

Abb. 50

Abb. 51

Abb. 52

Der Spagat

Es gibt drei Arten des Spagates: Längsspagat (manchmal auch Damenspagat genannt – Abbildung 53), Seitspagat (auch Herrenspagat genannt – Abbildung 54) und Überspagat. Der Überspagat ist ein Seitspagat, bei dem die Beine weiter als 180 Grad gestreckt sind.

Beim Spagat wird die Schwerkraft sehr gut genutzt, um eine erwärmende Dehnung zu erhalten. Der Längsspagat ist die gesündeste Version, weil er sich nach den Gegebenheiten der menschlichen Anatomie richtet. Mit den Gelenken und nicht gegen diese, lautet das Motto für ein gesundes Training. Der Seitspagat ist in jeder Form auf Dauer schädigend. Es gibt einige prominente Beispiele, die sich ihre Hüften mit falschem Training zerstört haben. Unter ihnen befinden sich die Kampfsportler und Schauspieler Chuck Norris und Bill Wallace (»Superfoot«). Wallace beherrschte diesen Spagat sehr gut und trainierte seine Beine ausdauernd. Er erreichte eine gute Flexibilität und auch eine gewisse Power. Den Preis, den er jedoch zahlen musste, sind zwei künstliche Hüftgelenke. Da wirkt sein Spitzname, der auf seiner Fähigkeit beruht, hohe Tritte mit extremer Wucht auszuführen, heute wie Hohn. Soweit sollte es auf keinen Fall kommen. In diesem Buch geht es um gesundes Training, das man bis ins Alter ohne Schäden durchführen kann.

Der Längsspagat ist auch die natürlichste Form der drei Arten. Im *Yàn Chí Gōng* gibt es eine Bewegungsfolge, welche den Namen *yànzi wā ní* (燕子挖泥) – die Schwalbe verbindet den Schlamm – trägt.[15] Man achte auf die in Abbildung 55 dargestellte Körperhaltung, die von einer Schwalbe inspiriert wurde. Diese Übung hat eine pflegende Wirkung auf die menschliche Blase. Sie stärkt den Unterkörper aber auch allgemein und spannt die inneren Organe und das umgebende Gewebe, was langfristig kräftigend wirkt. Diese Art des Trainings hält den menschlichen Organismus außerdem bis ins hohe Alter geschmeidig. Der Längsspagat hat den Vorteil, dass er sich nach den Gegebenheiten der menschlichen Anatomie richtet. Will man die nützlichen Effekte nicht abschwächen, sollte man Spagat auf kaltem Untergrund

---

[15] Xióng, D., Albrecht, M. und Rudolph, F.: *Yàn Chí Gōng. Eine fast vergessene Shaolin-Tradition*. Chemnitz: Palisander 2014, S. 182 ff.

vermeiden. Das gilt für beide Geschlechter, für Frauen jedoch in höherem Maße, da sie im Beckenbodenbereich empfindlicher als Männer sind.

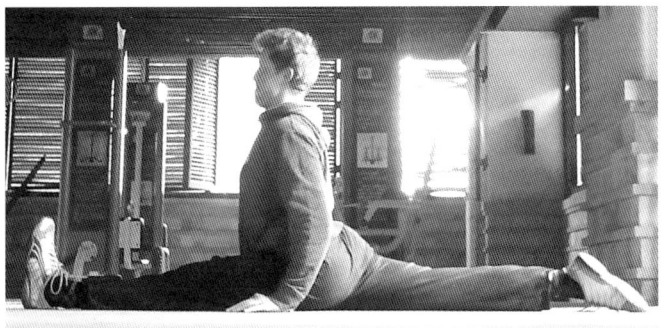

Abb. 53

Abb. 54

Abb. 55

Kraftausgabe nach der Dehnung

In die Luft treten

Nachdem Sie Ihren Körper gedehnt haben, treten Sie in die Luft. Der Trainingsprozess verläuft nach dem gleichen Prinzip wie die Nahrungsaufnahme und die Verdauung. Das Dehnen entspricht dem Einnehmen der Mahlzeit, das anschließende Treten entspricht der Verdauung. Nur so kann eine optimale flexible und vor allem anwendbare Kraft antrainiert werden.

Die chinesische Art des Tretens unterstützt die Dehnung hervorragend. Sie ist besonders gut für die Kräftigung des Fundamentes und der Wirbelsäule. Es geht auch darum, die weichen Bänder und Sehnen und eben die Kraft flexibel werden zu lassen. Die Tritte erfolgen explosiv und ansatzlos (Fotos 56 und 57).

Abb. 56

Abb. 57

Empfehlenswert ist auch der geschwungenen Rückwärtstritt. Diese Technik ist vorzüglich geeignet zur Kraftausgabe. Sie fördert und erfordert Flexibilität und Standsicherheit. Diese Bewegung stammt aus dem klassischen *quánfǎ* (拳法). Heute bezeichnet man sie einfach als *bǎituǐ* (擺腿), »Beinschwingen«. Der traditionelle Name ist *lóng wěi bǎituǐ* (龍尾擺腿) – der schwingende Drachenschwanz (Fotos 58 bis 63).

Abb. 58

Abb. 59

Abb. 60

Abb. 61

Abb. 62

Abb. 63

Diese Tretübungen sind eine Vorbereitungsübung für Flexibilität, Standfestigkeit und Schnelligkeit. Sind Sie noch jung, können Sie natürlich höher treten, weil Ihr Körper noch biegsamer ist. Sind Sie bereits älter, passen Sie die Tritthöhe Ihren Möglichkeiten an.

Alles in allem reicht es, wenn Sie 10 Minuten fürs Dehnen und ca. 2 bis 5 Minuten für das Treten aufbringen. Machen Sie dazwischen kleine Pausen.

Wechselseitiges Drehen der Beine und Schleudern der Arme

Dies stellt eine sehr effektive Form der Lockerung, der Dehnung und der Kraftausgabe dar. Eine zwar einfache, aber dynamische Bewegungsfolge, die ein Beispiel dafür darstellt, wie dies im chinesischen Training praktiziert wird, haben wir in Form eines Internet-Links für Sie bereitgestellt:

www.palisander-verlag.de/videos
(»Kraftausgabe – Drehen der Beine und Schleudern der Arme«)

Die Übung ist besonders gut geeignet, um flexible Explosionskraft aus den Tiefen des menschlichen »Untergestells« zu entwickeln.

Ausgleichsdehnung nach hinten

Die Dehnung nach hinten (Abbildung 64), ist ebenfalls sehr empfehlenswert als Ausgleich zu den oben dargestellten Vorwärtsdehnungen.

Abb. 64

Weitere Lockerungsübungen

In vielen Schulen wird die Lockerung des Körpers nur nebenbei betrieben oder ganz vernachlässigt. Doch in China, in Indien und auf Okinawa wird dies keineswegs als nebensächliches Training verstanden. Es geht darum, den Körper in seiner Gesamtheit auf die kommenden Übungen vorzubereiten.

Beine drehen

Bei dieser klassischen Übung aus dem *yīnyáng chuí* (陰楊錘) werden die gesamten Beine von unten bis zur Hüfte gedreht. Man kann diese Übung auch mit den Armen und Händen ausführen, aber hier geht vorwiegend um die Beine.

Abb. 65

Abb. 66

Beine werfen

Bei dieser ebenfalls sehr einfachen Übung zieht man die Beine eng an den Oberkörper, bis sich das Knie in Brusthöhe befindet. Dann »wirft« man das Bein Richtung Boden weg. Das ganze geschieht ohne Spannung. Das Bein soll den Boden nicht berühren. Gleichzeitig neigt man den Oberkörper nach hinten. Die ganze Bewegung ähnelt ein wenig jener der Antriebsachse einer Dampflok.

Abb. 67

Abb. 68

Die große Welle

Wie der Name verrät, handelt es sich bei der »großen Welle« (*dàbō* 大波) um eine Wellenbewegung. Diese Bewegung findet sich so oder ähnlich nicht nur in einigen Kampfschulen (z. B. im *zuì(jiǔ)quán*), sondern ist auch aus dem klassischen und modernen Tanz bekannt. Einzelne Details mögen verschieden sein, aber nicht der Sinn der Übung. Auch beim Ballett geht es darum, harmonische Bewegungen zu schaffen und eine weiche, flexible Kraft für den Tanz und seine anspruchsvolle Choreographie zu erreichen. In den Schulen von Rudolf von Laban[16] und Rudolf Bode[17] wurde besonders viel Wert auf diese Übung gelegt, bei der man ein Gespür für den Körper und dessen Schwerpunkt erhalten oder entwickeln soll.

Diese Übung ist mit jenen zur Bestimmung des eigenen Körperschwerpunktes verwandt. Das Rollen soll vollkommen bewusst geschehen, ebenso das Wahrnehmen von Spannung und Entspannung in den einzelnen Körperteilen.

Begeben Sie sich in eine kniende Position und beugen Sie den Oberkörper gleichmäßig nach hinten. Achten Sie darauf, dass Sie im Becken nicht einknicken und die Lendenwirbelsäule an der Bewegung beteiligt ist. Alternativ können Sie in dieser Haltung verharren, doch besser ist es, die komplette Technik in einer fließenden Welle zu absolvieren. Richten Sie sich nun schwungvoll auf, beugen Sie sich nach vorn und lassen sich nach hinten in die Embryonalhaltung sinken (Abbildungen 70 und 71). Die Füße bleiben dabei an Ort und Stelle, sie verändern lediglich ihre Stellung. Das geschieht, indem Sie das Gewicht kurz auf die Knie verlagern und die Gewichtsverlagerung nutzen, um die Füße nach vorn drehen zu lassen. Auch hierbei behalten Sie die fließende Bewegung bei. Sie strecken nun die Beine durch, wobei der Kopf unten bleibt und die Hände zwischen die Füße schwingen (Abbildung 72) und lassen sich wieder in die Embryonalhaltung sinken (73). Aus der Embryonalhaltung kippen Sie rückwärts, bis Sie auf dem Gesäß sitzen (Abbildung 74). Doch diese Haltung benutzen Sie nur zum Schwungholen. Setzen Sie ein Bein nach vorn, um sich auszubalancieren und um sich fließend erheben zu können. Während Sie sich vollständig in eine halbe Schrittstellung aufrichten und das Gewicht auf das vordere Bein verlagern, kippen Sie das Becken nach vorn und den Rücken nach hinten (Abbildungen 75 bis 77). Beginnen Sie am unteren Ende der Wirbelsäule und rollen Sie diese nach oben auf. So entsteht eine weitere Wellenbewegung. Ziehen Sie das Becken danach zurück und führen Sie diese Technik umgekehrt aus (ohne

---

[16] Rudolf von Laban (1879-1958) war ein ungarischer Choreograph und Tanztheoretiker, dessen Einfluss in vielen Bewegungsarten zu spüren war. Während der Kaiserzeit und der Weimarer Republik begründete er eine eigene Theorie, die bis heute in vielen Bewegungsarten nachwirkt. Die Spanne reicht vom Sport über die Gymnastik bis hin zum Ballett.
[17] Rudolf Bode (1881-1970) war Pädagoge und Begründer der weitverbreiteten Bode-Schule der Gymnastik, einer Form der rhythmischen Bewegungslehre.

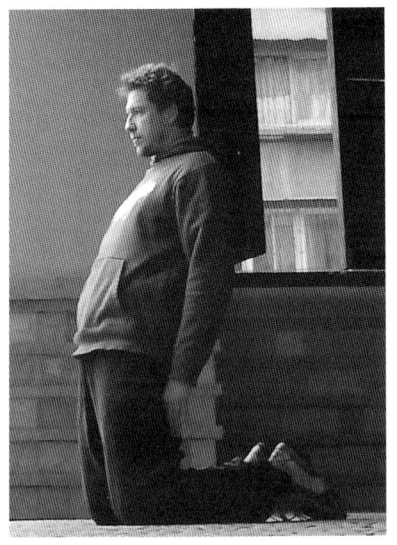

Abb. 69

Abb. 70

Abb. 71

Abb. 72

Abbildungen). Das heißt, Sie krümmen den Rücken, indem Sie den Bauch und die Brust leicht spannen. Richten Sie sich stets Wirbel für Wirbel auf und dosieren Sie die Spannung beziehungsweise Entspannung gleichmäßig.

51

Abb. 73

Abb. 74

Abb. 75

Abb. 76

Entscheidend ist, dass Sie sich unaufhörlich in einer wellenartigen Bewegung befinden. Wenn Sie den Ablauf beherrschen, können Sie die Elemente auch variieren, das heißt, die Übung in anderer Reihenfolge ausführen.

Abb. 77

Das System der Faszien

Es gibt einen Aspekt des Körpers, der recht gut verstehen lässt, worum es bei den chinesischen Dehnungsübungen geht und weshalb sie so gut funktionieren. Dies sind die Faszien. Faszien sind sehr anpassungsfähige, vollständig miteinander vernetzte Teile des Bindegewebes. Sie umhüllen, verbinden, stärken und schützen alle Teile des Körpers einschließlich der Organe. Zu den Faszien gehören das faserige Bindegewebe (z. B. Gelenkkapseln), die Sehnenplatten und auch Bänder, Sehnen sowie die festen Bindegewebsschichten. Dieses Gewebe besteht im Wesentlichen aus Eiweißbausteinen, Kollagen und Wasser.

Die Wissenschaft unterscheidet heute drei Arten von Faszien: oberflächliche, tiefe und viszerale Faszien. Oberflächliche Faszien befinden sich im Unterhautgewebe, und sie bestehen hauptsächlich aus lockerem Binde- und Fettgewebe. Diese Art umschließt zum Beispiel Organe und Drüsen. Zudem fungieren sie als Fett und Wasserspeicher. Die tiefen Faszien durchdringen oder umschließen die Muskeln, Knochen, Nervenbahnen und Blutgefäße des Körpers. Je nach Erfordernis verdichtet und organisiert sich dieses Gewebenetzwerk zu Sehnenplatten, großen flächenhaften Faszien, Ligamenten (Bändern), Sehnen, Fesseln, Gelenkkapseln oder Muskelsepten. Der hohe Anteil an Kollagenfasern verleiht diesen Geweben eine hohe Zugbelastbarkeit. Diese Art der Faszien ist für uns im Zusammenhang mit dem optimalen Körpertraining besonders interessant. Die letzte Gruppe, die viszerale Faszien, dienen als Aufhängung und Einbettung der inneren Organe. Wichtig ist auch, dass die Faszien mit Nerven vernetzt sind und somit für die Bewegung des gesamten Körpers von Bedeutung sind.

Die einzelnen Teile des Körpers werden von den Faszien zu einem Ganzen zusammengefügt und bleiben durch sie sozusagen formstabil. Dieses Bindegewebe unterstützt den Körper, wirkt stoßdämpfend und kraftabsorbierend bei vielen Bewegungen.

Eine ebenso wichtige Funktion ist der Abtransport von Abfallstoffen aus dem Körper. Das Bindegewebe leitet diesen Abfall zum Lymphsystem, welches neben dem Blutkreislauf das wichtigste Transportsystem im menschlichen Körper ist. Daher haben die Faszien auch eine entscheidende Schutzfunktion gegen Krankheitserreger und Infektionen. Im Fall von Verletzungen sind die Faszien die Grundlage für den Heilungsprozess des Gewebes.

Bei Augenschmerzen und Sehstörungen, aber auch bei Rückenschmerzen ist häufig verklebtes Bindegewebe verantwortlich. Solche Verklebungen können beispielsweise durch langes Sitzen entstehen. Deshalb müssen Sie Ihr Gewebe immer elastisch halten. Ärzte sind oft nicht in der Lage, die Ursachen für solche Probleme zu finden, da der Ort der Ursache und der der Symptome mitunter weit auseinander liegen. Die heutige Medizin des Westens beginnt erst langsam zu erkennen, dass alle Transportbahnen im Körper, wie Blutkreislauf und Lymphkreislauf, die Atmungsorgane und sämtliche Nerven über die Faszien miteinander vernetzt sind. Schmerzen, die in einer Region des Körpers auftreten, müssen nichts mit dieser zu tun haben, sondern können vom Bindegewebe herrühren. In China sind das Gedanken, die bereits seit 2000 Jahren gang und gäbe sind.[18] Bereits im

---

[18] Der erste internationale Faszienkongress fand erst im Jahre 2007 an der Harvard Medical School in Boston statt. Lehrbücher über Anatomie haben bis vor wenigen Jahren die Faszien kaum beachtet. In der chinesischen Kampfkunst ist die Wichtigkeit der Faszien bereits seit Jahrhunderten bekannt, was man anhand verschiedener Schriften und Trainingsmethoden (wie in dem in Fußnote 12 auf S. 28 erwähnten *Yàn Chí Gōng*) erkennt.

Altertum haben sich Chinesen mit den Faszien als Einheit beschäftigt und ihre Trainingsprogramme entsprechend entwickelt.

Faszien sind aufgrund ihrer hohen Viskoelastizität recht anpassungsfähig. Oberflächliche Faszien können sich dehnen, um beispielsweise Körperfett aufzunehmen. Das gilt weniger für die tiefen und noch weniger für die viszeralen Faszien. Letztere benötigen aufgrund ihrer verbindenden Funktion für die Organe eine gleichbleibende Spannung.

Diese Dehnungsfähigkeit der Faszien ist für das Training von enormer Bedeutung, da die wahre Kraft nicht aus den Muskeln kommt. Wirkliche Kraft wird von den elastischen Sehnen und Bändern erzeugt und freigesetzt. Die Muskeln wirken nur als Impulsgeber. Das kann man deutlich bei Tieren mit großer Sprungkraft erkennen. Säugetiere wie das Rote Riesenkänguruh (siehe Abbildung 77) und Gazellen, oder auch diverse Reptilien, Frösche und Kröten sowie verschiedene prähistorische Lebewesen[19] erreichen eine enorme Sprungkraft, weil ihr Bindegewebe so elastisch ist und dadurch eine Menge Kraft speichern und freisetzen kann. Einige Gazellen springen drei Meter hoch und zehn Meter weit, während das Riesenkänguruh mit dreizehn Metern Sprungweite der Weltrekordhalter im Weitsprung ist. Hierbei zieht das Känguruh seine Fuß- und Beinsehnen zuerst zusammen, so dass diese maximal gestreckt werden – also wie bei der chinesischen Dehnung –, dann gibt das Tier diese Energie schlagartig frei. Dadurch zieht sich das Bindegewebe in Millisekunden zusammen und erzeugt eine riesige Kraft, welche durch reine Muskelfunktion nicht erreichbar wäre. Der zweite Effekt ist die geringe Ermüdung der Körpers. Würden die Muskeln diese Arbeit allein bewältigen, könnte das Känguruh seine Sprungleistung nicht lange durchhalten. Das gilt prinzipiell für alle Säugetiere, also auch für uns Menschen. Wir schöpfen unser Potential allerdings selten voll aus, so dass wir durch verschiedene Trainingsmethoden nachhelfen müssen.

Durch die chinesische Dehnung wird dieses wichtige Bindegewebe intensiv beansprucht. Man dehnt und stärkt die Sehnen und Bänder, wodurch sie elastisch und maximal flexibel werden. Durch die hierfür benö-

---

[19] Vor allem die schnellen Raubsaurier wie Deinonychus oder Velociraptor sind hier gemeint. Diese Arten konnten nicht nur schnell laufen, sondern auch weit und hoch springen.

Abb. 78: Kämpfende Rote Riesenkänguruhs.

tigte Energie kräftigt man nicht nur das Bindegewebe, sondern den ganzen Körper. Mit der allgemein üblichen ungenügenden Dehnung ist das nicht zu erreichen. Im Gegenteil, hier presst man das Bindegewebe sogar zusammen, so dass es in seiner Arbeit gehemmt wird. Ohne gut gespanntes Bindegewebe bekommt man Krankheiten aller Art, von Rückenschmerzen bis hin zur Gicht, und man kann keine wirkliche Kraft entwickeln. Das Bindegewebe ist auch dafür zuständig, dass die Muskeln störungsfrei aufeinander gleiten können, was bei nahezu allen Bewegungen des Körpers geschieht. Somit sind Faszien im wahrsten Sinn des Wortes für einen reibungslosen Bewegungsablauf verantwortlich.

Erstaunlicherweise haben unsere Großeltern und Urgroßeltern, die von der Jahrhundertwende bis in die 1950er Jahre ihre Gymnastik ausübten, ein recht gutes Übungsprogramm zur Hand gehabt. Die Bewegungen waren sehr einheitlich und stärkten die Faszien gleichmäßig. Andererseits sind viele Ansichten aus dieser Zeit heute doch eher veraltet. Dehnen hilft nur, wenn man es richtig betreibt, falsches Dehnen hingegen kann Gelenke schädigen.

Anmerkungen zum Muskelkater

Ein weiterer interessanter Punkt, der mit dem Thema Faszien unmittelbar zusammenhängt, ist das Phänomen Muskelkater. Als Muskelkater bezeichnet man einen stechenden oder reißenden Schmerz, welcher nach körperlichen Anstrengungen, besonders bei hoher Muskelbeanspruchung, auftritt. Früher wurde eine Übersäuerung des Muskels durch Milchsäure angenommen. Diese These ist aber inzwischen widerlegt worden. Muskelkater entsteht durch Überlastung. Es bilden sich kleine Risse im Muskelgewebe. Wenn die aus den Rissen hervorgegangenen Abfallprodukte aus dem Gewebe befördert werden und dabei mit den Nervenzellen in Kontakt kommen, spürt man das. Auch die daraus folgenden Entzündungen führen durch Ansammeln von Körperflüssigkeiten zum Anschwellen und zum Dehnungsschmerz.

Durch viele Studien ist belegt, dass westliche Dehnungsübungen vor oder nach dem Training einen Muskelkater nur in geringem Umfang verhindern. Auch vorheriges Aufwärmen schützt nicht, da die Risse aus einer Überbeanspruchung von Muskelfasern herrühren. Ebenso tragen Massagen nicht zur Besserung bei, sondern verzögern diese, da sie eine zusätzliche mechanische Irritation der Muskulatur darstellen. Als hilfreich erwiesen sich Wärmebehandlungen, Bäder oder Sauna. Diese können wegen ihrer Anregung zur besseren Durchblutung den Schmerz mildern und zu einer schnelleren Genesung der Muskelfasern beitragen.

Was die Dehnung anbelangt, so untersuchte man in den besagten Studien nur die westliche. Die allumfassende chinesische Bindegewebsdehnung hat einen besseren Effekt, da hier das Gewebe so stark und elastisch wird, dass Risse kaum entstehen können. Vorausgesetzt, dass nach dem Dehnen die Kraft wie oben beschrieben wieder ausgegeben wird, die Dehnung also »verdaut« wird. Auf diese Art löst man die Fasern des gesamten Bindegewebes. Es wird elastisch und stark.

II. Übungen zum Kraftaufbau

Einleitung

Vorbemerkung

Die Zahl der möglichen Übungen, die Sie für den Kraftaufbau einsetzen könnten, ist endlos. Doch wenn es um den Aufbau einer dynamischen, flexiblen, jederzeit einsatzbereiten Kraft geht, so gilt unbedingt der alte Spruch: »Weniger ist mehr.« Die nachfolgend aufgeführten Trainingsmethoden können Ihnen – in Verbindung mit einer guten Dehnung – alles geben, was Sie für die Kampfkunst und die meisten Sportarten benötigen, um Herausragendes leisten zu können und gleichzeitig Ihre Gesundheit zu schützen. Sie können die Übungen variieren und sie zu einem individuellen Programm zusammenstellen. Seien Sie kreativ und entwickeln Sie ein Übungsprogramm, das optimal zu Ihrem Körper und Ihrer Persönlichkeit passt. Dadurch erreichen Sie ein neues Lebensgefühl und damit auch eine neue, bessere Lebensqualität.

Der chinesische Militärstratege, General und Kampfkunstmeister Qi Jìguāng (戚繼光, 1528-1588) schrieb in seinem Handbuch für Soldaten: »Die alten Kämpfer glaubten niemals an übernatürliche Dinge, lediglich daran, dass man nur durch eigenes hartes Training zu etwas kommen kann.« Deshalb ist immer wichtig, dass man weiß, wofür man die Mühen auf sich nimmt. Kein Mensch kann auf alle Situationen vorbereitet sein, aber ohne ein gutes Training kann schon die einfachste Kampfsituation zur größten Herausforderung werden.

Der erste Übungskomplex in diesem Kapitel widmet sich einer heute weniger beachteten, doch alten und ursprünglichen Trainingsmethode, den Übungen mit dem eigenen Körpergewicht. Turner, Akrobaten und einige Athleten benutzen bevorzugt den Körper als »Hantel« (chin. *tǐzhòng yǎlíng* 體重啞鈴), um sich eine nützliche, da einheitliche und flexible Körperkraft anzutrainieren, welche für sie beherrschbar bleibt. Das bloße Stemmen von Gewichten ist in diesem Zusammenhang nicht effektiv und wenig brauchbar. Im Gegenteil, für eine anwendbare Kraft stellt das Eisen eher ein Hindernis dar. Es bewirkt zum Beispiel ein Zuviel an nutzloser Masse.

Abb. 79: San vor einer Zweighütte in Namibia.

Der zweite Übungskomplex behandelt Methoden des isometrischen Kraftaufbaus, für die teilweise Hilfsmittel erforderlich sind, und der dritte Komplex zeigt, wie man Geräte sinnvoll einsetzen kann, um Kraftaufbau mit guter Körperbeherrschung zu verbinden.

Von den Urahnen lernen

Für die Kampfkunst orientiert man sich am besten an jenen, die noch kämpfen müssen, sei es auch nur in Form der Jagd. Wer sich den täglichen Lebensunterhalt unmittelbar sichern muss, also nicht über den Umweg des Gelderwerbs, folgt ganz anderen Gesetzen als wir. Die wenigen echten Jäger und Krieger, die es noch auf der Welt gibt, verfügen über drahtige, manchmal untersetzte, stets jedoch sehr widerstandsfähige Körper. Sie können sich stundenlang an ein Opfer anschleichen, diesem in den unmöglichsten Kauerstellungen über einen langen Zeitraum auflauern oder es zu Tode hetzen. Dazu kommt, dass diese Menschen selbst sehr wenig zum Leben benötigen, dabei aber Leistungen erbringen, die wir »Zivilisierten« kaum nachzuahmen vermögen. Die !Kung (auch als San-Volk be-

Abb. 80: Tarahumara-Mann mit Kind. Foto von 1892.

zeichnet) des südlichen Afrika können ihre Beute über eine zwei Tage während Ausdauerjagd verfolgen, bis das Tier vor Erschöpfung aufgibt oder stirbt. Dabei trinken sie erstaunlich wenig Wasser. Andere ursprüngliche Völker tun es ihnen gleich. Die Tarahumara-Indianer Mexikos laufen auch über sehr lange Strecken sehr entspannt und folgen dabei ihrem natürlichen Laufrhythmus, wodurch ihr Körper nicht verschlissen wird.[20] Waldbewohnende Menschen pirschen sich über Stunden durch das Unterholz, ohne die Beute aus den Augen zu verlieren. Sie klettern leicht und schnell auf die Bäume, falls ihre von einem Giftpfeil erlegte Mahlzeit sich im Geäst verfangen hat. Bemerkenswert sind auch die an die Höhe angepassten Sherpas. Sie haben durch ihre Zähigkeit viele der Himalaya-Expeditionen

---

[20] Die Tarahumara bezeichnen sich selbst als *Rarámuri* (Jene, die schnell laufen). Sie laufen in der Tat sehr viel, manchmal 70 bis 100 Kilometer pro Tag. Einen Marathon zu absolvieren, wäre für sie ein Kinderspiel. Dabei behalten sie niedrige Pulswerte sowie einen niedrigen Blutdruck bei. Die Tarahumara jagen wenig, aber wenn, dann Wild, Truthahn oder Kaninchen im Laufschritt, bis ihre Beute vor Erschöpfung zusammenbricht. Ihre Ernährung besteht zu 80 Prozent aus komplexen Kohlenhydraten. An ihrem Beispiel kann man sich eine gute Vorstellung vom Dasein unserer Vorfahren machen. Dass diese Leistungsfähigkeit nicht angeboren, sondern erworben ist, haben einige Untersuchungen belegt.

erst möglich gemacht. Zu all diesen Tätigkeiten benötigt man eine anwendbare und natürliche Kraft, die einem stets zur Verfügung steht.

Ein großes Muskelvolumen bringt hingegen nur unnötiges Gewicht mit sich. Es erfordert zudem viel Sauerstoff. Oder anders gesagt, große Muskelberge, wie sie durch Maschinentraining erworben werden, kosten im Endeffekt mehr Energie als sie einbringen. Das ist der Hauptgrund dafür, dass man Figuren wie die unserer heutigen Bodybuilder auf keiner historischen Krieger- oder Jägerdarstellung sieht. Traditionell trainieren, wie es das Anliegen dieses Buches ist, bedeutet daher, sich eine Kraft anzueignen, die stets verfügbar und universell einsetzbar ist.

Training mit Geräten und ohne Geräte

Nicht nur in China galt es als Ideal, die Körperkraft soweit aufzubauen, dass man das eigene Gewicht relativ mühelos zu beherrschen vermag. Um dies zu erreichen, erschuf man vielerlei Übungen, die auch das Gewichtetraining mit einschlossen oder einschließen konnten. Der Unterschied war, dass das Training mit Gewichten keinen Selbstzweck darstellte, sondern nur ein Hilfsmittel unter anderen war. In Europa übte man beispielsweise über Jahrhunderte mit Metallstangen[21] oder gefüllten (ausgegossenen) Holzrohren (siehe Abbildungen 81 bis 83, die etwa 1880 entstanden sind). In China hielt man es ganz ähnlich. Man benutzte Eisenstäbe oder besonders schwere Waffen wie die Hellebarde und bewegte sie seitlich oder diagonal von oben nach unten usw. Die spezielle auf Abbildungen 84 bis 88 auszugsweise dargestellte Übung nennt sich *jǔzhòng yòng de dàdāo* (舉重用的大刀).

Einige Geräte waren recht universell, wie zum Beispiel der Eisenschuh (chin. *tiěxié* 鐵鞋, jpn. *tetsu geta* 鉄下駄, frz. *soleret* oder *sabaton*[22]). Ei-

---

[21] Diese Stangen hatten unterschiedliche Längen. Manche maßen um die 1,80 Meter und andere nur einen halben Meter. Otto Heinrich Jaeger schreibt zum Beispiel 1891 in seinem Trainingsbuch: »Es sind Rundstäbe von Eisen, 85 cm lang, zu altersgemäßer Gewichtsabstufung 20 oder 22 oder 24 mm stark und für den Gebrauch auch als Zielwurfgeschoß an beiden Enden in platter Abwölbung gestählt und möglichst gehärtet.«
[22] Diese französischen Begriffe bezeichneten ursprünglich Rüstungsbestandteile für den Schutz des Fußes.

Abb. 81

Abb. 82

Abb. 83

Abb. 84   Abb. 85   Abb. 86

Abb. 87   Abb. 88

Abb. 84 bis 88: (Beispielsequenz): Verlieren Sie zu keiner Zeit den Respekt vor der Eigendynamik des Eisenstabes. Achten Sie bei allen Schwungbewegungen darauf, dass Sie das Gewicht beherrschen. Überstrecken Sie nicht Ihre Gelenke.

senschuhe oder Schuhe mit Bleisohlen waren in den westlichen und östlichen Kampfkünsten gleichermaßen in Anwendung. Doch, wie gesagt, diese Übungen waren Mittel zum Zweck. Sie sollten den Körper auf kommende Belastungen vorbereiten. Den Kriegern früherer Tage wäre es genauso wenig in den Sinn gekommen, Gewichte zu benutzen, um das Muskelvolumen zu erhöhen, wie den Naturvölkern heute. Stärke war und ist erwünscht, aber eine funktionelle und jederzeit abrufbare Stärke, keine gefangene Energie.

Bei den meisten Übungen dient der Körper buchstäblich als Hantel. Versuchen

Abb. 89: Uehara Seikichi.

Sie dies als Grundsatz für Ihr Training beizubehalten. Viele Kämpfer und Athleten zu allen Zeiten taten dies, und auch in Asien wird der Grundsatz, das eigene Körpergewicht als Richtwert zu betrachten, bis heute beachtet. Gewichte werden allerdings nicht per se abgelehnt. Wenn sie nicht schwerer sind als der eigene Körper, können sie durchaus sinnvoll eingesetzt werden. Sind die Hilfsmittel jedoch deutlich schwerer, wird sich in Ihrem Körper lediglich nutzlose Kraft aufstauen.

Trainieren sie am besten überhaupt nicht mit Maschinen. Machen Sie einmal diesen Test: Stemmen Sie beim Bankdrücken ein für Sie maximal beherrschbares Gewicht. Sofort im Anschluss schlagen Sie schnell, geschmeidig und so kräftig wie möglich in die Luft (Schattenboxen) oder vor einen Sandsack. Sie werden feststellen, dass Sie weder Kraft noch Flexibilität aufbringen können. Die Kraft, welche Sie sich angeeignet haben, nennt man in der (chinesischen) Kampfkunst »tote Kraft«. Mit ihr ist es nicht möglich, schnell zu sein. Kampftaugliche wie auch wettkampftaugliche Kraft können Sie jedoch nur aufbringen, wenn Sie sich schnell und flexibel bewegen können. Angehäufte Energie ist ähnlich einem überladenen Magen. In beiden Fällen können Sie schwer verdauen und haben von der Energie nichts.

Der okinawanische Meister Uehara Seikichi (1904-2004; Abb. 89) besaß bereits in jungen Jahren eine sehr gute, austrainierte Rücken- und Schultermuskulatur, so wie viele Kämpfer dieser Inselgruppe. Der Rücken ist weich gerundet und von innen heraus gespannt. Diese Art der Muskulatur wird besonders durch den Handstand und durch ein paar andere Übungen, wie sie in der Folge vorgestellt werden, trainiert und verbessert. Mit einer solchen Muskulatur ist es Ihnen möglich, eine flexible und gleichzeitig starke, anwendbare Kraft zu entwickeln. Bei einem Schlag kommt die gesamte Energie aus dem Rücken. Der Rücken bezieht diese Kraft wiederum aus der Erde. Die freisetzbare Energie ist sehr zerstörerisch, wenn man sie gezielt einsetzt. Der zweite Vorteil dieser Statur ist, dass die Brust eingezogen ist und die inneren Organe wie das Herz in eine geschützte Position gebracht werden. Des weiteren werden die sensiblen Teile »sanft verpackt«, was ihnen Zeit gibt, sich zu erholen. Das hohe Alter, welches okinawanische und chinesische Meister oft bei bester Gesundheit erreichen, ist ein starker Beleg für die Qualität ihres Trainings.

Ein gutes Training pflegt den Körper und schädigt ihn nicht. Ein gutes Training schließt auch Ruhe mit ein. In diesen Erholungsphasen kann der Körper sowohl die Rohstoffe als auch die angesammelte Energie verdauen. Dann ist er bereit für neue Energie. Alles ist aufeinander abgestimmt.

Den Körper verstehen

Der menschliche Körper besitzt im gesunden Zustand ca. 230 bewegliche Gelenke.[23] Mit zunehmendem Alter nimmt die Zahl der beweglichen Gelenke ab. Für uns interessant sind die 6 Hals- und Nackengelenke, die 76 Gelenke von Wirbelsäule und Becken, die 64 Gelenke der Finger, Hände und Arme, sowie die 62 Gelenke der Zehen, Füße und Beine. All diese zum Teil sehr unterschiedlich aufgebauten Gelenke[24] ermöglichen eine sehr vari-

---

[23] Die Mediziner sind sich bei der genauen Anzahl der Gelenke im Körper keineswegs einig. Einige sagen, es seien ca. 300, andere sprechen von exakt 360 Gelenken. Die Unterschiede resultieren daraus, dass es für den Begriff Gelenk unterschiedliche Definitionen gibt.

[24] Es gibt unter anderem Kugelgelenke (Schultern und Hüften), Scharniergelenke (Knie und Ulna der Ellbogen), Condyloid-Gelenke (Kiefer und Finger), Gleitgelenke (Wirbelsäule, Hand- und Fußgelenke), Drehgelenke (Hals und Radius von Ellbogen) sowie Sattelgelenke (Grundgelenk des Daumens).

ationsreiche Arbeit mit dem eigenen Gewicht. Dies wird bei den klassischen Übungen für den Kraftaufbau stets berücksichtigt. Knochen, Gelenke, Sehnen, Muskeln, all die »Bauteile« unseres Körpers bilden ein komplexes und zusammenhängendes Gebilde, eine Einheit, welche auch einheitlich, vom Zentrum (Hüfte, Becken) bis zu den fünf Endpunkten (Kopf, Hände, Füße), trainiert werden sollte. Was das für die richtige Dehnung bedeutet, haben wir im vorangegangen Kapitel dargestellt. Was es für den Kraftaufbau bedeutet, werden wir in den folgenden Abschnitten sehen.

Die chinesische Trainingslehre, die eine zentrale Stellung in diesem Buch einnimmt, untergliedert den Körper in drei Kategorien von Teilen. Die großen Teile sind der Kopf, der Rumpf und die Gliedmaßen. Die mittelgroßen Teile sind die größeren Teile der Gliedmaßen mit ihren Gelenken, das heißt, Ober- und Unterarme, Ellbogen, Ober- und Unterschenkel, Knie usw. Und als kleine Teile werden zum Beispiel die Fingerglieder und ihre Gelenke angesehen. Das Prinzip der drei Kategorien ist sowohl für das Training als auch für das Hebeln (chin. *qínná* 擒拿) von Bedeutung. Vereinfacht kann man sagen, je größer die Teile sind, desto mehr Kraft und Widerstand können sie erzeugen, je kleiner sie sind, desto schwächer sind sie und desto leichter lassen sie sich hebeln. Ein Fingerhebel ist leichter anzubringen als ein Beinhebel. Die kleinen Teile zu trainieren ist allerdings sehr anstrengend. Doch dieses Training wird sich positiv auf den gesamten Körper auswirken. In den folgenden Abschnitten gehen wir näher auf die verschiedenen Übungen, die diese Trainingslehre berücksichtigen, ein.

Übungen ohne Hilfsmittel – der Körper als Hantel

Der Handstand

Ziele und Wirkung

In China gibt es den Ausspruch: »*Zài zhōngguó wǔshù, yǒu sānzhŏng jīběngōng fǎ: yātuǐ, nádàdǐng, hé mǎbù.* (在中國武術，有三種基本功法：壓腿，拿大頂, 和馬步).« Das heißt: »In der chinesischen Kampfkunst gibt es drei grundlegenden Übungen: die Dehnung (*yātuǐ* 壓腿),

Abb. 90: *Dàolì* – Han-Dynastie.

den Handstand (*nádàdǐng* 拿大頂, auch *dàolì* 倒立) und den Reiterstand (*mǎbù* 馬步).« Für das statische Stehen im Handstand und im Reiterstand wird im *wǔshù* zusammenfassend auch der Begriff *zhàn zhuāng* (站樁) verwendet, »Stehen wie ein Pfahl«. Diese drei grundlegenden Übungen lassen sich in fast allen klassischen Schulen der Kampfkunst finden. Mehr benötigt man als Grundlage für eine umfassende Kampfausbildung tatsächlich nicht.

Das mag manch einen überraschen, denn die Reiterstellung (siehe Kapitel »Das Training der inneren Kraft«, Seite 205) wird heute oft als antiquiert angesehen, die Dehnung (siehe Kapitel »Die Dehnung« ab Seite 19) wird eher halbherzig statt in die Tiefe trainiert, und den Handstand betrachtet man allenfalls als eine Übung unter vielen. Doch gerade der Handstand ist eine der grundlegendsten Kraftübungen der alten chinesischen Kampfkunst, wenn es um Schlagkraft geht. Er gehört(e) auch in den westlichen Schulen zur Ausbildung, leidet seit einiger Zeit allerdings in fast allen Schulen und Stilen unter geringer Beachtung. Betrachten wir ihn etwas näher.

Der erste Effekt des Handstandes ist die Balance der Energie zwischen den sechs Kraftpunkten (*xià dāntián* und den fünf Endpunkten des Körpers, chin. *shēntǐ de wǔdiǎn* 身體的五點) (siehe Abschnitt »Fünf Linien, sechs Punkte«, Seite 232). Der zweite Effekt ist der Aufbau von physischer Kraft durch die isometrische Spannung, die während der Dauer des Handstandes aufrechterhalten werden muss.

Der Handstand gehört in der chinesischen Medizin zu den primären Behandlungsmethoden. Das oberste Ziel dieser Lehre ist die Gesunderhaltung des Menschen und dessen nachhaltige Ertüchtigung. Das physische Training nimmt hierbei eine herausragende Stellung ein. Durch diese Vorgehensweise wird der Körper in die Lage versetzt, nahezu jede Krankheit im Ansatz zu verhindern.[25]

Es tut dem Organismus in jedem Fall gut, ab und zu von seiner normalen Haltung abzuweichen. Wir werden durch diese Abweichung vom Gewohnten belastbarer, da der Organismus sich auf etwas Ungewohntes einstellen muss. Je häufiger wir unseren Körper damit konfrontieren, desto schneller kann er sich auf fremde Situationen einstellen. Wir werden flexibler – auch in unserer Entscheidungsfindung – und uns stehen mehr Möglichkeiten offen. Das betrifft ausdrücklich nicht nur die Gesundheit, sondern auch den Kampf. Wenn Sie regelmäßig den Handstand ausüben, wird sich im Laufe der Zeit ihre Widerstandsfähigkeit erhöhen. Krankheiten können sich nicht so schnell festsetzen. Sie werden jedoch auch insgesamt robuster.[26] Der positive Effekt erstreckt sich zum Teil ebenfalls auf ihre Nehmereigenschaften. Das heißt, nach einigen Monaten des Übens werden Sie Schläge und Stürze besser verkraften können. Das isometrische Training des Handstands härtet die Muskeln ausgezeichnet, so dass man sich einen natürlichen Schild zulegt.

Vor einigen Jahren sprachen wir mit einem Meister der chinesischen Oper, der bereits über Achtzig war, doch nur halb so alt aussah und wirkte. Wir wollten wissen, worin seine Jugendlichkeit begründet lag. – Sein Geheimnis läge darin, jeden Tag fünf Minuten im Handstand an der Wand zu stehen.

Ihr Ziel sollte es sein, den Handstand so zu trainieren, dass Sie frei stehen können. Das erfordert und schult eine gute Körperkontrolle.

---

[25] In China gibt es immer wieder Zeitungsberichte darüber, dass Krebs durch Kopf- oder Handstandtraining besiegt werden konnte. Inwieweit diesen Berichten eine über die Einzelfälle hinausgehende Bedeutung zukommt, vermögen wir nicht zu beurteilen. Aber sie beleuchten das chinesische Denken sehr gut. Anhand der Theorie der chinesischen Medizin geht man davon aus, dass jeder Mensch Krankheitserreger in sich trägt und durch die Luft, die Nahrung und das Wasser täglich in sich aufnimmt. Diese Stoffe können sich in unserem Organismus festsetzen und nicht abgebaut werden. Spült man seinen Körper nicht durch, wachsen diese festgesetzten Stoffe zu Steinen oder Tumoren heran. Sie verstopfen den Blut- und Energiefluss, und wir werden krank. Wenn sich der Mensch nicht bewegt, nicht schwitzt, greifen diese Stoffe die Gesundheit an. Der Organismus kann die Schadstoffe nicht mehr von selbst beseitigen. Durch richtiges Training wie Dehnung und Handstand verhindert man solche Blockaden. Das menschliche System wird dadurch gespült und gereinigt.
[26] Es gibt allerdings auch ein Zuviel beim Training. Allzu langes Verweilen im Handstand (deutlich länger als 30 Minuten) kann den Körper stark schädigen. In chinesischen Trainingszentren ist es hierdurch in der Vergangenheit immer wieder zu Todesfällen gekommen.

Dadurch erlangen Sie eine flexible Kraft. Im Chinesischen sagt man hierzu *gāng ér bù jiāng* (剛而不僵). Das bedeutet in diesem Zusammenhang hart und stark, nicht aber steif und starr. Dies ist die Anforderung an die Kraft des Körpers. Das gilt besonders für Kämpfer. Das Pendant hierzu heißt *róu ér bù ruǎn* (柔而不軟), weich und flexibel, jedoch nicht schlaff. Alle in diesem Buch aufgezeigten Trainingsmethoden zielen auf diese beiden Ergebnisse ab.

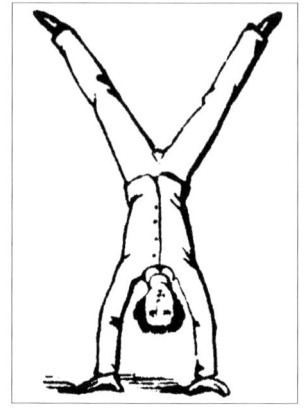

Abb. 91: Freier Handstand – deutsche Schule, 1868.

Training des Handstands

Sie können den perfekten Handstand, also den Handstand, den Sie als Grundlage für weitere Übungen benutzen, grundsätzlich in zwei Versionen trainieren. Vervollkommnen Sie Ihren Liegestütz und üben Sie parallel dazu das Stehen auf den Händen. Oder Sie trainieren vom Kopfstand aus, bis Sie sich – zunächst mit den Füßen an der Wand – in den Handstand drücken können, und verbessern allmählich ihre Kraft und Balance.

Wenn Sie sich im freien Stand halten können, gehen Sie zum nächsten Schwierigkeitsgrad über, der sich auf Chinesisch *shǒudàolì de fúdì tǐngshēn* (手倒立的伏地挺身) nennt, Handstandliegestütz, d. h., Sie beugen die Arme, bis der Kopf fast den Boden berührt, und stemmen sich wieder in den Handstand (Abbildungen 93 und 94). Das wird mehrmals wiederholt. Es gibt kaum eine bessere Übung für eine einheitliche und flexible Körperkraft. Beherrschen Sie dies, gehen Sie zur Handstandklappmesser genannten Übung über, bei der Sie mehrmals hintereinander die Beine langsam von knapp über dem Boden in die Luft und wieder zurück zu knapp über dem Boden bringen und dabei die ganze Zeit im Handstand bleiben (Abbildungen 95 bis 98).

Bitte beachten Sie, dass Sie im Handstand den Kopf nicht einfach baumeln lassen, sondern diesen in Richtung Nacken anheben. Das Blut soll

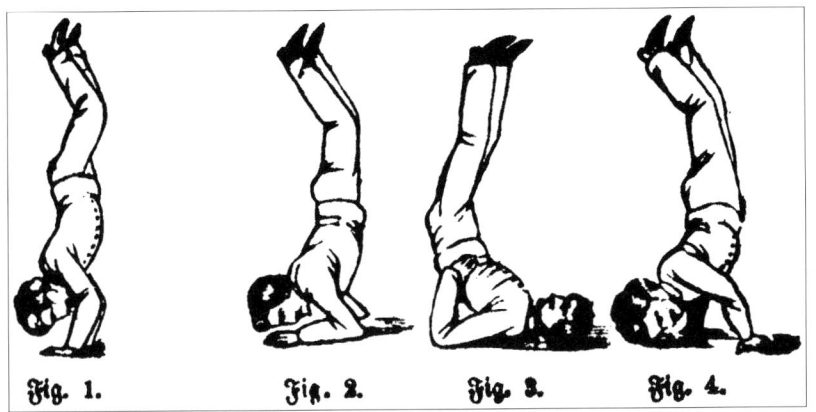

Abb. 92: Verschiedene Stände. Deutsche Schule, 1868.

Abb. 93

Abb. 94

besonders während einer lang gehaltenen Position nicht frei in den Kopf laufen, was bei längerem Halten der Stellung durchaus schädlich für das Gehirn sein könnte. Nach dem Handstand gleiten Sie sanft in eine Hocke und bleiben Sie einige Augenblick in dieser Haltung (Embryonalhaltung – siehe Seite 76). Dies verhindert Irritationen des Kreislaufs.

Abb. 95   Abb. 96

Abb. 97   Abb. 98

Abb. 95 bis 98: Das sogenannte Handstandklappmesser.

Abb. 99: Variante des Hand-stands. Vgl. Abb. 92, Fig. 2.

Abb. 100: Strecken im Handstand.

Das Strecken des Körpers im Handstand

Ein gesunder Blutkreislauf ist die Quelle des Wohlbefindens. Eine wichtige Aufgabe übernehmen die Venen, die das Blut zurück zum Herzen führen. Dabei haben besonders die Beinvenen schwere Arbeit zu leisten, denn das Blut muss gegen die Schwerkraft zum Herzen befördert werden. Aus diesem Grund ist einerseits das Training des »Untergestells« sehr wichtig, andererseits ist der Handstand so gesund, da er den Blutfluss umdreht und die Beinvenen kurzzeitig entlastet sowie den Blutlauf zum Herzen verbessert. Deswegen gehören Kopf- und Handstand zu den wichtigsten Übungen der chinesischen Medizin. Der Handstand ist dabei gesünder, da er den Kopf nicht belastet und die Schultern trainiert.

Wenn Sie etwas geübter im Handstand sind, können Sie das Beinstrecken nach oben bzw. leicht nach hinten versuchen, so dass der Körper einen gestrafften Bogen bildet (Abbildung 100). Hierbei streckt man langsam und konzentriert die Beine nach oben aus, als ob man mit ihnen etwas stemmen möchte. Wenn Ihr Gleichgewicht es bereits zulässt, können Sie diese Bewegung frei stehend probieren, anderenfalls lehnen Sie sich gegen eine Wand oder einen Baum. Durch das Ausstrecken der Beine wird das gesamte Gewebe der unteren Extremitäten und des Rückens gestreckt und gleichzeitig gekräftigt. Das Bindegewebe wird hierdurch recht schnell stark und elastisch. Zweitens werden die Beinvenen indirekt massiert. Das verbessert den Blutfluss.

Viele Menschen leiden an Krampfadern in den Beinen, besonders im Alter. Das liegt hauptsächlich daran, dass das Blut in den Beinvenen schlecht fließt und sich staut. Dadurch wird der Körper schwach, Krankheiten, Behinderungen und vorzeitiger Tod sind die Folge. Deswegen ist es wichtig, dass Sie mit den richtigen Übungen die Arterien (welche das Blut vom Herzen weg leiten) und die Venen (welche das Blut zum Herzen hin leiten) freihalten.

Auf den Händen laufen

Dieses Training durfte bei keiner klassischen *Quánfǎ*-Ausbildung fehlen. Aber nicht nur in China wurde diese Übung praktiziert. Durch die Laufübungen im Handstand verbindet man Kraft- mit Flexibilitätstraining und erzeugt die nötige bewegliche flexible Kraft. Früher wurde entweder eine bestimmte gerade Strecke gelaufen oder man lief im Kreis. Manchmal überwand man auch Hindernisse (z. B. Stufen) auf den Händen laufend. – Siehe Abbildungen 101 bis 104.

Zusammenfassung

Trainieren Sie den Handstand, bis Sie ohne Hilfe auf den Händen stehen können. Ein tägliches Training dieser Art ist das Effektivste und Gesündeste, was Sie für Ihren Körper tun können. In China heißt es, fünf Minuten im Handstand haben dieselbe pflegende Wirkung wie zwei Stunden tiefer Schlaf. Durch den Handstand wird der Blutkreislauf sozusagen umgedreht, was eine reinigende Wirkung für das System hat. Aber wichtig ist, dass Sie niemals länger als 30 Minuten im Handstand

Abb. 101

Abb. 102

Abb. 103

Abb. 104

verweilen. Danach wird es wegen des Blutstaus im Kopf gefährlich für Sie. Wir möchten noch einmal darauf hinweisen, den Kopf nicht einfach hängenzulassen, sondern ihn anzuheben, besonders wenn man länger auf den Händen stehen bleibt. Wenn man den Stand beherrscht, wird man den Unterschied bemerken.

Der Handstand ist die perfekte Trainingsmethode, seinen Körper zu heben und dadurch eine flexibel anwendbare Stärke zu erlangen. Diese Art Stärke entsteht nicht durch das Heben und Stemmen von Gewichten, sondern durch die Beherrschung der eigenen Masse.

In den chinesischen Kampfkünsten hat man das Ziel, die Arme so kräftig werden zu lassen wie die Beine. Dies wird durch den Handstand erreicht.

Die Embryonalhaltung

Nach dem Handstand sollten Sie unbedingt die Embryonalhaltung (chin. *tāiwèi* 胎位) einnehmen. Diese Position ist keine Zwischenphase und dient auch nicht in erster Linie dem Ausruhen. Es ist eine eigenständige Übung. Es geht hier in erster Linie darum, das Blut in seine normalen Bahnen zurückkehren zu lassen. Das ist sehr wichtig und sollte nicht unterschätzt werden. Diese Haltung ist aber auch eine Ruhe- und Massageposition. Je geschlossener man in dieser Stellung zu verweilen vermag, desto größer ist der Effekt. Wenn Sie es schaffen, mit dem Gesäß die Fersen zu berühren (auf ihnen zu sitzen), während der Oberkörper sich an die Oberschenkel schmiegt und die Hände die Knie umschlingen, haben Sie eine gute Position (Abbildung 105).

Auch diese Haltung ist ein wichtiger Bestandteil der chinesischen Medizin. Die inneren Organe werden in eine beruhigende Haltung gebracht. Der Blutfluss wird verlangsamt, und der gesamte Körper kommt zur Ruhe. Richtet man sich anschließend auf, fließt das Blut wieder sehr schnell durch die Arterien, und es kommt zu einem reinigenden Prozess. In der chinesischen Medizin ist die Massage im Vergleich zu dieser Embryonal-Sitzhaltung eine sekundäre Behandlungsmethode. Diese Haltung kann jederzeit als Ruhe- und Trainingsposition eingenommen werden. Die Fußsohlen sollten dabei vollständig den Boden berühren. Die Hocke entfaltet ihre größte Wirkung, wenn sie so geschlossen wie möglich eingenommen wird. Das wird anfangs nicht jedem gelingen. Aber mit der Zeit verbessern sich sowohl das körperliche Befinden als

Abb. 105: *Tāiwèi.* – Die Knie sollten so nah wie möglich an den Schultern anliegen.

auch das Leistungsvermögen. Wenn man diese Position korrekt einnimmt, erhöhen sich allmählich Flexibilität und Kraft. Verweilen Sie in dieser Haltung, solange sie möchten, und stehen Sie anschließend langsam auf. Sie werden die Erholungswirkung beinahe sofort merken.

Die Embryonalhaltung ist eine Grundlagenübung des sehr seltenen chinesischen Stils *háma quán* (蛤蟆拳), der Krötenfaust. Durch diese Haltung bereitet man den Körper auf die Abgabe explosiver Kraft vor. Aber auch wenn man sich nicht mit dieser Kampftechnik befasst – aus dieser Übung kann jeder seinen Nutzen ziehen.

Mit der Embryonalhaltung kehrt man zum Ursprung zurück. Das erste Mal nehmen wir die *tāiwèi* im Mutterleib ein. Das ist die Quelle unserer Energie. Hieraus entstammen wir, hieraus schöpfen wir Kraft. In diese Haltung begeben wir uns, wenn wir unsere Energie erneuern wollen. Diese Position pflegt und stärkt uns. Besonders das Herz wird, nachdem es angestrengt wurde, sehr schnell wieder zur Ruhe gebracht und »ernährt«. Durch das korrekte Dehnen, den Handstand oder die Embryonalhaltung »schwitzen Sie gesund« und scheiden viele Stoffwechselabfallprodukte

Abb. 106: Eine Variante der Embryonalstellung (tiefe Hocke) in der deutschen Turnschule.

über die Haut aus. Weder Ihr Herz noch Ihr Atem werden bei diesen Übungen über die Maßen beansprucht.

Kraftaufbautraining, an das sich das Einnehmen der Embryonalhaltung anschließt, ist in jedem Fall gesünder als das übliche Training im Leistungssport, in welchem das Herz rasant beschleunigt und auf Touren gehalten wird. Das verschleißt den Körper auf Dauer und ist nur über begrenzte Zeit durchzuhalten.

Der herabfallende Zapfen

Diese Übung (chin. *xiàjiàng sōngqiú* 下降松球)[27] unterscheidet sich von normalen Kniebeugen durch seine etwas andere Beanspruchung des »Untergestells«. Man lässt hierbei die Erdanziehung langsam auf den Körper wirken. Die Übung sieht einfach aus, gewiss, aber um sie korrekt ausführen zu können, benötigt man eine gute Dehnung und Kraft in den Beinen und Hüften.

Stehen Sie aufrecht und heben Sie die Fersen an. Lassen Sie sich dann sehr langsam von der Erde anziehen, bis Sie sich komplett in der Embryonalhaltung befinden und setzen den ganzen Fuß auf (Abbildung 110). Anschließend heben Sie die Fersen erneut an und stehen ebenso langsam und gerade wieder auf.

Die Hüften werden bei der Übung nach vorn oben angehoben und die Schultern nach unten gedrückt. Diese Grundbedingungen findet man in vielen traditionellen Formen Okinawas. Der Oberkörper bleibt während des gesamten Prozesses außer in der Embryonalhaltung aufrecht.

Abbildungen 107 bis 111 stellen den Ablauf dar. Je langsamer Sie die Übung ausführen, desto besser.

---

[27] Diese Übung kann auch *shísǔn-shízhōngrǔ* (石筍-石鐘乳) genannt werden. Das bedeutet Stalagmit und Stalaktit. Dieser Begriff bezieht sich auf das langsame Sinken und das ebenso langsame Steigen.

Abb. 107

Abb. 108

Abb. 109

Abb. 110

Abb. 111

79

Der Entengang

Eine ebenfalls in vielen Kulturen verbreitete Übung ist der Entengang (chin. *yāzibù* 鴨子步). Er ist genauso wie das Handstand-Laufen eine Technik, welche Kraft und Flexibilität verbindet. Und er ergänzt gut den Handstand und die Embryonalhaltung.

Dadurch, dass man beim Entengang zusammengezogen ist, werden die inneren Organe in eine beruhigende Haltung gebracht und gepflegt und nicht erschüttert. Das Herz bleibt auch hier in einer beruhigenden Position. Man verliert nicht seinen Atem. Dabei trainiert dieser Gang ganz vorzüglich die untere Körperhälfte. Kraft, Geschmeidigkeit, Ausdauer und nicht zuletzt Einheitlichkeit werden sehr gefördert. Diese Trainingsmethode ist eine grundlegende Übungsmethode vieler chinesischer Kampfkünste, beispielsweise des klassischen *tàijíquan* (太極拳) oder auch des *bāguàzhǎng* (八卦掌). Leider wird dies heute in den meisten »traditionellen« Schulen nur noch angedeutet oder gar nicht mehr trainiert.

Der Entengang ist tatsächlich auch gesund für die Knie. Nur auf den ersten Blick scheint die Belastung gefährlich groß zu sein. Langfristig werden die Gelenke stark und geschmeidig. Ein weiterer Trainingseffekt, der nicht unerwähnt bleiben soll, ist das Anheben der Hüfte. Diese wird nach oben geschoben, während die Schultern absinken. Das gesamte Rückengewebe wird dabei langgestreckt und von Blockaden befreit. Der Entengang ist also gerade für solche Menschen gesund und nützlich, die unter Bewegungsarmut leiden, vor allem aber auch für ältere Menschen. Im Alter bildet sich wegen des Verschleißes häufig ein Rundrücken. Das wirkt sich langfristig auf das »Untergestell« aus, was wiederum den gesamten Organismus schwächt. Außerdem werden die inneren Organe gequetscht. Der Mensch schrumpft in sich zusammen. Auf Chinesisch nennt man das *yāsuō* (壓縮). Der Gegensatz dazu ist das *lākāi* (拉開), das Langziehen. Gedehnt und gekräftigt bleibt man aufrecht, und der Körper bleibt lange Zeit vollkommen gesund.

Abbildungen 112 bis 119 zeigen den Ablauf der Übung.

Abb. 112

Abb. 113

Abb. 114

Abb. 115

Abb. 116

Abb. 117

Abb. 118

Abb. 119

Der Liegestütz

Einfache Varianten

Die dem Handstand in ihrer Wirkung am nächsten kommende Übung sind einige Varianten des guten, alten Liegestütz (eigentlich Armbeugen im Liegestütz).

Die Frage nach der Anzahl der zu absolvierenden Liegestütze pro Tag stellt sich nicht wirklich. Jeder muss darauf seine individuelle Antwort finden, die von der jeweiligen körperlichen Konstitution sowie von der Motivation und Ausdauer abhängt. Als Muhammad Ali[28] einmal gefragt wurde, wie viele Liegestütze und Sit-ups er schaffe, antwortete er: »*Ich weiß nicht, wie viele ich insgesamt schaffe oder mache. Ich fange immer erst dann zu zählen an, wenn es beginnt mir wehzutun. Erst ab dann ist es nämlich entscheidend*«. Dies zeigt sehr gut die Einstellung, die man beim Training haben sollte, wenn man etwas erreichen will. Andererseits erlangt man tatsächlich die besten Effekte erst dann, wenn es anfängt zu schmerzen und man dann immer noch Wiederholungen absolviert. Unsere Empfehlung ist also, dass Sie sich nicht auf irgendwelche Zahlen und Pläne fixieren, sondern Ihren Körper fordern und mit Leidenschaft und abwechslungsreich üben.

Abbildungen 122 bis 132 zeigen einige einfache Varianten des Liegestütz.

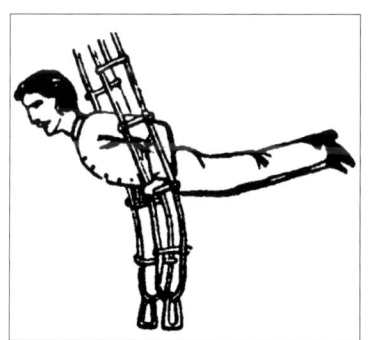
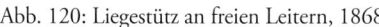
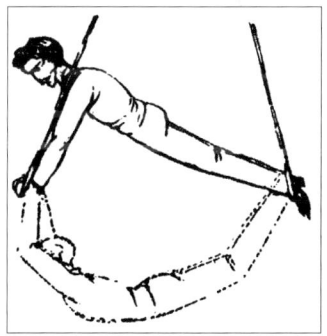

Abb. 120: Liegestütz an freien Leitern, 1868.   Abb. 121: Liegestütz in Ringen, 1868.

---

[28] Muhammad Ali (geb. 1942) ist ein ehemaliger Schwergewichtsboxer, der den Weltmeistertitel in seiner Klasse dreimal erlangte. Obwohl Ali groß und schwer ist, war er für seine Gewichtsklasse außergewöhnlich leichtfüßig und beweglich.

Abb. 122

Abb. 123

Abb. 124

Abb. 125

Abb. 126

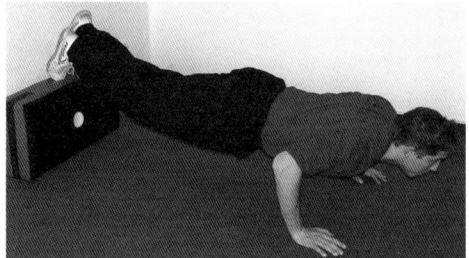

Abb. 127

Abb. 128

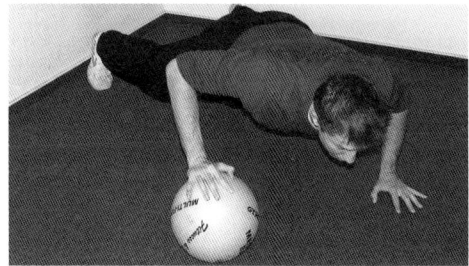

Abb. 129

Abb. 130

Abb. 131

Abb. 132

Der Pfau

Besonders empfehlenswert sind all jene Versionen des Liegestützes, bei denen die Handflächen in Höhe der Hüftknochen gehalten werden, wobei die Fingerspitzen in Richtung der Füße zeigen (Abbildungen 133 und 134). Im Yoga nennt sich diese Haltung *mayurasana* (Sanskrit für Pfauenstellung). Hierbei trainiert man nicht nur seine Trizeps und die Schultermuskulatur, sondern seinen gesamten Rücken als einheitliche Muskulatur.

Bei einem Schlag steht Ihnen so Ihre gesamte Kraft zur Verfügung, die am wenigsten vom Trizeps ausgeht, sondern aus Rücken und Hüften stammt. Sie bauen damit eine Muskulatur auf, wie zum Beispiel jene Meister Ueharas (siehe Seite 65). Der Rücken bleibt dabei locker und gerundet. Für Fortgeschrittene empfiehlt es sich, nur jeweils ein Bein auf den Boden zu bringen und das andere gestreckt anzuheben.

Im Yoga gibt es auch die Variante, dass man in dieser Stellung mit den angezogenen Beinen oder – als fortgeschrittenere Variante – mit den gestreckten Beinen in der Luft eine Zeitlang verharrt (Abbildungen 135 und 136). Dies stellt ein sehr gutes isometrisches Training dar. Für *sehr* Fortgeschrittene ist das sogar auf einem Arm möglich. – *Mayurasana*, die Pfauenstellung, soll sich gemäß den Lehren des Hatha-Yoga äußerst günstig auf das Verdauungssystem auswirken und die geistige Wachheit fördern.

Abb. 133

Abb. 134

Abb. 135: Halteübung.

Abb. 136: *Mayurasana*.

Brückenliegestütz

Die Herausforderung besteht hier erst einmal in der Brücke selbst. Es gibt diese in zwei Versionen, die beide den Körper stark beanspruchen. Bei der ersten Version ähnelt die Position dem normalen Liegestütz. Allerdings streckt sich der Körper soweit wie möglich. Man bildet eine Art Balkenbrücke. Auch hier lässt sich der Schwierigkeitsgrad steigern, indem man ein Bein anhebt oder die Zahl der stützenden Finger reduziert. Es gibt ein Bild von Bruce Lee, das ihn zeigt, wie er sich in dieser Haltung nur auf den Daumen hält.[29] Ebenfalls kann man den Schwierigkeitsgrad erhöhen, indem man den Körper so waagerecht wie möglich hält (siehe Abbildung 137). Je besser Ihnen das gelingt, desto größer ist die Gesamtwirkung. Je glatter hierbei der Boden, desto schwieriger. Als Alternative zu dieser Version kann man die Arme auch seitlich ausstrecken, wie ein T (siehe Abbildung 138). Das fordert die Bauchmuskeln etwas weniger und die Brustmuskeln dafür etwas mehr.

Die andere Version der Brückenliegestütz kennt man aus vielen (kampf-)sportlichen Disziplinen, wie der Leichtathletik oder dem Ringen, wo diese Übung kurz als »Brücke« bezeichnet wird. Wir haben über eine Variante der Brücke, die Ringerbrücke, bereits im Kapitel über die Dehnung geschrieben. Im Yoga nennt sich die im Zusammenhang mit den Brückenliegestützen vorgestellte Haltung *chakrasana* (Sanskrit für Rad) – siehe Abbildung 139. Man kann die Stellung auf zwei Weisen einnehmen. Die einfachere Variante besteht darin, dass man sich auf den Rücken legt, die Hände neben die Schultern bringt und sich in die Brücke hochdrückt

---

[29] Bruce Lee genießt bis heute einen guten, wenngleich manchmal auch ambivalenten Ruf bei einem Großteil der Meister in China.

und dies einige Male wiederholt. Die schwierigere Variante besteht darin, dass man sich aus dem Stand langsam nach hinten beugt, mit den Armen in der entsprechenden Haltung, bis man mit den Händen den Boden erreicht. Man macht nun einige Liegestütze in dieser Haltung und richtet sich wieder auf (siehe Abbildungen 141 bis 146). Hierbei ist es besonders wichtig, darauf zu achten, dass man zu jeder Zeit beim Heruntergehen in die Brückenhaltung sein Gleichgewicht beherrscht und nicht nach hinten umfällt und sich verletzt. Für wenig Trainierte ist das zunächst eine Herausforderung. Gehen Sie es langsam und mit Vorsicht an!

Wenn man die Brücke erst einmal beherrscht, fallen die Liegestütze in dieser Haltung nicht allzu schwer. Auch hier lässt sich der Schwierigkeitsgrad verändern, wenn man die Handhaltung variiert (z. B. sich auf den Fäusten abstützt) oder die Beine höher legt/stellt. Auf jeden Fall sollten Sie die Ausgleichsübungen nicht vergessen. Bei dieser Brücke wird die Wirbelsäule stark gebogen. Wenn Sie die umliegenden Muskeln nicht zusätzlich kräftigen, können sich irgendwann Beschwerden einstellen. Entsprechende Übungen folgen weiter hinten. Wie für einige der Übungen in diesem Buch gilt hier in besonderem Maße, dass es ratsam ist, im Zweifelsfall lieber im Voraus einen Arzt zu konsultieren.

Abb. 137

Abb. 138

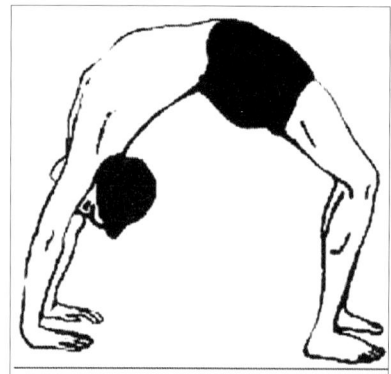

Abb. 139: *Chakrasana*.

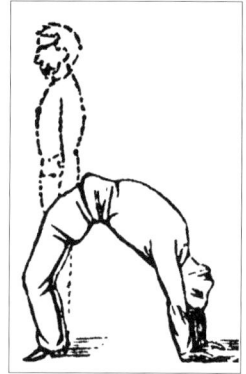

Abb. 140: Europäische Brücke, 1868. Man beachte die unterschiedliche Handhaltung.

Abb. 141

Abb. 142

Abb. 143

Abb. 144

90

Abb. 145

Abb. 146

Abb. 147

Abb. 147: Europäische Brücke, 1868. Erst erfolgt eine Dehnung nach vorn, dann wird in die Brücke gegangen.

Hockstreck-Liegestütze

Diese Kombination aus zwei Übungen, dem Liegestütz und dem Hockstrecksprung, wird Hockstreck-Liegestütze (engl. burpees) genannt. Sie ist besonders effektiv, um Explosivkraft aufzubauen und um die Kondition zu verbessern. Außerdem benötigt man hierfür wenig Platz. Und weil dies so ist, findet man diese Trainingsmethode sowohl im Programm vieler Spezialeinheiten, als auch bei (amerikanischen) Gefängnisinsassen und Gangmitgliedern. Eine Variante dieser Übung ist im chinesischen Stil *háma quán*, Krötenfaust, vorhanden; im Grunde ähnelt die Bewegung einer hochspringenden Kröte. Man zieht sich eng zusammen und »explodiert«.

91

Die Übung ist denkbar einfach. Sie ziehen sich sehr langsam aus dem Liegestütz (oder alternativ aus dem Handstand) zusammen. Und dann springen Sie explosionsartig und so locker wie möglich nach oben. Die Idee dahinter ist, dass man erst die gesamte Muskulatur und das Gewebe einheitlich isometrisch spannt, dann plötzlich die Spannung löst, sich entspannt und ausdehnt und beim Springen die Kraft ausgibt. Auf diese Art bekommt man sehr große Kraft. Man agiert wie eine Spiralfeder, welche man stark staucht und dann abrupt loslässt.

Abb. 148: Hockstreck-Liegestütze.

Stützübungen im Handstand

Diese Art des Liegestützes bzw. Handstandstützes setzt sich aus dem normalen Handstand und dem Liegestütz zusammen. Er ist aber gleichzeitig mehr als die Summe seiner Teile. Durch die erforderliche Balance werden ganz andere Anforderungen an die Hände und Arme gestellt, als das bei einer der beiden Einzelübungen der Fall ist. Von der zusätzlichen Kraftarbeit ganz zu schweigen. Für die Kampfkunst und für den Selbstschutz ist gerade diese Übung sehr effektiv und empfehlenswert. Sie beansprucht die gesamte Arm- und Schultermuskulatur. Der Körper wird hierbei sehr einheitlich trainiert. Für ein effektives Schlagen ist das unerlässlich.

Wenn Sie auf diese Art trainieren, kommen die Schläge mit der gesamten Kraft des Rückens und werden in das Ziel übertragen. Arme und Hände allein schaffen das nicht. Das chinesische *tōngbèiquán* (通背拳) zum Bei-

92

spiel nutzt diese Übung und erzielt gute Erfolge damit. Hier kommen die sehr kraftvollen Schläge aus dem Rücken. Die Arme werden ganz natürlich aus der Bewegung hervorgeschossen, wobei die Rückenmuskulatur den Großteil der Kraft erzeugt. Menschenaffen, die sehr starke Kämpfer sind, nutzen ebenfalls dieses Prinzip der Kraftentwicklung und -übertragung.

Abb. 149

Abb. 150

Abb. 151

Abb. 152

Abb. 153

Abb. 154

Abb. 149 bis 154: Die hohe Lagerung der Füße und die Stellung der Hände auf Hüfthöhe führen dazu, dass der Kraftaufwand größer ist als bei normalen Liegestützen. Am Ende kann man sich optional in Position 154 abstoßen und in dieser Haltung entweder eine Zeitlang verharren oder von dort aus in den Handstand gehen.

93

Sit-up-Training aus Ost und West

Die chinesische Methode

Alle Arten von Sit-ups trainieren die Bauchmuskulatur gut. Wir würden nicht unbedingt sagen, dass es »bessere« und »schlechtere« Arten gibt, aber es gibt für den jeweiligen Zweck optimale und weniger optimale. Die chinesischen Sit-ups sind in erster Linie fürs Kämpfen gedacht. Mit ihnen trainieren Sie nicht nur das Zentrum (chin. *dāntián* 丹田) Ihres Körpers, sondern auch gleichzeitig die Kraftausgabe an den fünf Endpunkten (Gliedmaßen und Kopf). Durch das Überkreuzen von Unterarmen und Unterschenkeln während des Aufrichtens werden nahezu alle Bauchmuskeln, die geraden und die schrägen, gleichmäßig beansprucht. Diese Sit-ups kann man langsam oder explosionsartig ausführen. Beide Möglichkeiten führen zu guten Erfolgen.

Die derart trainierte Rumpfmuskulatur ermöglicht es Ihnen, nach kurzer Zeit kraftvolle Schläge auszuführen. Sie werden wendiger und explosiver in Ihren Bewegungen. Auch hier empfehlen wir Ihnen, die Anzahl der Wiederholungen nicht zu zählen. Trainieren Sie solange, bis sich nicht mehr können und dann noch etwas darüber hinaus. Um dabei nicht an Langeweile zu leiden, können Sie die Übungen variieren, ohne befürchten zu müssen, den erwünschten Effekt zu verlieren. Bauchmuskeln sind als ausgleichende Stütze für den Rücken sehr wichtig. Durch diese Übungen trainieren Sie die Bauchmuskeln sehr effektiv und zugleich auch das Gewebe (Faszien) des Rückens. Die folgenden Abbildungen stellen einige Varianten für ein effektives Sit-up-Training vor.

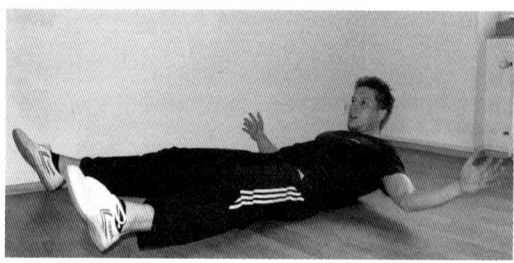

Abb. 155

Abb. 156

Abb. 157

Abb. 158

Abb. 159

Abb. 160

Abb. 161

Abb. 155 bis 161: Führen Sie die Bewegungen explosiv aus. Diese Sit-ups sind weniger Selbstzweck, sondern sollen Sie auf effektive Schläge und Tritte vorbereiten.

Abb. 162: Kampfanwendung von Sit-up-Übungen.

96

Abb. 163

Abb. 164

Abb. 165

Abb. 166

Abb. 167

Abb. 168

Abb. 169

Abb. 170: Variante: Zur Seite.

Die auf den folgenden Abbildungen (171 bis 174) dargestellten Übungen mit einem Partner, die in ihrem Bewegungsablauf den Sit-ups nachempfunden sind und ebenfalls ein gutes Bauchtraining darstellen, können in vielen Varianten ausgeführt werden. Um den besten Effekt zu erzielen, stellt man sich in Reiterstellung etwas versetzt einander gegenüber. Man schlägt sich gegenseitig mit dem Handballen auf die Bauchmuskulatur. Der Schrittwechsel erfolgt am Ort – Wende um 180 Grad –, so dass beide Partner mit der jeweils anderen Hand zuschlagen können. Die Schläge können auch mit der Handkante, der Innenhandkante oder dem Faustboden ausgeführt werden. Je besser man trainiert ist, desto schneller kann der Schrittwechsel erfolgen und desto höher kann die aufgewandte Schlagkraft sein. Wenn man sehr schnell ist, schafft man drei Wechsel pro Sekunde. Allerdings kommt es nicht so sehr auf Schnelligkeit an, sondern auf Genauigkeit und Schlagenergie.

Abb. 171

Abb. 172

Abb. 173

Abb. 174

Das Klappmesser

Im Westen gibt es eine Reihe verschiedener Sit-ups. Einige sind dafür gedacht, eine gute Figur zu erlangen, andere dienen der Abhärtung. Eine
der besten Versionen ist das »Klappmesser« (Abbildungen 176 bis 182).
Heute warnen Trainer und Sportmediziner manchmal vor der Belastung
der Wirbelsäule, die bei einigen Sit-up-Arten auftreten können. Das hat
sicher seine Berechtigung. Ein gesunder, kräftiger Körper ist allerdings sehr
belastbar. Wer sich jedoch nicht sicher ist, sollte auf leichte Sit-ups ausweichen, bei denen die Lendenwirbelsäule den Boden nicht verlässt. Um ein
Höchstmaß an kämpferischer Effektivität zu erreichen, sind diese Versionen jedoch nicht ausreichend. Das »Klappmesser« leistet hierfür hingegen
gute Dienste. Auch bei dieser Art Sit-up erzielt man eine Steigerung der
kämpferischen Fähigkeiten. Je ruckartiger man Oberkörper und Beine zu-
sammenklappen lässt, desto besser ist der Effekt. Sie sollten darauf achten,
dass der Rücken in jeder Phase der Bewegung so gerade wie möglich bleibt.

Den chinesischen Sit-ups am nächsten kommt der westliche Cross.
Hierbei liegt man auf dem Rücken, hebt Kopf und Beine an und richtet
den Oberkörper dann jeweils schräg soweit auf, dass der rechte Ellbogen
das linke Knie berührt bzw. der linke das rechte. Der Wechsel erfolgt recht
schnell, wobei auch hier die Lendenwirbelsäule den Boden nicht verlässt.

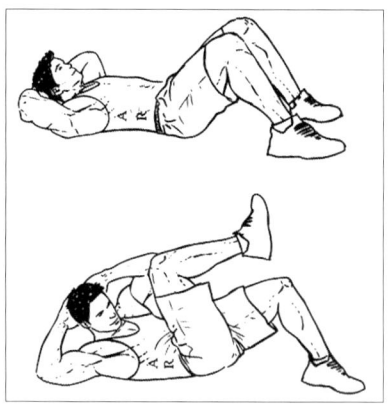

Abb. 175: Cross-Sit-up bzw. Crunch.

Abb. 176

Abb. 177

Abb. 178

Abb. 179

Abb. 180

Abb. 176 bis 180: Klappmesser mit Stab: Um den Stab über Ihre Füße zu bekommen, müssen Sie den Rücken vollständig strecken. Besonders in der Lendenwirbelsäule darf kein »Knick« sein.

Abb. 181   Abb. 182

Abb. 181 und 182: Klappmesser ohne Hilfsmittel.

Zugübungen

Dieser Komplex ist sehr umfangreich, und man kann die entsprechenden
Übungen fast beliebig variieren. Zugübungen sind sehr wichtig, um einseitige Belastungen zu verhindern. Sie dienen zum Ausgleich von Druck-
übungen wie Handstand oder Liegestütz. Man schafft ein gutes harmo-
nisches Gleichgewicht. Für das Trainieren von Zugübungen nehmen Sie
keine Gewichte. Vermeiden Sie ebenso Übungen wie Hantel-Curls. Das
Buch widmet sich in erster Linie der anwendbaren Kraft. Es geht nicht um
vorzeigbare Bizepse. Zugübungen sollten Sie nur mit Ihrer eigenen Masse
durchführen. Es gibt hierbei derart viele Möglichkeiten, dass das Training
nie langweilig werden kann.

Klettern

Kletterübungen aller Art sind bestens geeignet, den Körper einheitlich zu
trainieren. Nicht umsonst haben viele Kampfkünste und Spezialeinheiten
Klettern im Programm. Kinder klettern gerne auf Bäume und nutzen auch
sonst jede Gelegenheit zum Klettern. Das ist sehr gut für sie. Sie tun es instinktiv, auf natürliche und spielerische Weise und bekommen so von ganz

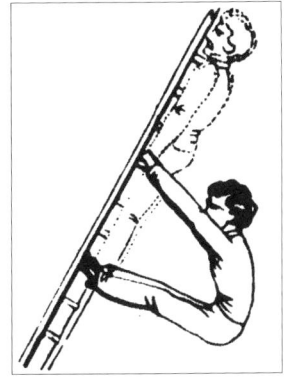

Abb. 183   Abb. 184

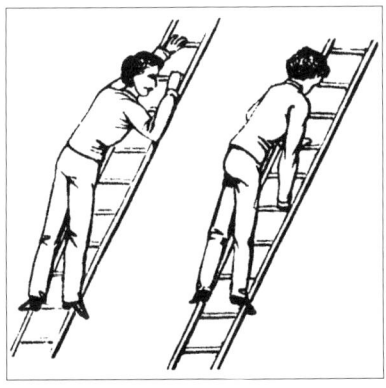

Abb. 185   Abb. 186

Abb. 183: Zugübung an der freien Leiter, 1868.
Abb. 184: Zugübung an der starren Leiter, 1868.
Abb. 185: Klettern an starren Leitern, 1868.
Abb. 186: Klettern an der freien Leiter Leiter, 1868.
Abb. 187: Klettern und Schwungübungen an der senkrechten Stange, 1868.
Abb. 188: Klettern in Ringen, 1868.
Abb. 189: Klettern an der waagerechten Stange, 1868.

allein einen starken Körper. Naturvölker behalten diese Natürlichkeit ein
Leben lang bei. Ihre ganze Existenz ist ein einziges Körpertraining, das durch
nichts ersetzt werden kann.

Abb. 187

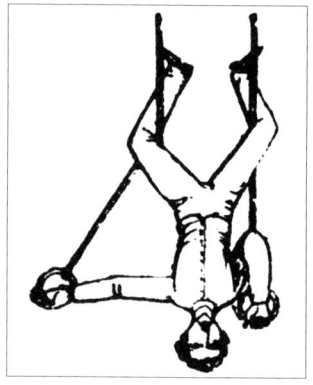

Abb. 188

Abb. 189

Klimmzüge

Zur Technik von Klimmzügen gibt es nicht viel zu sagen. Sie hängen sich an eine Stange, einen Ast, eine Leiter oder einen Türrahmen und ziehen sich hoch. Das ist im Grunde schon alles. Variieren Sie die Zughöhe oder die Zuggeschwindigkeit. Auch der Abstand zwischen Ihren Händen lässt sich verändern. Beziehen Sie Beintraining mit ein. Experimentieren Sie.

Abbildungen 190 bis 200 können Ihnen als Anregung für Ihr eigenes Klimmzug-Trainingsprogramm dienen.

Abb. 190

Abb. 191

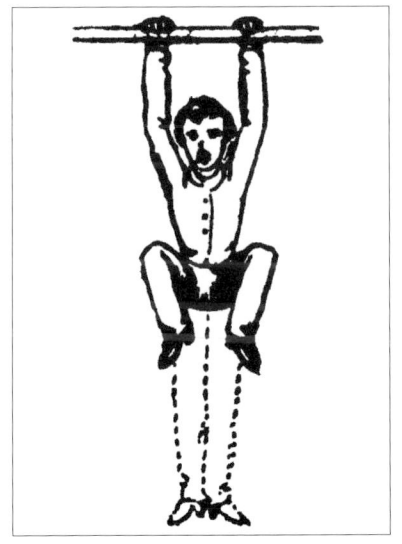

Abb. 192: Beinheben im Klimm, 1868.

Abb. 193

105

Abb. 194

Abb. 195

Abb. 196

Abb. 197

Abb. 198

Abb. 199

Abb. 200

Shàiyī – »Die Wäsche im Freien trocknen«

Konzentrieren Sie sich bei dieser Übung vom Anfang bis zum Ende, selbst wenn Sie sie als sehr einfach empfinden. Ziehen Sie sich an einer Stange oder einem Ast (Abbildung 203) hoch. Nachdem Sie sich hochgezogen haben, legen Sie Ihre Kniekehlen auf die Stange und lassen sich ganz entspannt herunterhängen (206). Zunächst mit der einen, dann mit der anderen Hand an der Stange und schließlich völlig frei (208 und 209).

Nehmen Sie nach der Übung unbedingt die Embryonalhaltung ein, damit Ihr Organismus sich wieder auf die »normalen« Verhältnisse einstellen kann.

Sie können die Übung im Vorfeld mit Übungen aus dem Reckturnen kombinieren. Doch verlieren Sie nicht aus dem Blick, dass es hierbei vorrangig um das eigentliche *shàiyī* gehen soll.

Die Übung *shàiyī* (曬衣) ist bereits sehr alt und wurde sowohl im alten Shàolín-Tempel als auch im daoistischen Wǔdāng-Gebirge trainiert. Sie ist eine Grundlagenübung des daoistischen Boxens des Betrunkenen (*zuìquán*), gehört jedoch auch zu vielen buddhistischen Stilen. Der Körper hängt im Grunde »nur« wie ein Kleidungsstück zum Trocknen an einer Stange oder einem Ast. Es ist jedoch tatsächlich eine der besten Methoden des Bindegewebtrainings. Das Gewebe wird hierbei vollkommen gestreckt und gekräftigt. Man muss keine eigene Kraft aufbringen, sondern den Körper und die Muskeln vollkommen entspannt lassen. Die Erdanziehung erledigt den Rest. Das ist die effektivste Art des Trainings, weil das Bindegewebe sich von ganz allein stärkt. Ähnlich wie beim Handstand wird der Blutkreislauf des Körpers umgedreht. Beim *shàiyī* ist der Körper noch entspannter als beim Handstand, was dazu führt, dass das Bindegewebe elastischer wird und sich, falls es nicht frei ist, löst. Bereits durch das Emporziehen kräftigen Sie Ihr Bindegewebe. Gleichzeitig bewegen und lockern Sie es auch. Hierbei wird eine isometrische Spannung aufgebaut. Alle inneren Gewebeteile sind beteiligt und haben einen Nutzen davon.

Diese einfache Übung verleiht dem Körper eine enorme Schlagkraft, da er die Energie aufgrund des entspannten und langgezogenen Gewebes optimal ausgeben kann. Trainieren Sie diese Übung täglich, bekommen Sie eine durchschlagende Kraft, bei allen Schlägen, Tritten, Sprüngen oder

Würfen. Welche sportliche Disziplin Sie auch immer betreiben, Sie werden den Leistungszuwachs spüren.

Bitte beachten Sie unbedingt, dass Sie *shàiyī* nicht sehr lange ausführen. Das Blut fließt hier noch schneller in den Kopf als beim Handstand. Daher sollten Sie niemals länger als 20 Minuten hängen.

Bei der Übung werden die Hände rot. Daran erkennt man, dass das Blut wirklich bis in die Spitzen fließt. Und mit dem Blut fließt Energie. Das gesamte Verteilungssystem im Körper wird freigespült, und die Gefäße werden gereinigt. Bei entspanntem Gewebe kann das Blut frei bis in die Körperspitzen fließen.

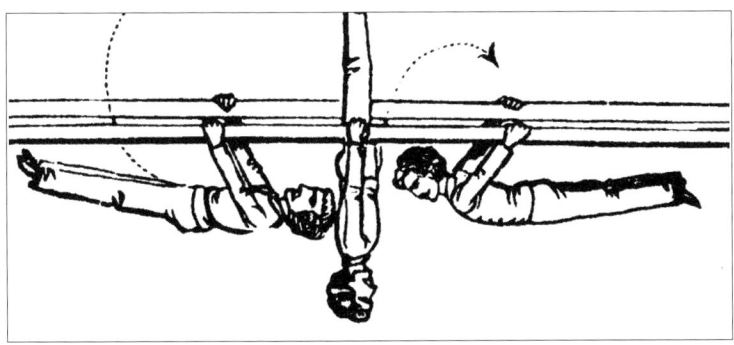

Abb. 201

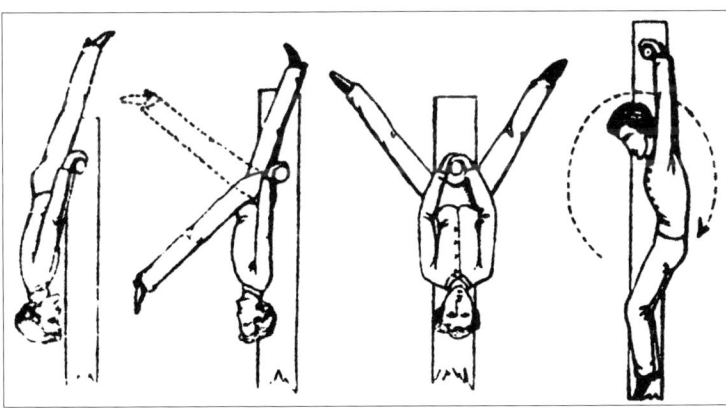

Abb. 202

Abb. 201 und 202: Europäische Hängeübungen, 1868.

Abb. 203

Abb. 204

Abb. 205

Abb. 206

Abb. 207

Abb. 208

Abb. 209

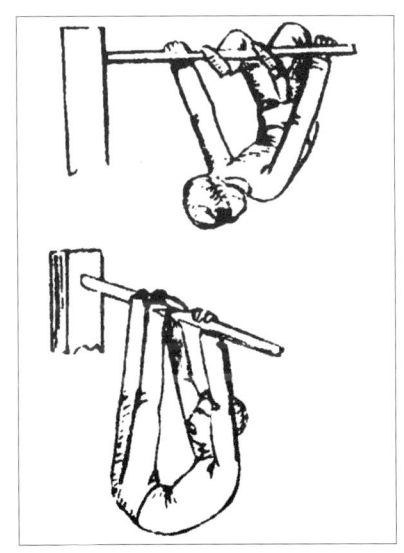

Abb. 210: Europäische Hängeübung, 1868.

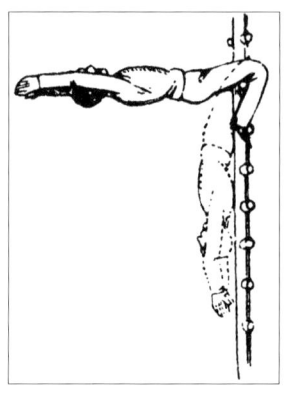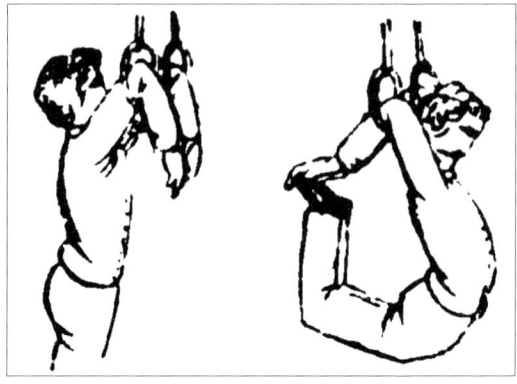

Abb. 211   Abb. 212

Abb. 211: Hängen und Klimmen, 1868.

Abb. 212: Hängen in Ringen, 1868.

Isometrisches Krafttraining

Individuelles isometrisches Training

Es gibt Menschen, die von Natur aus mit außerordentlicher Körperkraft gesegnet sind, so dass sie nur soviel trainieren müssen, um diese Kraft geschmeidig zu halten. Die große Mehrheit muss sich diese Kraft hart erarbeiten und zudem auch mehr dafür tun, einem Verfall der Körperkräfte mit zunehmendem Alter entgegenzuwirken. Eine Möglichkeit, zu großer Stärke zu erlangen, sind isometrische Übungen.

Isometrische[30] Kraftübungen kommen in vielen chinesischen Formen vor, beispielsweise im *tàijí*. Diese Bewegungen sind nicht unbedingt Kampftechniken. Es sind isometrische Elemente. Durch das Halten des Körpers oder eines seiner Teile in einer bestimmten Position und Spannung wird die gesamte Muskulatur von innen heraus einheitlich gespannt. Auch hierbei wird eine anwendbare, explosive Kraft aufgebaut,

---

[30] Definitionen (Duden): Isometrisch: Die gleiche Längenausdehnung beibehaltend. Isometrisches Muskeltraining: Rationelle Methode des Krafttrainings, bei der die Muskulatur ohne Änderung der Längenausdehnung angespannt wird.

die uns in die Lage versetzt, unseren Körper urplötzlich und einheitlich anzuspannen, so ähnlich, wie es beim Erschrecken geschieht. Diese Fähigkeit benötigt man für jede Art des effektiven Schlagens, Tretens oder Springens. Natürlich wird der gesamte Organismus durch dieses Training gestärkt, so dass er bessere Nehmerfähigkeiten entwickelt. Gerade diese Nehmerfähigkeiten sind unverzichtbar für einen Kämpfer, besonders wenn man es mit starken Gegnern zu tun bekommt. Die Fähigkeit, alle Muskeln blitzartig spannen zu können, kann über Leben und Tod entscheiden. Sie verkraften Schläge besser, da der Muskel mehr Energie absorbieren kann. Und Sie können sich insgesamt auf effizientere Weise bewegen.

Isometrisches Training ist schon sehr alt. In China und auch auf Okinawa praktiziert man es schon seit Jahrhunderten. Im Westen bringt man entsprechende Übungen häufig mit der Dynamic-Tension-Methode[31] von Charles Atlas[32] in Verbindung. Aber auch Atlas lernte von einigen Vorbildern, z.B. Eugene Sandow[33]. Eine Geschichte besagt, dass Atlas sich bei seinen Überlegungen an Tieren orientierte. So soll er sich gefragt haben: *»Wie hält Herr Tiger seine physische Kondition? Hast du jemals einen Tiger mit einer Hantel gesehen?«* Seine Antwort war, dass sich diese Großkatzen durch das Gegenspiel der Muskeln permanent selbst kräftigten.

Allerdings stellte bereits vor Atlas ein Wissenschaftler fest, dass bei einem Frosch, den er an einem Bein fesselte, das fixierte Bein später kräftiger war als jenes, mit welchem der Frosch fleißig strampelte, um sich zu befreien. Diese Beobachtung war zwar für den Forscher interessant, hatte aber vorerst keine Auswirkungen auf die Trainingswissenschaft.

---

[31] Die Dynamic-Tension-Methode ist eine zwölfteilige Übungsfolge mit einer abschließenden Wiederholung.

[32] Charles Atlas (1892-1972) hieß eigentlich Angelo Siciliano. Er änderte 1922 seinen Namen, nachdem ihn angeblich ein Freund mit einer Statue des Titanen Atlas aus der griechischen Mythologie verglichen hatte. 1921 oder 1922 gewann er den Titel: »America's Most Perfectly Developed Man«. Atlas' Programm wurde durch geschickte Werbung, vor allem auf der Rückseite von Comic-Heften, sehr populär.

[33] Eugene Sandow (1867-1925) hieß mit bürgerlichem Namen Friedrich Wilhelm Müller. Sandow gilt als Vater des modernen Bodybuilding, da er in vielen Dingen eine Vorreiterrolle einnahm, zum Beispiel in der Art und Weise, sich mit Kraftübungen auf einer Bühne zu präsentieren.

Durch isometrisches Krafttraining wird die gesamte Muskulatur einheitlich angespannt und funktioniert somit auch als ein Ganzes. Isoliertes Training einzelner Muskeln oder Körperteile mag auf den ersten Blick effektiv erscheinen, doch das Gegenteil ist der Fall. Unser Körper ist keine Ansammlung von Körperteilen. Alles hängt zusammen, und alles hängt auch voneinander ab. Isoliertes Training stört den Fluss und macht den Organismus steif und anfällig für bewegungsbedingte Verletzungen. Es lässt sich nach dieser Methode eine optisch spektakuläre Fassade erschaffen, hinter der sich jedoch wenig Substanz verbirgt, ähnlich wie bei den Statuen des Pheidias[34]. Wenn Sie sich dem Training widmen, verlieren Sie nicht den Blick für die Einheit Ihres Körpers. Gestalten Sie Ihre Übungen vor allem so, dass Sie den gewünschten Effekt nicht auf Kosten Ihrer Gesundheit erreichen.

In China wurden seit alters her isometrische Übungen an Bäumen trainiert.[35] Man versuchte einfach, diese zu entwurzeln. Der Meister Lǔ Zhìshēn (魯智深, vermutlich 11. Jahrhundert) ist besonders bekannt dafür gewesen. Diese Art des Trainings ist typisch für die inneren Stile der Kampfkunst. Sie wurde von den Tieren abgeschaut. Meister beobachteten zum Beispiel Affen, wie sie gegen Bäume drückten oder an ihnen rüttelten. Gerade Affen besitzen eine große flexible Kraft. Sie können diese in alle Richtungen mobilisieren und dies auch noch auf perfekt einheitliche Weise. Anstelle eines Baumes können Sie die Übungen auch an einer Stange ausführen (Abbildungen 213 bis 221).

Statt eines Baumes beziehungsweise einer Stange eignet sich auch ein Türrahmen. Auch diese Version des isometrischen Trainings hat in China eine lange Tradition. Man kann am Türrahmen eine ganze Reihe isometrischer Übungen praktizieren.

Eine Grundübung mit dem Türrahmen besteht darin, dass man sich in den Rahmen hineinstellt und versucht, diesen mit aller Kraft auseinanderzudrücken. Die Körperspannung wird dabei zwischen 7 und 10 Sekunden

---

[34] Pheidias (ca. 500 v. u. Z. - 432 v. u. Z.) war der bedeutendste Bildhauer der Antike. Seine Statuen bestanden außen aus Gold, Ebenholz und Elfenbein, innen jedoch aus Holzlatten, Gips und Staub.

[35] Das gilt zum Beispiel auch für das japanische *judo*. Dort übt man Wurfansätze ebenfalls an Bäumen.

Abb. 213

Abb. 214

Abb. 215

Abb. 216

115

Abb. 217   Abb. 218   Abb. 219

Abb. 220   Abb. 221

Abb. 222

Abbildungen 213 bis 222 zeigen isometrische Übungen, die neben dem allgemeinen Kraftaufbau auch ein Techniktraining für Würfe sind.

Abbildungen 223 bis 228 zeigen eine praktische Anwendungsmöglichkeit für diese Art Training.

Abb. 223

Abb. 224

Abb. 225

Abb. 226

Abb. 227   Abb. 228

gehalten. Dann entspannt man sich. Ein gezieltes Training kann man in je 3 bis 5 Sätzen zu je 5 Wiederholungen pro Satz absolvieren. Längere Anspannung oder häufigere Wiederholungen würden hingegen die Gelenke verschleißen. Die Erfolge stellen sich bei dieser Art Übungen ziemlich schnell ein. – Siehe Abbildungen 229 bis 244.

Generell können Sie an unbeweglichen Objekte, wie beispielsweise Geländern, ziehen oder dagegendrücken. Achten Sie dabei auf die Körperhaltung. Machen Sie keinen Buckel. Bei dieser Art Übung schlägt man zwei Fliegen mit einer Klappe. Erstens baut man durch den isometrischen Effekt eine sehr gute Kraft und Spannung auf. Zweitens bekommt man ein besseres Gefühl für Widerstände sowie für das Gleichgewicht seiner Kraft. Man verliert dann auch bei der Kraftausgabe nicht seine Balance.

Isometrisches Training funktioniert ebenso mit Liegestützen jeglicher Art, mit dem Handstand und mit der Dehnung. Die beiden größten Vorteile dieser Trainingsweise sind die einheitlich Ausprägung und Schulung der gesamten Muskulatur und die tiefe, von innen heraus erzeugte Reinigung, die Schadstoffe aus unserem Organismus schwemmt. Das Herz und der Atem gehen hierbei jedoch »nicht verloren«, was ganz dem Sinne der chinesischen Trainingsphilosophie entspricht.

Abb. 229

Abb. 230

Abb. 231

Abb. 232

Abb. 233

Abb. 234

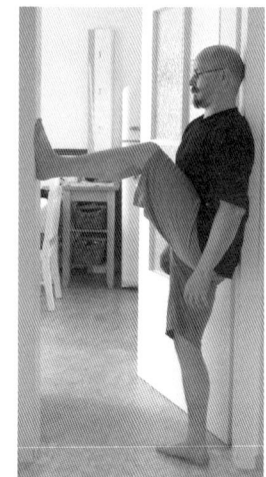

Abb. 235

Abb. 236

Abb. 237

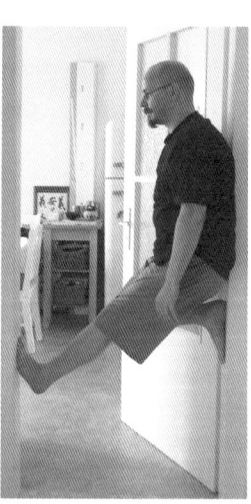

Abb. 238

Abb. 239

Abb. 240

Abb. 241

Abb. 242

Abb. 243

Abb. 244

Abbildungen 229 bis 244: Erhöhen Sie den Druck bewusst und langsam. Versuchen Sie nicht, statische Objekte mit einem plötzlichen Ruck »wegzudrücken«.

Auf Okinawa haben die Meister im Laufe der Zeit einen ganzen Komplex an Übungen entwickelt oder aus China übernommen, die isometrische und isotonische[36] Elemente harmonisch miteinander verbinden. Halteübungen mit unterschiedlich schweren Krügen (jpn. *nigiri game* 握り甕, Abbildung 245) oder Gewichten sind ein wichtiger Bestandteil. Man greift zwei Krüge mit den Fingerspitzen (Abbildung 246), während man eine bestimmte Schrittfolge absolviert oder bestimmte Stellungen einnimmt. Je besser man hierin ist, desto leichter können schwere Gewichte beherrscht werden. Dies wiederum wirkt sich vor allem auf die Stärkung der Hand- und Unterarmmuskeln, sowie auf die Schulter- und Trapezmuskeln aus. Auf älteren Abbildungen okinawanischer Meister ist daher oft eine ausgeprägte Schulter- und Trapezmuskulatur zu sehen.

Der aus Malaysia stammende Karatemeister Jamal Measara (geb. 1949) beschreibt diese Art Übungen wie folgt: »*Für die Entwicklung eines festen Griffs und einer gut entwickelten Arm-, Schulter- und Rückenmuskulatur (Latissimus) werden auf Okinawa* nigiri game *verwendet. Dies sind Vasen mit gut greifbarem Rand. Um den Schwierigkeitsgrad der Übungen zu erhöhen, können die* nigiri game *je nach Kraft und Können des Übenden mit Sand gefüllt werden. Die Übungen werden nicht nur im natürlichen Stand ausgeführt, sondern in verschiedenen Karate-Stellungen sowie beim Vorwärts- und Rückwärtsgehen. Dabei können die* nigiri game *auch abwechselnd angehoben werden. Besonders wichtig ist der richtige Griff. [D]er Daumen [wird] angewinkelt. Eine falsche Stellung des Daumens ist der häufigste Fehler bei diesen Übungen.*«[37] Mit steigendem Beherrschungsgrad können die Vasen auch mit ausgestreckten Armen an den Seiten oder vor dem Körper gehalten werden, oder ein Arm hängt herab und der andere wird nach vorn oder zur Seite ausgestreckt. Viele Varianten sind möglich.

Beim isometrischen Training geht es zwar hauptsächlich um eine allgemeine Kräftigung des Körpers, doch kann man die einzelnen Übungen auch benutzen, um einen bestimmten Aspekt zu fördern. Das wurde in

---

[36] Definitionen (Duden): Isotonisch: Die gleiche Spannung beibehaltend. Isotonische Kontraktion: Muskelkontraktion, bei der die Längenausdehnung der Muskulatur bei gleichbleibender Spannung verkürzt wird.

[37] Measara, J.: *Die verschollenen Traditionen des Okinawa-Karate*. Chemnitz: Palisander 2012, S. 73 f.

älteren Zeiten häufig so gehandhabt. Die Krieger hatten einen bestimmten Zweck zu erfüllen. Es reichte nicht, die Waffen oder die Fäuste technisch gut zu beherrschen. Sie mussten auch über einen bestimmten Zeitraum hinweg und bei feindlicher Gegenwehr einsatzfähig bleiben. Da war es ganz natürlich, dass man verschiedene Übungen für die häufig beanspruchten Muskeln schuf.

Abb. 245

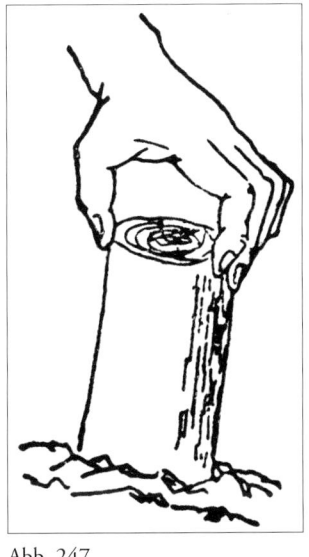

Abb. 247

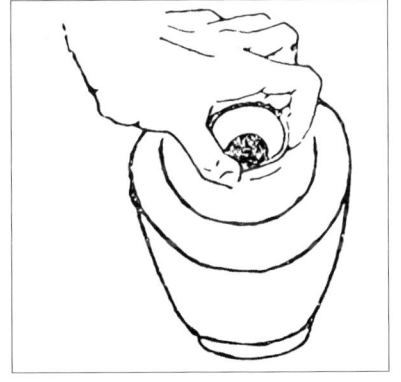

Abb. 246

Abb. 245: Nigiri-game.
Abb. 246: Kruggriff nach der Adler-Methode.
Abb. 247: Griffübung, China, 19. Jahrhundert.

Abb. 248

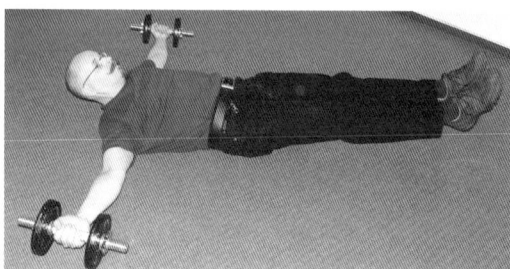

Abb. 249

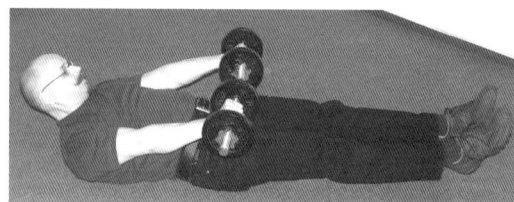

Abb. 250

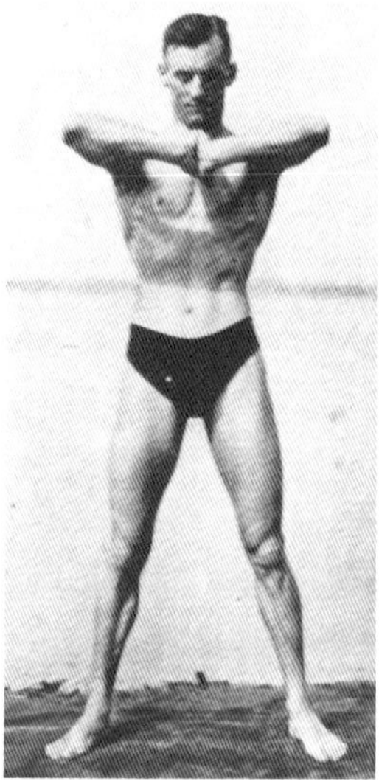

Abb. 251

Abb. 248 bis 250: Bei diesen Halteübungen sind Arme und Beine in der Luft. Atmen Sie während des Haltens gleichmäßig und natürlich weiter. Halten Sie weder die Luft an, noch pressen Sie Ihren Atem. Wenn Sie die Gewichte nicht mehr halten können, lösen Sie die Spannung langsam auf.

Abb. 251: Aneinanderpressen der Handflächen, die Finger zeigen dabei zum Körper; ca. 1920.

Abb. 252: Isometrische Zugübung, ca. 1920.

Kraftausgabe

Ehe wir uns den isometrischen Partnerübungen zuwenden, noch einige Worte zur Kraftausgabe (chin. *tuōlì* 脱力 – wörtlich »Kraft ausziehen«). Im Westen ist die Bedeutung der Kraftausgabe noch nicht allgemein bekannt, doch Sie werden den Effekt sehr schnell zu schätzen lernen. Nach jeder Art von Kraftaufbau ist die Ausgabe der angesammelten Energie wichtig. Vergessen Sie diese Freisetzung nach dem isometrischen Training auf keinen Fall! Das gilt für jede Kampfkunst und noch mehr für ein gezieltes Selbstschutztraining. Die angesammelte Energie muss durch Schlag-, Tritt- und andere Bewegungsfolgen »verdaut« werden. Nur so werden Sie später einen spürbaren Nutzen im Kampf oder im sportlichen Wettkampf haben.

Besonders geeignet zu diesem Zweck sind einheitliche Bewegungen wie das aus dem Sportunterricht bekannte Rad. Auch die Rollen vor- oder rückwärts, wie man sie ebenfalls aus dem Sportunterricht kennt, empfehlen sich. Gerade solche einfachen Bewegungen fördern die Körperkoordination ungemein. Jeder, der Wert auf Beweglichkeit und Koordinationsfähigkeit im Alter legt, sollte solche Übungen regelmäßig absolvieren.

Andere in diesem Zusammenhang empfehlenswerte Übungen wurden im Abschnitt »Kraftausgabe nach der Dehnung« (ab Seite 44) vorgestellt.

Isometrische Partnerübungen aus West und Ost

Es gibt eine Reihe isometrischer Partnerübungen. Einige sind dynamischer, andere statischer Natur. Das klingt zwar wie ein Widerspruch, ist aber in diesem Zusammenhang keiner. Ringer, die annähernd gleich stark sind, belasten ihre Körper im Kampf oft über längere Zeit isometrisch. Ganz deutlich sieht man das beim *sumō* (jpn. 相撲). Die *sumōtori* (jpn. 相撲取り) genannten Vertreter dieser Disziplin trainieren diesen Schiebekampf äußerst leidenschaftlich, mit großem Geschick und mit erstaunlicher Kraft. Tatsächlich stellt diese Art Übungen oft eine Mischform aus isometrischem und isotonischem Training dar.

Abb. 253: Sumo-Ringer. Holzschnitt von Kunisada, 1851.

Welchen Wert dem isometrischen Aspekt in Ostasien beigelegt wird, sieht man auch daran, dass Armdrücken in Japan als »Sumō-Arm« (jpn. *udezumō* 腕相撲) bezeichnet wird. Beides, Schiebekampf und Armdrücken, sind, sofern man die Kraftausgabe nicht vernachlässigt, gute Partnerübungen für die Erlangung kämpferischer Stärke. Das gilt auch für zwei andere Disziplinen, die besonders im klassischen *karate* Okinawas zu finden sind. Die eine Technik entstammt der Verbindung aus »Schiebenden Händen« (chin. *tuīshŏu* 推手) und »Klebenden Händen« (chin. *chīshŏu* 黐手) der chinesischen Schule und wird auf Okinawa als *kakie* (jpn. カキエ) bezeichnet. Die andere Technik ist ein Abhärtungsprogramm für die Unterarme und wird *kote kitae* (jpn. 小手鍛え) genannt.

Abb. 254: Sumo-Ringer.

Das *kakie* ist allgemein weniger subtil als die chinesischen Pendants. Ob nun, wie manchmal behauptet, das fehlende Verständnis der Okinawaner der Grund dafür ist oder ob diese einfach andere Schwerpunkte setzen, lässt sich nicht sagen. Fest steht, dass in China deutlich weniger Kraft bei dieser Übung aufgewandt wird. Ursprünglich als Sensibilisierungsübungen gedacht, entwickelte sich das *kakie* zu einem Kräftemessen, bei der besonders die Schultern einem gleichbleibend hohen Druck ausgesetzt sind, obgleich die Übung an sich dynamisch verläuft (siehe Abbildungen 258 bis 266).

Das *kote kitae* arbeitet hingegen nur kurz mit einer gleichstarken Gegenkraft. Die Übungspartner schlagen ihre Unterarme gegeneinander, um das Fokussieren der Energie bei einer bestimmten Bewegung zu erlernen. Dabei können die Außen- und die Innenkanten der Unterarme oder die Oberseiten der Unterarme in allen denkbaren Varianten eingesetzt werden. Schläge gegen die empfindliche Innenseite des Unterarms sollten hingegen vermieden werden. Sie können diese Übung auch allein durchführen, indem Sie Ihre Techniken an einem Baum oder einer Puppe (chin. *mùrénzhuāng* 木人椿) einschleifen. Ein Partner ist dennoch deutlich besser, da die subtilen Veränderungen in der Kraft, die zu erzeugen ein Mensch in der Lage ist, von einer Puppe nicht kopiert werden können. Mit einem *mùrénzhuāng* (siehe Seite 144) lassen sich allerdings bestimmte Aspekte sehr wohl verbessern.

Es gibt noch eine ganze Reihe isometrischer Partnerübungen, von denen einige ebenfalls allein absolviert werden können. Dazu gehört jede Art des Ziehens, wie zum Beispiel Tau- oder Stangeziehen. Hier lassen sich viele Variationen denken – gegenseitiges Ziehen nur mit den Händen oder nur mit den Fingern einer Hand. Lassen Sie Ihrer Phantasie freien Lauf. Aber halten Sie den Druck nicht zu lange aufrecht. Lösen Sie ihn sanft auf und vergessen Sie die anschließende Kraftausgabe nicht.[38]

Ringen bzw. Bodenkampf im Allgemeinen ist ein vorzügliches Training für eine einheitliche flexible Kraft. Raufen, Kampeln und Ringen sind natürliche Dinge, die auch Kleinkinder schon machen. Das effektivste Training entstammt der Natur und den Instinkten. Entsprechende Übungen findet man in allen Kulturen. Siehe Abbildungen 256, 257, 267, 271, 290-292.

Abb. 255: Stabschieben, Kloss 1860.

Abb. 256: Partnerübung im Ringkampf, 1868.

---

[38] Diese Stangeziehen oder -schieben war von jeher eine der wichtigsten Übungen auf Okinawa und im deutschen Turnen des 19. Jahrhunderts.

Abb. 257: Der »Hosenlupf« als isometrisches Training, 1868.

Die folgende Bewegungsfolge (Abbildungen 258 bis 266) ist ein Komplex aus Druck- und Zug-Übungen, wie man ihn in den südchinesischen und einigen okinawanischen Schulen finden kann. Man kann hier all seine Kraft einsetzen, um in eine gute Position zu gelangen, oder man variiert die Stärke des Drucks, um den Partner zu überlisten. Ziel ist es, auch unter Gegenwehr die Kontrolle über seine Arme nicht zu verlieren und Kraftreserven zu mobilisieren. Im antiken Griechenland nannte man diese und ähnliche Übungen *cheironomia*. Zum *cheironomia* gehörten auch Verteidigungstechniken des Faustkampfes.

Abb. 258

Abb. 259

129

Abb. 260

Abb. 261

Abb. 262

Abb. 263

Abb. 264

Abb. 265

Abb. 266

Abb. 267: »Ausheber« im Ringen, ca. 1925.

131

Abbildungen 268 bis 270 stellen eine weitere einfache und wirkungsvolle Partnerübung vor, die langsam und kraftvoll ausgeführt wird.

Abb. 268

Abb. 269

Abb. 270

Abb. 271: Ringerübungen, ca. 1900.

Die in Abbildungen 272 bis 289 dargestellte Technik ist eine weitere interessante Druck- und Zugübung. Sie existiert in vielen Schulen des Kampfes. Es ist ein stetes Wechselspiel, wobei man in erster Linie nach der besten Position für einen Griff sucht.

Beide Partner versuchen, eine gute Ausgangsposition für einen Hebel oder Wurf zu finden. Der jeweilige Gegner vereitelt dies, indem er mit dem jeweils äußeren Arm den Greifarm des anderen durch Druck und Zug, Schub und Fege manipuliert. Das passiert mit beiden Armen von beiden Partnern gleichzeitig, so dass die Bewegung eine Mischung aus Tanz und Kampf ist. Man kommt weder mit reiner Kraft noch nur mit Geschwindigkeit zum Ziel, sondern muss stets mit Feingefühl auf die Veränderungen des Partners eingehen. Zuviel Kraft blockiert die Bewegung. Zu große Schnelligkeit gefährdet die eigene Sicherheit, da die Reaktion des Partners ohne zeitlichen Verlust über den Tastsinn erfolgt.

Abb. 272

Abb. 273

133

Abb. 274

Abb. 275

Abb. 276

Abb. 277

Abb. 278

Abb. 279

Abb. 280

Abb. 281

Abb. 282

Abb. 283

Abb. 284

Abb. 285

Abb. 286

Abb. 287

Abb. 288

Abb. 289

Abb. 290: Überschlaggang, ca. 1925.

Die Rolle.   Das Rad.   Das Rad mit Handstehen.

Abb. 291: Partnerübung, 1868.

Abb. 292: Ringen, ca. 1920.

Abb. 256, 257, 267, 271, 290-292: Im europäischen Ringen gibt es seit jeher eine Vielzahl interessanter Techniken, die Kraft und Gewandtheit auf sehr effektive Weise trainieren.

Training mit Hilfsmitteln

Vorbemerkung

Die Übungen mit dem eigenen Körpergewicht sind zwar der Hauptbestandteil des von uns vorgeschlagenen Trainingsprogramms, doch wie bereits im Zusammenhang mit dem isometrischen Training beschrieben, können Hilfsmittel eine nützliche Ergänzung darstellen. Generell sollen alle Hilfsmittel und Geräte das Feld der Möglichkeiten erweitern, aber nicht als Selbstzweck betrachtet werden. Sie unterstützen hauptsächlich die natürlichen Anlagen, erhöhen das Potential, doch übernehmen sie keine eigenständigen Aufgaben. Der Unterschied mag nur fein sein, in der Kampfkunst ist er essentiell.

Der größte uns bekannte Unterschied zwischen dem westlichen und dem östlichen Training ist, dass man im Westen die zu trainierenden Bereiche isoliert, während man im Osten stets die Gesamtheit des Körpers in den Vordergrund stellt. Beide Methoden haben ihre Vorteile. Wenn es um eine Kampfausbildung geht, ist die ostasiatische Vorgehensweise effektiver.

Die Tatsache, das Maschinentraining für die Kampfkunst nicht sinnvoll ist, können wir nicht oft genug betonen. Das Arbeiten mit Maschinen baut Muskeln isoliert auf, was ebenfalls für das normale Gewichtestemmen gilt. Die einzelnen Körperteile saugen eine »tote Kraft« auf und schwellen an. Aber der Anwender ist dennoch nicht in der Lage, eine »lebendige Kraft« zu erzeugen. Für den Kampf sollte man sich nicht nur auf sein optisches Erscheinungsbild verlassen, weil es jede Menge Herausforderer gibt, die einen auf die Probe stellen könnten. Das gleiche gilt für die meisten sportlichen Disziplinen.

Es gibt jedoch eine Reihe von Hilfsmitteln, welche den Körper einheitlich beanspruchen. Und auch diese haben mitunter eine sehr lange Tradition. Diese Art von Gegenständen oder Gewichten bestehen meist aus Naturmaterialien und wirken mitunter etwas exotisch. Sie sind im wahrsten Sinne des Wortes primitiv, was nicht abwertend gemeint ist und sich keineswegs auf ihre Nützlichkeit auswirkt. In den chinesischen, okinawanischen oder indischen Künsten kommen sie seit Jahrhunderten erfolgreich und effektiv zum Einsatz. Das war auch in Europa nicht anders (siehe Abbildung 293). Leider geraten die meisten von ihnen bereits in Vergessenheit, was sich spürbar auf die Kampfkünste auswirken wird. Wir berücksichtigen aus der breiten Fülle existierender Trainingsgeräte ein paar von jenen, die sich auch in den verschiedensten Kampfkünsten bewährt haben.

Für die Kampfkunst benötigt man kaum mehr als eine Handvoll Übungsgeräte. Mehr ist einfach nicht notwendig. Da man nur mit seinem Körper kämpfen kann, muss man auch seinen Körper trainieren. Und da Kämpfe nicht statisch sind, sind auch einseitige Gewichtsübungen wenig hilfreich. Deswegen gibt es in den klassischen Kampfkünsten nicht viele solcher Geräte.

Abb. 293: Wurfübung an der Ringerpuppe, ca. 1900.

Trainingsgeräte für die Geschicklichkeit und die Schlagkraft

Pfahltraining

Der Pfahl hatte und hat in vielen Kulturen eine wichtige Aufgabe als Hilfsmittel für das Training. Pfähle, Pfosten und Säulen wurden und werden auf mannigfaltige Weise benutzt.

In den chinesischen Kampfkünsten kommen einzelne oder mehrere verschieden dicke und unterschiedlich hohe Stämme zum Einsatz. Eine der Übungen mit ihnen schult in besonderem Maße das Gleichgewicht. Man geht oder springt auf den aufrecht stehenden Hölzern umher, wobei der Schwierigkeitsgrad ständig erhöht wird.

Abb. 294: Auch in Deutschland gab es im 19. und frühen 20. Jahrhundert eine Pfahlgän-
gertradition, deren Grundprinzipien den chinesischen stark ähnelten.

Abb. 295: Chinesisches Pfahltraining.

Abb. 296: Übungspfeiler für Stöße und Tritte.

Abb. 295 und 296: Wenn Sie Schläge und Tritte gegen Stämme oder Mauern ausführen wollen, gehen Sie unbedingt behutsam vor. Stauchen Sie niemals Ihre Gelenke. Strecken Sie bei
Stößen die Gliedmaßen nicht durch, damit die Rückstoßenergie nicht die Gelenke schädigt.

141

Abb. 297: Baumstammwerfen, ca. 1925.

Abb. 298: Sprossenwand.

Im *bāguàzhǎng* (八卦掌) ersetzt eine in kreisförmigen Figuren angeordnete Pfahlgruppe (oder Bäume) einen oder mehrere Gegner. Man absolviert alle Manöver dieser Schule zwischen den Stämmen, windet sich hindurch, taucht ab, täuscht an und teilt ab und zu Schläge aus.

Vor allem die chinesischen Ringer (chin. *shuāijiǎo* 摔角) benutzen Pfähle oder Bäume – oder auch eine Sprossenwand –, um zu lernen, ihren Würfen mehr Nachdruck zu verleihen (Abbildung 298). Hierbei gibt es zwei Methoden. Zum einen wird, wie zum Beispiel auch im *judo*, an feststehenden Stämmen trainiert, was einen isometrischen Krafttrainingseffekt hat. Zum anderen werden verschieden schwere Stämme als Gegnerersatz geworfen (Abbildung 297).

Pfähle können aber auch noch ganz andere Funktionen übernehmen, die sich teilweise mit den Aufgaben ähnlicher Hilfsmittel überschneiden. Im antiken und mittelalterlichen Europa wurde der *palus* von vielen Waffenträgern als Schlagziel benutzt. Römische Gladiatoren wurden hieran

142

Abb. 299: Kampfausbildung im 16. Jahrhundert. Grafik von Wilhelm Dilich.

ebenso ausgebildet wie die späteren Ritter (Abbildung 299). Auch viele japanische Schulen, zum Beispiel das *aikido* (jpn. 合気道)[39] oder das *jigen ryu kenjutsu* (jpn. 示現流 剣術)[40], benutzten oder benutzen Pfosten und Bäume für ihr Waffentraining. Manchmal geschah das sehr intensiv, manchmal eher symbolisch.

Puppen und Schlagpfosten

Schon sehr früh haben die Menschen angefangen, zur Optimierung ihrer kämpferischen Fähigkeiten Puppen zu verwenden. Auch das gilt für die ganze Welt. Es ist nur die halbe Wahrheit, dass eine Puppe einen menschlichen Trainingspartner nicht vollwertig ersetzen kann. Manchmal ist eine Puppe sogar sinnvoller und nützlicher. Es kommt allerdings darauf an, was Sie trainieren möchten. Für einen reinen Zweikampf oder zur Erlangung von Kraft, Schnelligkeit und Geschicklichkeit, können Puppen nur

---

[39] Das *aikido* wurde von Ueshiba Morihei (植芝 盛平, 1883-1969) gegründet.
[40] Das *jigen ryu kenjutsu* wurde von Togo Chui (東郷重位, 1561-1643) gegründet.

Abb. 300: Bajonetttraining, Frankreich, ca. 1890.

Abb. 301: *Mùrénzhuāng*.

Hilfsdienste leisten. Ringer haben ihre Ringerpuppe, Fechter ihr *mannequin d'entraînement* und die Chinesen haben ihre *mùrénzhuāng* in den verschiedensten Formen (Abbildung 301). Trainieren Sie auf den realen Kampf hin, sind Puppen sehr sinnvoll, da Sie hier, ob bewaffnet oder unbewaffnet, mit vollem Kontakt agieren können. Das gilt besonders auch für die Angriffsschulung mit einem Messer. Deshalb bedient sich auch das Militär, beispielsweise um den Kampf mit dem Bajonett zu erlernen, sehr unterschiedlicher Formen. Einige sehen den chinesischen Pendants ziemlich ähnlich (Abbildung 300).

Abb. 302: Training am *makiwara*.

Wenn Sie anstreben, sich eine universelle Schlagkraft zuzulegen, empfehlen wir Ihnen, nicht nur am Sandsack zu üben, sondern sich auch mit einer Puppe oder dem okinawanischen *makiwara* (巻藁 – jpn. Strohrolle) vertraut zu machen (Abbildung 302 zeigt den Gründer des *shotokan*, Funakoshi Gichin). Der Begriff für diese meist elastischen Holzpfosten stammt eigentlich aus dem Bogenschießen und meint ursprünglich eine einfache Strohrolle. Im Laufe der Zeit entwickelten die Meister Okinawas jedoch einige unterschiedliche Formen, um jeweils bestimmte Aspekte des Trainings zu perfektionieren. Einige *makiwara* nähern sich der Puppe an, andere sind wenig mehr als der oben beschriebene Pfahl.[41]

Sandsäcke und Schlagpolster

Wenn Sie wirklich intensiv das Schlagen üben wollen, dann bietet sich ein Sandsack an. Möchten Sie verschiedene Möglichkeiten des Schlagens erproben, dann wäre eine Kombination aus verschiedenen Hilfsmitteln optimaler. *Makiwara*, Puppe, Wand- und Sandsack, dazu auch Sparringpartner, um all diese verschiedenen Möglichkeiten am Mann einzuüben – damit ist man optimal gerüstet. Leider ist eine solche Vielfalt sehr

---

[41] Für eine kleine Auswahl konkreter Schlag-, Tritt- und Greiftechniken am *makiwara*, siehe Measara, J.: *Die verschollenen Traditionen des Okinawa-Karate*. Chemnitz: Palisander 2012, S. 75 ff.

145

zeitraubend und nicht für jedermann machbar. Finden Sie die für sich geeignete Lösung.

Sandsäcke und Schlagpolster verbessern die Schlagkraft recht schnell. Schwere Sandsäcke härten die Hände gut ab, doch große, weiche Säcke sind oft besser, da sie Ihnen ein authentischeres Schlaggefühl vermitteln. Die Handgelenke lernen bei weichen Hindernissen, wie sie eine Verletzung vermeiden können. Schwere Säcke sind hier oft trügerisch. Sie gaukeln ein sicheres Ziel vor, was im Kampf nicht immer vorhanden ist. Wechseln Sie sich mit beiden Versionen ab.

Abb. 303: Schlagtraining am Sandsack, China.

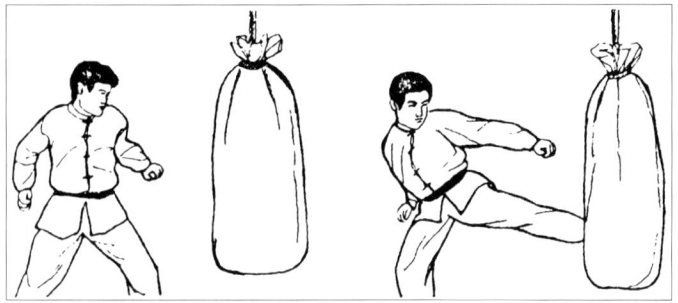

Abb. 304: Trittraining am Sandsack, China.

146

Abb. 305   Abb. 306

Abb. 305: Training am Sandsackreck, ca. 1925.
Abb. 306: Training an der Plattformbirne, ca. 1925.

Krafttraining

Gŭntŏng

Verlassen Astronauten die Erde, so beginnen sich Muskeln und Knochen-
struktur fast augenblicklich zurückzubilden. Die Anziehungskraft unserer
Erde hat uns zu starken und widerstandsfähigen Organismen werden lassen. Wir bemerken diese Stärke wegen fehlender Vergleiche nicht. Doch
wir verfügen über sie. Daher sind nur wenige Hilfsmittel und nur geringe Massen nötig, um unseren körperlichen Zustand zu optimieren. Der
gŭntŏng (滚筒) gehört dazu.

Der *gŭntŏng* ist im Grunde von sehr schlichtem Aufbau. Es ist ein di-
ckes hohles Bambusrohr, das innen mit Gewichten gefüllt wird. Je nach
Trainingsstand und körperlicher Voraussetzung kann das Rohr zwischen
fünf und siebzig Kilo wiegen. Dieses Rohr lässt man auf den Armen auf
und ab rollen, dann über den Kopf und den Rücken hinunter, schließlich fängt man es wieder mit den Armen auf und rollt es zurück. Dann

147

benutzt man eine Hand, rollt das Bambusrohr an der Seite auf den Fuß hinab und tritt es anschließend auf die Schulter (Abbildungen 311 bis 314). Natürlich sind auch andere Übungen damit möglich, wie die folgenden chinesischen Zeichnungen zeigen. Der Phantasie sind hier keine Grenzen gesetzt.

Da sich der *gŭntŏng* am Körper bewegt, muss dieser das Gewicht ständig ausbalancieren. Dabei darf das Rohr nur über die äußeren Körperteile rollen. Sollte es über innere Partien (beispielsweise Innenseiten der Unterarme) rollen, kann dies, manchmal sofort, manchmal längerfristig, zu gesundheitlichen Schäden führen. Dies gilt vor allem für die schwereren Versionen des Rohres.

Auch dieses alte chinesische Hilfsmittel beansprucht den gesamten Körper und erfordert und fördert eine einheitliche und flexible Kraft. – Sehr ähnliche Übungen sind auch auf Okinawa zu finden.

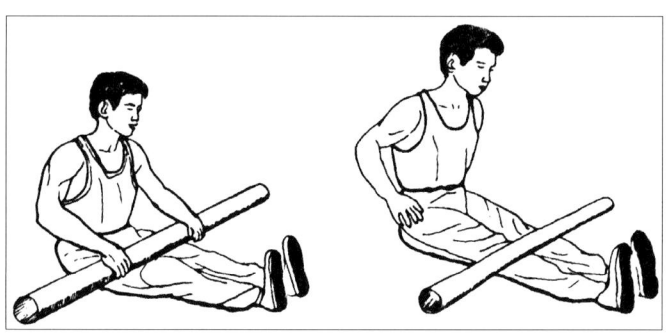

Abb. 307

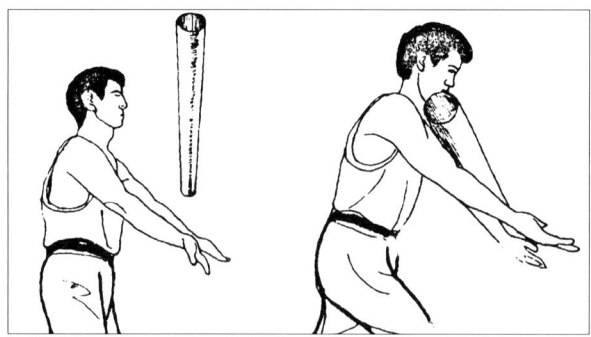

Abb. 308

148

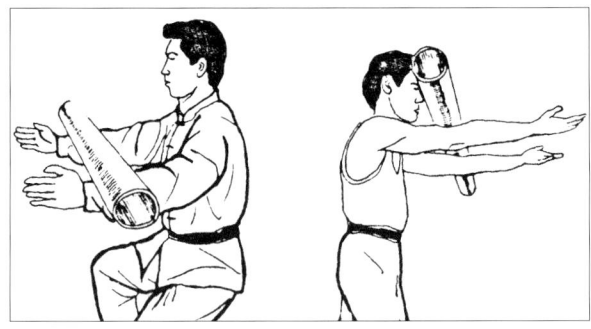

Abb. 309

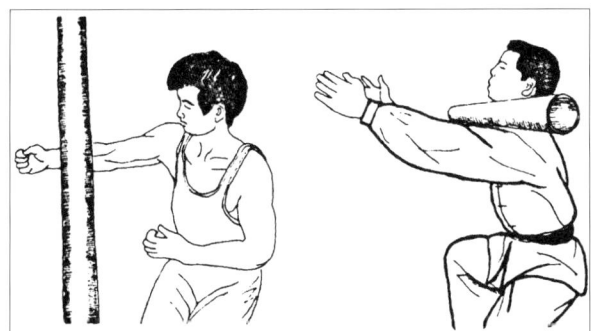

Abb. 310

Abb. 311

Abb. 312

Abb. 313   Abb. 314

Gewichtsmanschetten

Jede Art von Manschette kann Ihnen beim Training hilfreich sein. Der alte Spruch: »*Viel hilft nicht viel*« ist aber auch hier nicht verkehrt. Das heißt, es gibt für Sie zwei Möglichkeiten. Entweder Sie üben langsam mit mäßig schwere Gewichten zur Steigerung der allgemeinen Kraft, oder Sie benutzen leichtere Gewichte zur Verbesserung Ihrer Techniken. In jedem Fall gilt es aber, eine gewisse Vorsicht walten zu lassen. Wenn Sie die Massen beschleunigen, werden Sie mit der Trägheit in Konflikt geraten. Gelenke und Bänder können leicht verletzt werden. Beachten Sie dies, werden Ihnen die Gewichte zu deutlichen Fortschritten verhelfen. Die einfachste Vorgehensweise besteht darin, die Manschetten bei den täglichen Verrichtungen anzulegen. Der Körper gewöhnt sich rasch an die neue Situation, und auch die Kraft erhöht sich schnell. Wichtig ist auch hier das Ausgleichstraining. Nach der Benutzung der Manschetten sollten einige Techniken ohne Belastung durchgeführt werden. Sollte es zu Beschwerden wegen einseitiger Belastung kommen, müssen

Abb. 315: Gewichtsmanschetten.

Sie die Antagonisten, also die gegenwirkenden Muskeln, trainieren, damit Ihr Körper im Gleichgewicht bleibt.

In China benutzte man früher sogenannte *huán* (chin. 環) in den Kampfkünsten. Das sind eiserne Ringe, die man auf die Unterarme zog. Je stärker man wurde, desto mehr oder dickere Ringe verwendete man. Dies ist eine traditionelle Alternative zu Gewichtsmanschetten.

Bänder

Auch feste Bänder werden in vielen Gegenden für das Training benutzt. Die weniger elastischen haben einen isometrischen Trainingseffekt.

Hierfür werden die Bänder in eine bestimmte Position gebracht und dann die Spannung eine bestimmte Zeit lang aufrechterhalten. Man verwendet diese Bänder zur Kräftigung der Beine und Arme, trainiert mit ihnen Würfe oder Wurfansätze und benutzt sie auch zur Verbesserung der Arretierungsfähigkeit bei verschiedenen Positionen. Um bestimmte Hand- oder Armhaltungen zu trainieren, verwendete man in China auch größere Ringe.

In Deutschland und einigen anderen westlichen Ländern benutzte man statt der Bänder lange Seile, um verschiedene Übungen durchzuführen. Es ging hier nicht nur um das Springen mit dem Seil, sondern um vielfältige und teilweise recht komplizierte Abläufe. Diese Schulen verschwanden etwa ab den 30er Jahren des letzten Jahrhunderts.

Abbildungen 316 bis 318 (ca. 1920) zeigen europäische Formen der Seilgymnastik, Abbildung 319 bis 323 chinesische Methoden.

Abb. 316

Abb. 317

Abb. 318

Abb. 319

Abb. 320

Abb. 321

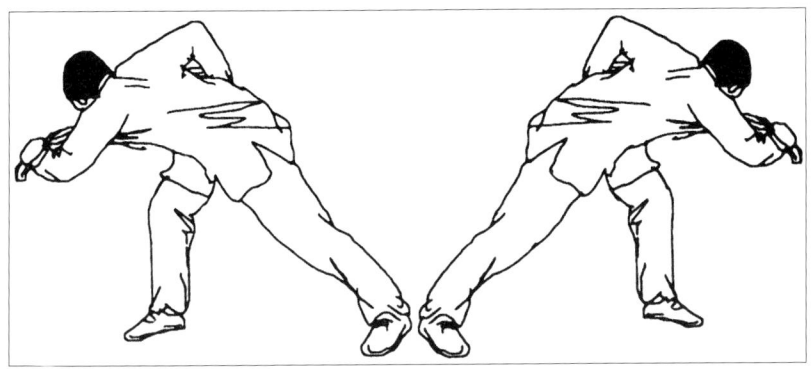

Abb. 322

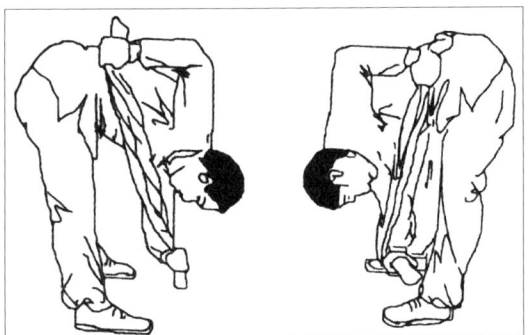

Abb. 323

Der Medizinball

Seit vor etwa 120 Jahren die Medizinbälle Einzug in die Gymnastik- oder Turnprogramme hielten, wurden sie von den verschiedensten Kampf- kunst- und Sportarten als Trainingsgerät aufgenommen.

Die Bälle erfüllen dabei ganz unterschiedliche Aufgaben. Einmal einen eher passiven Zweck, indem man sie beispielsweise als Hindernis oder Hilfsmittel für verschiedene Liegestützvariationen benutzt (Abbildun- gen 324 bis 327). Man kann sie allerdings ebenfalls zum Schlagtraining benutzen, ähnlich einem Sandsack. In diesem Fall sind die alten Leder- bälle besser geeignet als die modernen aus Gummi, da letztere oft zu hart sind.

Ist ein Partner beteiligt, kann man beispielsweise Wurf- und Fangübungen mit den Bällen durchführen. Partner 1 kann auch einen Gegner simulieren, der von Partner 2 gejagt wird. Partner 2 schlägt unaufhörlich auf den Medizinball ein, der von Partner 1 in verschiedenen Positionen gehalten wird. Mit einem Ball von 5 oder 6 Kilogramm ist dieses Spiel sehr kräftezehrend.

Abbildungen 329 bis 333 stellen eine einfache Partnerübung vor, bei der der Ball ununterbrochen weitergereicht wird.

Abb. 324

Abb. 325

Abb. 326

Abb. 327

Abb. 328: Partnerübung, ca. 1920.

Abb. 329

Abb. 330

Abb. 331

Abb. 332

Abb. 333

Abb. 334: Soloübung, ca. 1920.

Gewichte

Neuerdings erfreuen sich auch andere alte Übungsgeräte wieder großer Beliebtheit. Ähnlich den Keulen erleben die Kugelhanteln (engl. *kettlebell*) eine Renaissance. Bis in die 30er Jahre des letzten Jahrhunderts waren ein- und zweihändig zu führende Gewichte Bestandteil des Trainings der Ring-, Box- und Freikämpfer, sowie, in leichter Ausführung, der Fechter. Hierbei blieben die zu bewältigenden Massen überschaubar. Die Gewichte dienten zur Erhöhung der Kampfkraft und zur Verbesserung von Schnelligkeit und Ausdauer. Später verwendete man auch sehr schwere Gewichte zum reinen Selbstzweck. Das heißt, die Gewichte wurden um ihrer selbst willen gehoben, nicht mehr unter dem Aspekt, andere Fähigkeiten und Fertigkeiten des Körpers zu verbessern. Aus dieser Entwicklung entstand der Kraftsport, den wir in dieser Arbeit nicht berücksichtigen.

Generell gilt: Wenn man seine Schlagstärke, seine Wurfkraft und allgemein seine Geschwindigkeit mittels Gewichten verbessern möchte, dann sollte die zu bewegende Masse gering sein. Die Gelenke können in jungen Jahren vieles abfangen, aber auf Dauer werden sie beschädigt. Wollen Sie hingegen Ihre gesamte Konstitution verbessern, dann führen Sie die Übungen langsam aus und steigern Sie die Belastung allmählich. Zwar hängt das Maß der verträglichen Belastung mit den spezifischen Anlagen und der bestehenden Leistungsfähigkeit zusammen, die bei jedem Menschen verschieden sind, aber dennoch ist stets Vorsicht geboten.

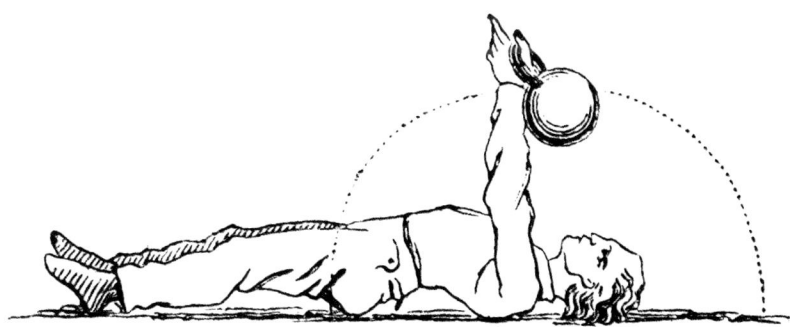

Abb. 335: Kugelhantel im Liegen, 1868.

Abb. 336: Partnerübung mit Kugelhantel, ca. 1925.

Abb. 337   Abb. 338

Abb. 337 und 338: Soloübungen mit Kugelhantel, ca. 1925.

Abb. 339   Abb. 340

Abb. 339 und 340: Training mit der Kettenkugel, ca. 1925.

Abb. 341: Training mit verschiedenen Gewichtypen, ca. 1920.

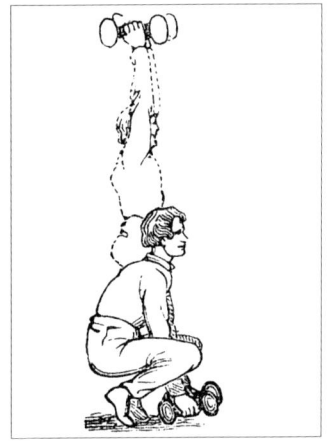 

Abb. 342   Abb. 343

Abb. 342 und 343: Training mit der Doppelhantel, 1868.

Abb. 344: Gewichttraining, 1868.

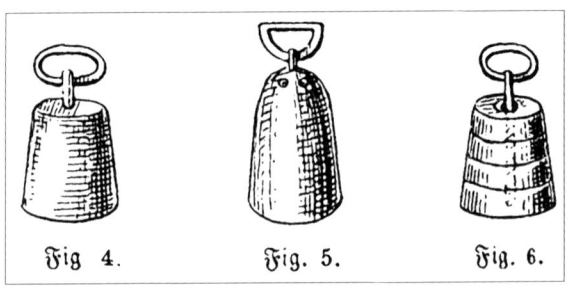

Abb. 345: Alte deutsche Gewichte.

Ostasiatische Hantelvarianten

In Ostasien sind sogenannte *shísuǒ* (石鎖) weit verbreitet (Abbildung 348). Sie entsprechen unseren modernen Kurzhanteln. Noch vor 60 Jahren sahen in der westlichen Welt die Übungen und viele Geräte denen aus Asien sehr ähnlich. Man trainierte sich damit eine taugliche Kraft und keine Muskelberge an.

Unseren Langhanteln ähnlich ist der auf Abbildung 349 zu sehende *shídàn* (石擔). Dabei handelt es sich um eine lange Holzstange mit Steinrädern an den Enden. Die Übungen hiermit unterschieden und unterscheiden sich von denen Europas jedoch grundlegend. Während im Abendland das Stemmen und Tragen des Gewichtes üblich war, ging es den Asiaten um die wirkliche *Beherrschung* des Gewichtes. Hierfür bedienten sie sich des ganzen Gerätes (siehe Abbildungen 346 und 347). Zwar gab es auch in China und auf Okinawa »Starker-Mann-Wettbewerbe«, doch die Kampfkünstler beschränkten die zu handhabende Last auf maximal das Gegenstück zu ihrem eigenen Körpergewicht.

Abb. 346

161

Abb. 347

Abb. 346 und 347: Chinesische Variante des Gewichttrainings.

Abb. 348: *Shísuǒ*.

Abb. 349: *Shídàn*.

Stöcke und Keulen

Diese Hilfsmittel sind ebenfalls sehr alt und in den Kampfkünsten weit verbreitet. In China benutzt man zur Kräftigung der Unterarme und Hände einen besonders langen Stock namens *dǒudàgǎn* (抖大桿).[42] Der

---

[42] In Deutschland nannte man ein identisches Übungsgerät einfach »Lange Stange«. Es war zwischen 3 und 5 Metern lang und bis Anfang des 20. Jahrhunderts gebräuchlich.

chinesische Stock ist teilweise über 5 Meter lang und sehr schwer. *Dǒu* bedeutet schütteln. Der Stock wird an einem Ende angefasst und dann heftig geschüttelt. Das kräftigt die Handgelenke ungemein. Ebenfalls kann man Stöße und Schläge damit ausführen. Auf diese Weise ist er ein gutes Mittel, um sich eine flexible Kraft anzutrainieren. Er ist auch recht nützlich als Ergänzung für das Waffentraining. Achten Sie beim Üben darauf, dass der Stab ein recht großes Eigengewicht hat. Sollten Sie die Kontrolle über ihn verlieren, lassen Sie ihn los, damit Sie sich nicht die Gelenke verletzen.

Einen ähnlichen Zweck wie der *dǒudàgǎn* erfüllen die Keulen. Unsere heimischen Gymnastikkeulen sind so heimisch nicht, denn obgleich es auch bei uns in der Vergangenheit die Keule als Waffe gab, stammen die modernen Übungsgeräte aus dem persisch-afghanischen Raum, wo sie bis heute in verschiedenen Größen benutzt werden. Dort werden sie als *myl* bezeichnet. Laut offizieller Darstellungen sollen sie in den 1880er Jahren von einem gewissen DeWitt Cook in Indien entdeckt und etwas den westlichen Gepflogenheiten angepasst worden sein, doch tatsächlich sind bereits in einigen deutschen Lehrbüchern aus den 1860er Jahren komplexe Übungsformen mit solchen Keulen enthalten (Abbildungen 350 bis 353). In Indien nennt man sie *mēla*, und sie erfüllen denselben Zweck wie in Persien.[43]

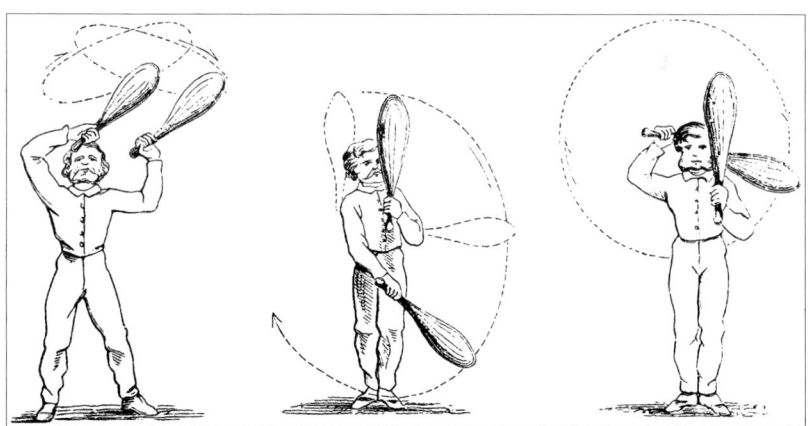

Abb. 350: Keulenübungen, 1868.

---

[43] Ursprünglich übernahmen die Europäer fast das gesamte indo-persische Keulentraining. Erst später wurden die Geräte kleiner.

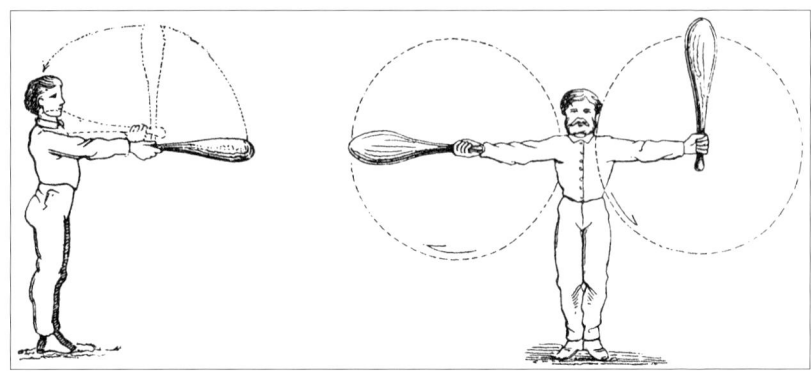

Abb. 351: Keulenübungen, 1868.

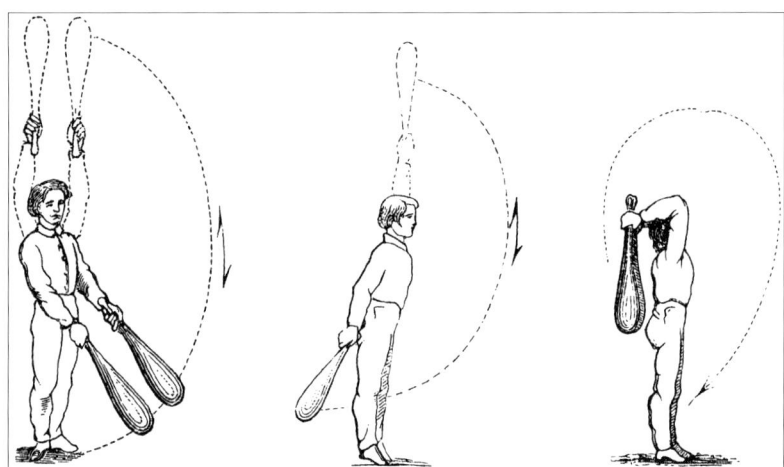

Abb. 352: Keulenübungen, 1868.

Abb. 353: Keulenübung, 1868.

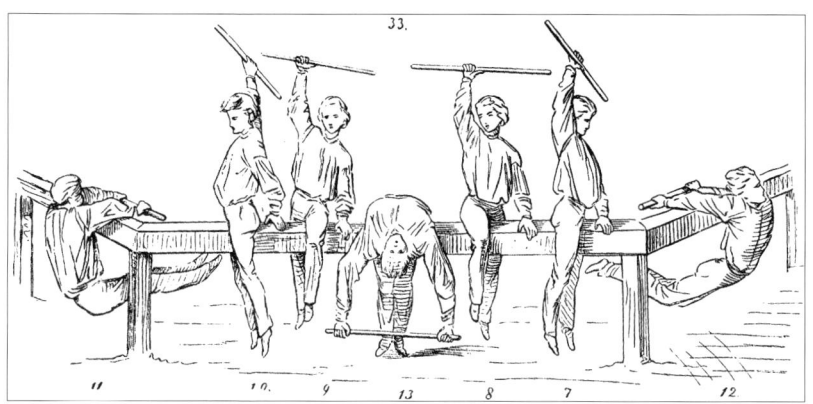

Abb. 354: Eisenstabübungen, 1880.

Abb. 355: Eisenstabübungen, 1880.

Abb. 356: Übung mit kurzem Stab, 1868.

Abb. 357: Halblanger Stab, 1868.

Keulen kräftigen den gesamten Oberkörper. Wer kein solches spezielles Gerät zur Hand hat, kann auch einen Eisenstab (Abbildungen 354 bis 357) oder einen langstieligen Hammer (Abbildungen 358 bis 389) nehmen. Das regelmäßige Training fördert enorm die Griffkraft, was der gesamten Kampffähigkeit zugute kommt. Unterarme, Schultern und der Rücken werden stärker, was sich auf den ganzen Körper auswirkt. Gleichgültig, welche Kampfkunst oder welche Sportart Sie betreiben, Sie werden in jedem Fall großen Nutzen aus diesem Gerät ziehen können.

Abb. 358

Abb. 359

Abb. 360

Abb. 361

Abb. 362

Abb. 363

Abb. 364

Abb. 365

Abb. 366

Abb. 367

Abb. 368

Abb. 369

Abb. 370

Abb. 371

Abb. 372

Abb. 373

Abb. 374

Abb. 375

Abb. 376

Abb. 377

Abb. 378

Abb. 379

Abb. 380

Abb. 381

Abb. 382

Abb. 383

Abb. 384

Abb. 385

Abb. 386

Abb. 387

Abb. 388

Abb. 389

Abbildungen 358 bis 389: Atmen Sie bei Belastung und bei den Streckbewegungen aus. Ansonsten atmen Sie ganz natürlich. Für alle Übungen mit Gewichten gilt: Respektieren Sie die Masse. Falsche Bewegungen können Sie oder andere verletzen.

Springen mit und ohne Seil

Beim Springen mit und ohne Seil[44] wird die Erdanziehungskraft gut genutzt. Man lernt die Masse des eigenen Körpers gut zu beherrschen. Außerdem wird das »Untergestell« des Körpers gestärkt und beweglicher, die Ko-

---

[44] Seilspringen mit verschiedenen Seilen und auf verschiedene Arten wurde bereits von Friedrich Ludwig Jahn (1778-1852), dem »Turnvater«, empfohlen.

ordination verbessert sich. Das Springen zählt in der chinesischen Medizin zur Gesundheitsvorbeugung und wird bei vielen Beschwerden empfohlen.

Der wichtigste Punkt beim Springen ist das gleichmäßige Verteilen der Kraft und der Energie beim Absprung und bei der Landung. Die Ballen und die Knie übernehmen die Hauptarbeit. Durch das Springen wird nicht nur der Körper gelockert, sondern auch der Blutfluss verbessert sich. Richtiges Springen gehört zu den gesündesten Einzelübungen. In Ihrem tägliches Training sollten Sie leichtes Springen nutzen, um die gesamte Muskulatur zu lockern. Die Brust sollte beim Springen mit und ohne Seil leicht eingezogen werden, damit das Herz geschützt und nicht erschüttert wird. Dies geschieht, indem die Schultern leicht nach vorn gebracht werden; zur Unterstützung drehen Sie die Handrücken nach vorn.

Das Seilspringen ist bereits recht alt und gehört seit langem zum Boxen dazu. Heute zählt es allerdings zu den beliebtesten und zweckmäßigsten Übungen in vielen Disziplinen. Was für das Springen ohne Seil gesagt wurde, gilt auch für das Springen mit diesem Hilfsmittel. Darüber hinaus ist das Seilspringen sehr variantenreich. Es fördert auf spielerische Weise Kraft, Ausdauer, Schnelligkeit, Geschmeidigkeit und Koordination. Durch die breitgefächerten Möglichkeiten kann man das Springen immer wieder neu für sich entdecken. Lange Sprungeinheiten lassen sich durch immer neue Kombinationen auflockern.

Trainieren Sie Ihren eigenen Stil heraus. Gehen Sie zwischendurch in die Hocke oder springen Sie auf nur einem Bein. Es gibt unzählige Möglichkeiten. Boxer führen gern mehrere schnelle Seilschläge während eines Sprunges durch, oder sie führen Kreuzschläge aus. Lassen Sie Ihrer Phantasie freien Lauf. Lassen Sie das Seil rückwärts laufen und variieren Sie Ihre Beinarbeit. All diese Kombinationen fördern das Wohlbefinden und viele Eigenschaften, die Ihnen als Kämpfer, ob im Kampf oder im Sport, nützen werden. Seilspringen auf einem Bein trainiert das »Untergestell« und die Balance sehr gut. Wenn Sie hierbei das andere Bein dicht an den Körper anziehen und den Oberkörper runden, schützen Sie Ihre inneren Organe, so dass diese nicht durch das Springen erschüttert werden. Der gesamte Körper wird beim Springen gespannt, so dass man Kraft und Lockerheit kombiniert.

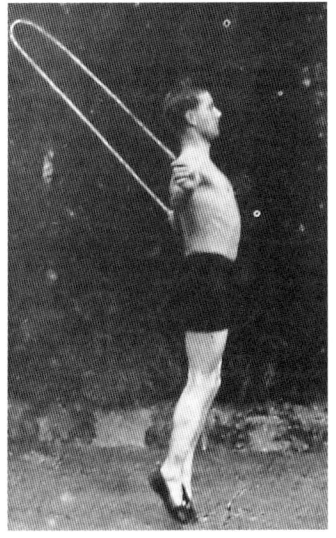

Abb. 390   Abb. 391

Abbildungen 390 und 391: Seilspringen,
ca. 1920. Diese Abbildungen stellen ein
gutes Beispiel dafür dar, wie Seilspringen *nicht* praktiziert werden sollte. Der
Sportler schiebt die Brust während des
gesamten Sprungvorgangs starr und hart
nach vorn, auch beim Aufkommen auf
dem Boden. Wenn man so springt, d. h.
mit herausgedrückter Brust, dann schädigt das den Körper, selbst wenn man
mit dem Ballen aufkommt. Man könnte
durchaus in der Luftphase des Sprunges
seinen Körper auf diese Weise strecken,
aber nicht beim Aufkommen.

Abbildung 392: Diese Haltung stellt
eine für den Körper optimale Art des
Springens mit dem Seil dar.

Abb. 392

Abb. 393　　　　　　　　　　　　Abb. 394

Abbildung 393: Seilspringen in der Literatur; Illustration aus dem Jahre 1800. Sophia Western ist eine Romanfigur aus dem 1749 erschienenen Bildungsroman »The History of Tom Jones, a Foundling« von Henry Fielding. Sie verkörpert in dem Werk Tugend, Schönheit und generell alle guten Eigenschaften.
Abbildung 394: Seilspringen, 1870.

Durch das Seilspringen lernt man seinen gesamten Bewegungsapparat und die Körpermechanik sehr gut kennen. Man bekommt hier ebenfalls ein Gefühl für die Erdanziehungskraft, gegen und mit der man bei dieser Übung trainiert. Durch gutes Seilspringen kann man denselben Effekt erreichen wie durch Ausdauerlauf. Wenn man seinen toten Punkt erreicht und überwindet, hört die Zeit scheinbar auf zu existieren, und Glücksgefühle stellen sich ein.

Im westlichen Boxen und in den chinesischen Kampfkünsten gehört das Seilspringen zum Grundlagentraining. Bruce Lee war ein großer Freund dieser Trainingsmethode, weil er den Nutzen für das »Untergestell« und den gesamten Körper erkannte.

Wir wollen an dieser Stelle darauf hinweisen, dass das Springen eine reine Trainingsangelegenheit ist. Bei Kampfsportveranstaltungen sieht man die Teilnehmer im Ring oder auf der Matte oft springen. Im realen Kampf springen Sie jedoch besser nicht. Springen ist genau genommen ein riskantes »Zwischending« zwischen Flucht und Angriff. Stehen Sie einem geübten Gegner gegenüber, wird dieser Ihre Bewegungen analysieren und in dem Moment angreifen, wo Sie selbst kaum Kontrolle über Ihre Handlungen haben, weil Sie gerade in der Luft »schweben«. Steht Ihnen also ein Kampf bevor, flüchten Sie oder greifen Sie an, aber springen Sie nicht.

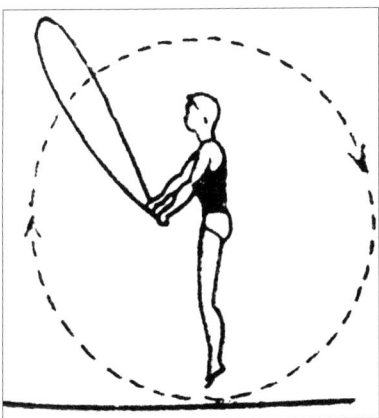

Abb. 395: Seilspringen, ca. 1950.

Abb. 396: Seilspringen, ca. 1950.

Abb. 397

Abbildung 397: Dieses Bild von 1850 zeigt eine sehr alte Version des Springens. Ein Junge hält ein Seil mit einem kleinen Sandsack am anderen Ende in einer Hand. Er lässt den Sack kreisen und springt dann über das Seil. – Eine andere Version dieser Übung ist schwieriger zu bewältigen: Ein Seil wird mit einer losen Manschette an einem Bein befestigt. Auch hier ist am anderen Ende ein kleiner Sandsack. Man bringt das Gewicht durch eine Drehung mit dem Fuß in Bewegung und springt dann im Schlusssprung über das Seil. Es gibt diese Übung als Trippeln und als Springen. Wenn das Gewicht einmal in Bewegung ist, kann man auf diese Weise lange ohne Unterbrechung hüpfen.

175

Übungswaffen

Schwere Übungswaffen

Den Keulen verwandt sind einige besonders schwere Übungswaffen. In Japan ist das *suburitō* (素振り刀) für das Training des Schwertfechtens üblich. In China gibt es diese Übungswaffen in vielen Versionen. Mit einer extra schweren Hellebarde oder dem schweren Schaftsäbel (*dàdāo* 大刀) nennt sich das Training *jǔzhòng yòng de dàdāo* (舉重用的大刀). Auch im amerikanischen Baseball trainieren einige Sportler mit schweren Keulen oder Schlägern mit Gewichtsmanschetten. Diese Art des Übens ist weit verbreitet. Sie dient der Verbesserung von einzelnen Bewegungen und kann Ihnen beim Training nützlich sein.

Im Übrigen gilt aber das bereits weiter oben Gesagte: Benutzen Sie nur beherrschbare Gewichte. Gelenkschäden oder Muskelverletzungen heilen langsam und werfen Sie im Training zurück.

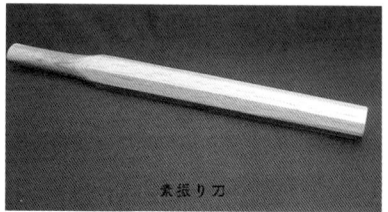

Abb. 398: *Suburitō*

Abb. 399: Kugelstabhantel, 1868.

176

Das chinesische dāo

Vorbemerkung

Den Körper einheitlich zu trainieren, ist eines der Kernziele der von uns vorgeschlagenen Trainingsmethoden. Dies entspricht einem Grundanliegen der chinesischen Trainingslehre. Es geht hierbei darum, dass die erworbene Kraft vollständig beherrscht wird und dass zudem eine sehr gute Balance erzielt wird. Das heißt, der Körper soll in die Lage versetzt werden, unter allen Umständen »richtig« reagieren zu können. Auf dieses Thema wird weiter hinten noch ausführlich eingegangen. Um Einheitlichkeit zu erlangen, eignet sich beispielsweise das Training mit dem chinesischen *dāo* hervorragend (alternativ ist auch das entsprechende Training mit einer Eisenstange möglich). Dieses *dāo* (*zhōngguó dāo* 中國刀) war eine typische Soldatenwaffe, die sich über einen Zeitraum von 1 800 Jahren auf chinesischen Schlachtfeldern bewährt hat. Selbst im Zweiten Weltkrieg nutzten chinesische Guerillakämpfer diese Waffe im Widerstandskampf gegen die Japaner. Die Techniken dieser sehr kopflastigen Hiebwaffe verbinden Schnitt- und Hacktechniken mit runden, schützenden Abwehrtechniken. Durch das kopflastige Gewicht der Klinge wird man mit der Bewegung mitgezogen, so dass man sich immer im Schutz des Schwertes befindet. Die Techniken werden so ausgeführt, dass die empfindlichsten Bereiche des Körpers gut geschützt werden.

In einem Schlachtgetümmel braucht man eine 360 Grad umfassende Übersicht und eine Bewegungsmethode, die sich den Gegebenheiten blitzartig anzupassen vermag. Die bekannte Kampfkunstgruppierung Dog Brothers[45] bezeichnet dies als *»360 degree awareness«*. Der Körper muss sich in alle Richtungen bewegen können. Außerdem müssen die Bewegungen rundum einen optimalen Schutz bieten und obendrein gleichzeitig eine Angriffstechnik sein. Man hat im Getümmel keine Zeit und keine Möglichkeit, bewusst zwischen Angriff und Abwehr zu unterscheiden, ein

---

[45] Die Dog Brothers sind eine inzwischen international verbreitete Gruppe von Stockkämpfern, welche sich allerdings mit vielen Kampfarten befassen und ihre Praxis ausschließlich nach kämpferisch realistischen Gesichtspunkten ausrichten.

Umstand, der ohnehin für die meisten Kampftechniken gilt. Ebenfalls hat man kaum eine Chance, die Angriffe des Gegners und die verschiedenen Richtungen wahrzunehmen. Alles verschwimmt zu einer Einheit. Deshalb muss die Körperbewegung universal sein und Angriff, Abwehr und Rundumschutz vereinen. Dabei darf das *dāo*[46] nicht »nebenher laufen«, sondern muss den gesamten Körper wie mit einem Schutzschild umgeben.

Die Schwerter oder Hackmesser wiegen im Schnitt zwischen 1,3 bis 1,5 Kilogramm. Sie sind damit bestens dafür geeignet, sich eine einheitliche Körperkraft aufzubauen und ein Gefühl für einheitliches Bewegen zu gewinnen. Dies wirkt sich rasch auch auf Ihre waffenlosen Bewegungen und Schläge aus, so dass Ihre Schlagkraft sich deutlich verbessern wird. Wenn Sie auf diese Weise täglich trainieren, werden Sie eine ungefähre Ahnung davon bekommen, wie gut viele der früheren Kämpfer gewesen sein müssen. Ihnen wird der Qualitätsunterschied zwischen den Soldaten, Rittern und Kriegern einerseits und den modernen Kampfsportlern andererseits bewusst werden. Noch vor 150 Jahren trainierten und stritten die Kämpfer täglich mit schweren Waffen, oft unter Einsatz des Lebens. Sie erwarben sich eine enorme flexible und natürliche Körperkraft und eine Physis, die der unseren überlegen ist. Sie übten täglich damit, und ihre Waffe wurde ein Teil ihres Lebensalltags. Dies ist die Grundlage für echte Kampfkunst. Da wir heute weder die Zeit noch die Motivation haben, es unseren Ahnen gleichzutun, bleibt nur, uns diesem Ideal soweit es geht anzunähern. Das klappt aber nicht, wenn wir, wie in den meisten Kampfsportarten üblich, völlig unbrauchbare, da zu leichte und nicht ausbalancierte Waffen verwenden. Dadurch verfälscht sich die Technik, und der wirkliche Sinn der Kampfkunst geht verloren. An den alten Trainingsmethoden führt jedoch kein Weg vorbei, wenn man nach den Fähigkeiten der alten Kämpfer strebt. Heutige MMA-Sportler haben das teilweise erkannt und übernehmen vermehrt solche Methoden in ihr Training, beispielsweise das Hammerschlagen auf Steine oder Autoreifen. Dies ist auch eine gute und effektive Methode, um eine anwendbare Kraft aufzubauen. Das Training mit dem echten *dāo* ist allerdings noch um einiges effektiver, da hierbei

---

[46] Noch effektiver ist in diesem Zusammenhang eine Unterform des *dāo*, das *kǎndāo* (砍刀), ein schweres Hackmesser einfachster Bauart.

Kraftaufwand und Kraftabgabe vielseitiger sind. Diese Art des Trainings erzeugt eine explosive Kraft, welche für einen Kämpfer unerlässlich ist. Entscheidend ist hierbei, dass der Körper sich im Einklang mit dem *dào* bewegt, da nur die Einheitlichkeit zu einer optimalen Kraft erzieht.

Beim Umgang mit der Waffe ist es wichtig, schnell zu sein. Dies wird man besonders durch Entspanntheit. Diese wiederum erreicht man am besten durch besonders langsame Übungen, wie im folgenden Kapitel über das Training der inneren Kraft gezeigt wird oder wie dies bereits im Kapitel über die Dehnung dargelegt wurde. Die äußerste Schnelligkeit erwächst aus der äußersten Langsamkeit. Das Training in seiner Gesamtheit sollte sich zwischen der Langsamkeit und der Schnelligkeit abwechseln. Dadurch erreicht man den bestmöglichen Trainingseffekt für Gesundheit und effiziente Kampfstärke. Die Langsamkeit ist besonders beim Training der Kraft und der Flexibilität wichtig. Sie entspricht der Nahrungsaufnahme. Die Kraftausgabe entspricht der Verarbeitung der aufgenommenen Nahrung, also der Verdauung.

Prinzipiell gilt, je schwerer die Waffe[47], desto effektiver und leichter wird es, mit ihr zu kämpfen. Dies gilt natürlich nur bis zu einem bestimmten Punkt. Die eigene Leistungsfähigkeit ist immer der Maßstab. Aber ein schwerer Säbel oder ein schweres Langschwert haben in einer realistischen Schlacht eine bessere Wirkung und, so seltsam es klingt, man kämpft energiesparender als mit einer leichten Waffe. Das ist kein Widerspruch. Die schwere Waffe wird zu einem »Selbstläufer«, wenn die Technik korrekt ausgeführt wird und man so ihre Schwungmasse optimal ausnutzt. Man lässt das Gewicht also für sich arbeiten und arbeitet nicht dagegen. Dadurch wird die Waffe den Anwender »hinterherziehen«. Wenn ein solcher *dào*, um beim Beispiel zu bleiben, einmal in Bewegung ist, dann muss man die Klinge nur noch in Bewegung halten und ihr die Richtung vorgeben. Eine leichte Waffe muss man hingegen mit großem Energieaufwand immer wieder in Bewegung setzen. Sie schneidet weniger effektiv und bietet auch einen geringeren Schutz für den Körper.

---

[47] Das gilt vor allem für Hiebwaffen. Bei Stichwaffen, zum Beispiel dem Rapier, kann es sehr ermüdend für die Schultern sein, wenn die Waffe zu schwer ist, da man den Arm fast ständig gestreckt hält.

Einfache Übungen

Die einfachsten Übungen sind oft die besten. Bei unserer Geburt sind wir weich und sehr flexibel. Unser Körper ist für die Ausdehnung, das heißt, für das Wachstum bereit. Mit dem Alter kehrt sich dieser Prozess um. Wir schrumpfen und werden steif und gebrechlich. Das Gewebe zieht sich zusammen. Bei den meisten Menschen geht der natürliche Abbau mit täglichem Stress und mangelnder oder einseitiger Bewegung einher. Diese Faktoren beschleunigen den Verfall. Das zivilisierte, bequeme Leben hinterlässt Spuren und zerstört den Körper schnell. Stundenlanges Sitzen vor dem Computer oder dem Fernseher, oder langes Stehen, wie es in einigen Berufen nötig ist, belastet den Körper über Gebühr. Schwungübungen, wie wir sie mit dem *dāo* oder alternativ mit einer Eisenstange vorschlagen, oder wie sie von den Dog Brothers ausgeführt werden, lockern Ihr Gewebe und ziehen es wieder lang. Sie bekommen die nötige effektive, einsetzbare Kraft und verbessern langfristig ihre Lebensqualität. Außerdem machen diese Übungen Spaß. Man kann sich damit in eine wahre Trance hineintrainieren und Raum und Zeit vergessen. Spannen Sie Ihren Körper nicht an, sondern lassen Sie ihn ganz locker schwingen. Benutzen Sie nur eine ganz kurze, ruckartige Explosionskraft am Ende der Bewegung. Ziehen Sie den Schlag mit Ihrem gesamten Körper vollkommen durch. Ihr Körper schlägt – die Waffe in der Hand ist in diesem Moment nur ein Teil des Körpers.

Auch bei dieser Übung sind die zwei Faktoren gegeben, die bei allen nützlichen Übungen vorhanden sein müssen: Gesundheitsförderung bzw. -vorsorge und Aufbau einer effektiven flexiblen und explosiven Kraft (chin. *bàofālì* 爆發力). Bei den meisten Kampfsportlern oder Kampfkünstlern von heute bleibt die Kraft im Körper stecken. Das gilt besonders für die Wettkämpfer, die in Massensportverbänden trainieren. Die hölzernen Techniken und wenig flexiblen Trainingsmethoden fixieren die Kraft im Körper und verhindern ihre freie Abgabe. Das ist auf Dauer sehr ungesund, weil man die Energie nicht vollkommen »verdaut«. Zudem kann man diese Kraft nicht anwenden. Bei einem robusten Gegner werden die so erlernten Techniken kaum eine Wirkung hinterlassen. Solche einfachen und logischen Trainingsmethoden wie das Schwingen des *dāo* oder das Stockschwingen sind hingegen sehr effektiv. Sie »verdauen« die gesamte Kraft vollkommen und ermöglichen eine vollständige Kraftausgabe. Wichtig dabei ist, dass Sie stets Ihr Gleichgewicht halten. Das heißt, Sie lassen sich zwar von der Waffe oder vom Stock »mitziehen«, aber Sie behalten zu jedem Zeitpunkt die Kontrolle darüber.

Der Unterschied zwischen einem Meister der Kampfkunst und einem Laien besteht nicht so sehr in der Ausführung der Technik, sondern darin, dass ein Meister seine Instinkte geschärft und verfeinert hat. Die Bewegungen werden vom Meister auf natürlichste Weise und frei von jedem Zwang ausgeführt. Nimmt ein Laie einen Stock oder ein *dào* in die Hand, führt er die Bewegungen mitunter nicht anders aus als ein Meister. Das liegt daran, dass bei den ursprünglichen Kampfarten alle Angriffs- und Verteidigungsbewegungen auf den bereits vorhandenen natürlichen Instinkten und Bewegungen aufgebaut sind. Erst wenn man gegen diese »Regel« verstößt, wird es kompliziert. Das ist gemeint mit »einfachen Übungen«. Kampfkunst ist keine schwierige Sache, auch wenn viele Lehrer das behaupten. Schwierig ist es lediglich, die Natürlichkeit aufrechtzuerhalten bzw. wiederzuerlangen.

Machen Sie dieses Schwungtraining ganz bewusst und beginnen sie dann, sich dabei zu einheitlich zu bewegen.

Dadurch bauen Sie wirkliche Stärke auf. Des weiteren sollten effektive Bewegungen nicht zu kompliziert und filigran beschaffen sein. In einer wirklichen Kampfsituation begibt sich der Mensch wieder zu seinen tierischen Wurzeln zurück und überlässt dem Stammhirn die Führung. Das Adrenalin im Blut führt nicht nur dazu, dass der Körper leistungsfähiger, ausdauernder und schmerzunempfindlicher wird, sondern auch dazu, dass er zu subtilen Bewegungen kaum in der Lage ist. Somit wird Ihr Körper sich in einer solchen Situation vor allem an einfache Übungen erinnern und diese wirksam einsetzen.

Abbildungen 400 bis 417 zeigen Übungen mit dem Eisenstab und Abbildungen 419 bis 426 Übungen mit dem *dào*.

Über die folgenden Internet-Links können Sie die ausführlichen Übungsformen mit dem *dào* und dem Eisenstab sehen:

- www.palisander-verlag.de/videos (»Übungsform mit dem dao«)
- www.palisander-verlag.de/videos (»Übungsform mit dem Eisenstab«)

Abb. 400

Abb. 401

Abb. 402

Abb. 403

Abb. 404

Abb. 405

Abb. 406

Abb. 407

Abb. 408

Abb. 409

Abb. 410

Abb. 411

Abb. 412

Abb. 413

Abb. 414

Abb. 415

Abb. 416

Abb. 417

Abbildungen 400 bis 417: Schwingen Sie den Stab bis zu Ihrer Bewegungsgrenze, aber nicht darüber hinaus. Sie können einen Teil der Energie durch abfangende Bewegungen absorbieren oder neutralisieren. Bremsen Sie den Schwung nicht abrupt. Das gleiche gilt natürlich für die entsprechenden Übungen mit dem Schwert, wie sie auf den folgenden Abbildungen gezeigt werden.

Abb. 418: Chinesisches *dāo*.

Abb. 419

Abb. 420

Abb. 421

Abb. 422

Abb. 423

Abb. 424

Abb. 425

Abb. 426

Akrobatiktraining – Übungen für das Anwenden einer einheitlichen Körperkraft

Von jeher gehörte zum Grundlagentraining der chinesischen Kampfkunst ein gewisses Akrobatiktraining dazu. Das gilt für die meisten Stile und war durchaus auch in der westlichen Kultur nicht unbekannt. Die Art dieses Trainings hat sich jedoch entscheidend verändert. Leider nicht zum Guten. Heute wird das Augenmerk nur noch auf spektakulär aussehende Überschläge und Saltos gelegt. Das ist für die Kampfkunst jedoch eine schädliche Entwicklung, da diese Art des Übens und die Übungen selbst zum großen Teil sehr ungesund sind. In China ist es eine allgemein bekannte Tatsache, dass man durch extremes Akrobatiktraining körperlich und geistig geschädigt wird. Die sehr extremen Sprünge verschleißen den Körper, vor allem die gesamte Gelenkstruktur. Zudem werden die inneren Organe derart erschüttert, dass kein stärkender, sondern ein schwächender Effekt eintritt. Langfristiges Training führt deshalb nicht zu Flexibilität und Stärke, sondern zu Schwächung und Zerstörung des Organismus.

Ein gewisses Maß an »richtigem« Akrobatiktraining hat jedoch einen sehr guten Nutzen. Erstens wird der Körper dadurch sehr flexibel. Zweitens wird die Kraft dabei explosiv ausgegeben. Drittens lernt der Körper, sich einheitlich mit seiner Kraft zu bewegen. Die Kraft muss zwangsläufig einheitlich eingesetzt werden, wenn man diese Bewegungen ausführen möchte. Die Körperkraft muss zwischen den fünf Körperspitzen und dem Körperzentrum richtig bewegt und gesteuert werden. Damit sind verschiedene grundlegende akrobatische Übungen, maßvoll eingesetzt, ein sehr nützliches Training, und in den chinesischen Kampfkünsten gehören diese seit Jahrhunderten zur Grundausbildung dazu.

Nachfolgend werden einige traditionelle Akrobatik-Übungen aus dem chinesischen *wǔshù* vorgestellt, die teilweise auch europäische Pendants haben. Es spricht nichts dagegen, die europäischen Varianten zu praktizieren, auch wenn sie sich mitunter in Details von den chinesischen unterscheiden. Diese Übungen reichen vollkommen aus; sie sind nicht schädlich für den Organismus und helfen beim Aufbau einer flexiblen einheitlichen Körperkraft.

Heutzutage hat man diese grundlegenden akrobatischen Übungen sehr stark verändert und versucht diese noch spektakulärer zu machen, als es sich mit den anatomischen Grenzen vereinbaren lässt. Ein großer Fehler, denn dadurch macht man die ursprüngliche Wirkung kaputt, verliert sich in nutzlosen Spielereien und zerstört auf Dauer seinen Körper.

Auch in Europa kannte man eine Reihe akrobatische Übungen, sowie eine umfangreiche »Roll- und Sprung-Schule« (siehe Abbildungen 427 bis 430). Von unserem heutigen Wissensstand aus können wir sagen, dass sie nicht so umfangreich wie in den chinesischen Kampfkünsten war, doch gab es eine Reihe recht fortschrittlicher Programme.

Abb. 427: Sprung, Jutta-Klamt-Schule.

Abb. 428: Hechthocke, ca. 1925.

Abb. 429: Sprungübung, ca. 1920.

Abb. 430: Grätschsprung, ca. 1925.

Übung 1: Rolle vorwärts (*chuàn qián gǔnfān* 串前滾翻), Rolle rückwärts (*chuàn xiànghòu gǔnfān* 串向後滾翻), Rolle seitlich (*cè biān gǔnfān* 側邊滾翻).

Das Üben von Rollen ist sehr gesund und trainiert das gesamte Nervensystem, da der Körper in seinem Bewegungsmodus sozusagen umgedreht

189

wird. Man könnte sogar sagen, »Rollen macht klug«. Körperbewegungen werden vereinheitlicht, was sich auf alle anderen Bewegungen auswirkt. Das Rollen hat einen ganz ähnlichen positiven Trainingseffekt wie der Handstand, da der Organismus sich auf eine neue Bewegungsart einstellen und etwas Neues lernen muss.

Die Lehre des korrekten Fallens, Abfangens und Rollens macht den Körper widerstandsfähiger. Sie lehrt Einheitlichkeit und wie man sich bei Stürzen schützt. Der psychologische Nebeneffekt ist, dass man angstfreier wird. Zumindest die Angst vor einem Sturz oder einem Wurf wird gemindert. Man kann entspannter kämpfen. Wir raten allerdings von einer Fallschule, wie sie im heutigen *judo* praktiziert wird, ab. Die moderne Fallschule, wie sie in fast allen Sportvereinen praktiziert wird, ist schädlich für die inneren Organe und das Gehirn. Die harten jungen *judoka*, die dies auf hartem Boden ausführen, riskieren auf lange Sicht ihre Gesundheit. Besonders die Stürze sind auf Dauer gesundheitlich bedenklich. Die entsprechenden Übungen des *aikido* sind in dieser Hinsicht etwas besser.

Richtiges Rollen und Fallen hingegen absorbiert die Wucht des Aufpralls, so dass es zu keinen Erschütterungen kommt. Man sollte sich in diesem Zusammenhang am *Parkour*[48] orientieren, denn die Parkourläufer (oder Traceurs) kommen mit ihren Künsten den alten Idealen sehr nahe.

Die korrekte Fallschule ist relativ einfach. Dass sie dennoch oft falsch unterrichtet wird, ist zumeist auf mangelndes Wissen oder eine falsche Auffassung zurückzuführen.[49] Der größte Nachteil der *Judo*-Fallschule ist das Abbremsen des Schwunges. Die so entstehende Erschütterung ist nicht für jeden dauerhaft praktikabel. Außerdem verliert die Übung hierbei einen guten Teil ihrer Effektivität. Wenn man also berücksichtigt, wie man

---

[48] Beim *Parkour* bewegt man sich so effizient wie möglich durch die Landschaft, indem man die Gegebenheiten und Eigenheiten, die man vorfindet, ausnutzt. Diese Art der Bewegung wurde durch David Belle (geb. 1973) bekannt. Belle übernahm die Idee und die ersten Techniken von seinem Vater, Raymond, einem ehemaligen Soldaten, der eine Form des Hindernislaufs praktizierte und weiterentwickelte. Übrigens gab es Vorläufer dieser Übungen in Europa schon im 18. Jahrhundert.

[49] Es liegt auch viel an der Zeit, in der die jeweilige Schule entstanden ist. Mit dem Aufkommen des Militarismus in Japan verrohten viele Kampfkünste und erzogen den Schülern eine unverhältnismäßige Härte an. Die Ausübenden mussten nur eine begrenzte Zeit in Höchstform sein. Was später aus ihnen werden würde, wurde nicht als wichtig angesehen.

es besser nicht machen sollte, hat man bereits einen Teil der Antwort auf die Frage nach einem besseren Weg. Kurz und knapp lautet diese Antwort: Vermeiden Sie Erschütterungen und bleiben Sie während des gesamten Rollvorgangs weich und entspannt.

Im einzelnen gilt das Folgende: Sobald Sie Ihr Gleichgewicht opfern, um auf dem Boden eine Rollbewegung ausführen zu können – die Art der Rolle ist hierbei gleich –, müssen Sie sich der Erdanziehung hingeben. Kämpfen Sie nicht gegen den Boden und gegen die Gravitation, sondern seien Sie eher wie ein Tropfen, der an einem Lotosblatt abperlt. Sie behalten nur so viel Körperspannung, um nicht schlaff zu werden, und Sie geben nur so wenig von Ihrer Weichheit auf, dass Sie die Rollbewegung kontrolliert ausführen können. Ansonsten geben Sie sich dem Boden hin. Der Schlüssel hierzu ist die Einheitlichkeit. Jede Art von Rolle und Fall erfordert eine einheitliche Bewegung. Sie müssen Ihren Körper wie Wasser auf der Erde verteilen und dann ebenso zusammenziehen können – einheitlich. Ziehen Sie den Bauch ein und runden Sie den Rücken wie einen Ball. Gleichzeitig müssen Sie es aber verstehen, Ihre Körperhaltung beim Rollen beliebig zu verändern und sich dem Boden anzupassen. Ein stark Betrunkener oder ein k. o. geschlagener Boxer fallen manchmal augenblicklich in sich zusammen und rollen dann ein Stück, ohne sich dabei zu verletzen. Diese nicht aktiv und bewusst bestimmte Handlung müssen Sie aktiv und bewusst ausführen, jedoch nicht auf erzwungene Weise.[50] Egal, in welche Richtung Sie abrollen möchten, bleiben Sie rund, entspannt und einheitlich. Bei allen Arten von Rolle ist es wichtig, den Bauch tief einzuziehen, die Brust durch Vorschieben der Schultern zu runden und über eine Schulter statt über den Kopf abzurollen.

Im alten China und auch in Japan war die Fallschule ursprünglich viel umfangreicher als heute. In den großen Kampfkunstzentren Ost- und Südostasiens, in vielen Klöstern Chinas und Koreas und in den japanischen Schulen des *ninjutsu* (忍術) lehrte man nicht nur das Abrollen und Abfangen nach einem Wurf. Die Ausbildung umfasste Sprünge aus ver-

---

[50] Um diese Gelöstheit zu erlangen, ihnen die Angst vor dem Sturz zu nehmen und ihre »Gegenwehr« auszuschalten, wurden die Schüler früher manchmal absichtlich betrunken gemacht.

schiedenen Höhen, mit und ohne Waffen. Sie lehrte die sofortige Kampfbereitschaft nach einem Fall. Außerdem integrierte man verschiedene Hindernisse sowie einen unebenen Boden in die Ausbildung. Interessanterweise waren die meisten Fallübungen, obwohl sie für den Kampf auf Leben und Tod gedacht waren, viel weicher als die moderne Fallschule.

Sie können das Rollen mit den verschiedensten Übungen flexibel kombinieren. Diese Art des Trainings ist sehr gut für Ihr Nervensystem, Ihre Koordination und körperliche Einheitlichkeit.

Unter dem folgenden Internet-Videolink können Sie ein Beispiel für Rollübungen, wie sie im chinesischen Kampfkunsttraining üblich sind, finden: www.palisander-verlag.de/videos (»Chinesische Rollübungen«)

Abb. 431: Überpurzeln, 1868. – Ein direktes Abrollen über den Kopf, wie hier dargestellt, ist auf keinen Fall zu empfehlen!

Übung 2: Kopfüberschlag und Handstandüberschlag (*àntóu dān jiē tuǐ* 案頭接單腿)

Abb. 432: Überschlag, 1868. Diese Übungen entsprechen nicht genau den chinesischen, lassen aber erkennen, dass sie auch Westen bereits recht früh und recht ähnlich trainiert wurden.

Übung 3: *Hǔtiào* (虎跳) – der Tigersprung. Eine Übung, sehr ähnlich unserem Rad. Für einheitliche Flexibilität, Koordination und gute Gesundheit.

Abb. 433: Rad, 1868.

Übung 4: *Pūhǔ* (撲虎) – der Tigersturz. Dies ist eine alte chinesische Übung, welche zum Grundlagentraining des *wǔshù* gehört. Die Bewegung erinnert an einen Tiger, der sich auf seine Beute stürzt. Mit ihr wird Flexibilität und eine einheitliche Körperkraft trainiert. Dieser Sprung ist auch sehr gut dafür geeignet, den Körper als Einheit kontrolliert abfangen zu lernen. – Siehe Abbildungen 434 bis 442.

Abb. 434   Abb. 435

193

Abb. 436

Abb. 437

Abb. 438

Abb. 439

194

Abb. 440

Abb. 441

Abb. 442

Übung 5: *Xuànzi* (旋子): Ein seitlicher Radsprung in der Luft, sehr ähnlich dem in Abbildung 443 dargestellten Drehsprung.

Abb. 443: Drehsprung, Deutschland 1925.

Übung 6: *Fēijiǎo* (飛腳): Ein Sprungtritt. – Der Ablauf wird in Abbildungen 444 bis 453 dargestellt.

Abb. 444

Abb. 445

Abb. 446

Abb. 447

Abb. 448

Abb. 449

Abb. 450

Abb. 451

Abb. 452

Abb. 453

Übung 7: *Dǎzuò* (打坐): Im Westen ist diese Technik bekannt als Lotossitz. Diese Übung ist sehr alt und stammt vermutlich aus Indien. Sitzt man lange in dieser Haltung, werden die Muskeln von ganz allein entspannt und locker und dabei gleichzeitig gestärkt. Während man sitzt, kann man sich zudem auch fortbewegen: Man spannt die Gesäßmuskeln an und stößt seinen Körper mit dem Impuls der Muskelkontraktion nach oben. Auf diese Weise kann man springen, ohne die Beine zu benutzen. Im Sitzen zu springen ist eine sehr effektive Übung für eine einheitliche flexible Körperkraft. Ähnliche Methoden gibt es auch im indischen Yoga. – Ohne Abbildung.

Übung 8: *Dǎtǐng* (打挺): Diese Technik ist ein Sprung aus der rückwärtigen Bodenlage in den Stand. Es ist ein gutes Ausgleichstraining für die Reiterstellung (siehe ab Seite 206). Dieses ruckartige Aufspringen sieht man oft in den chinesischen Kampfkünsten. Es macht den Körper flexibel und einheitlich und gehörte seit jeher zum traditionellen Training. Diese Übung wird auch *liyú dǎtǐng* (鯉魚打挺) genannt, wobei *liyú* Karpfen bedeutet. Die Bewegung ähnelt in der Zwischenposition einem Fisch, den man aus dem Wasser holt. Abgesehen davon lässt die Bewegung den Körper so geschmeidig und einheitlich wie einen Fisch in seinen Bewegungen werden. Es gibt von dieser Übung zwei Varianten: Eine, bei der die Hände zur Hilfe genommen werden (Abbildungen 455 bis 457) und eine, bei der dies nicht geschieht (Abbildungen 458 bis 462).

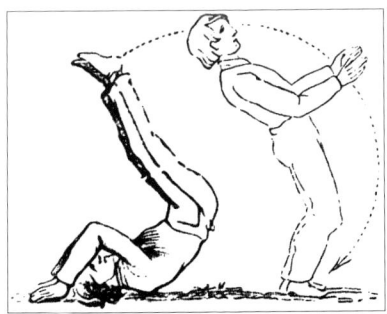

Abb. 454: Alte europäische Variante des Aufspringens, 1868.

Abb. 455

Abb. 456

Abb. 457

Abb. 458

Abb. 459

Abb. 460

Abb. 461   Abb. 462

Weitere akrobatische Übungen, die im traditionellen chinesischen Kampfkunsttraining beliebt sind, sind verschiedene Sprungtritte wie der 360-Grad-Drehsprungtritt »Wirbelwindfuß« (*xuanfengjiao* 旋风脚; siehe Abbildung 463), der in leicht abgewandelter Form Bestandteil des *Yàn Chí Gōng* ist, oder *shuāngbǎilián* (雙擺蓮), eine ähnliche Technik, bei der ein bogenförmiger Tritt mit der Außenkante des Fußes erfolgt. Letztere Technik wurde durch Jean-Claude van Damme relativ bekannt, der sie bevorzugt in seinen Filmen einsetzte. Des weiteren wird auch oft die Übung *wūlóng jiǎozhù* (烏龍絞柱) praktiziert (siehe Abbildungen 466 bis 473). *Wūlóng* bedeutet gefährlich oder verwirrend. *Jiǎozhù* bedeutet gedrehte Säule. Diese Bewegung ist zum einen dazu gedacht, aus einer gefährlichen Bodenlage wieder heraus zu kommen. Dazu dreht man sich wie eine Säule von unten nach oben in den Stand, ähnlich der Bewegung »Helikopter« aus dem Breakdance. Zum anderen ist *wūlóng jiǎozhù* sehr gut dafür geeignet, ein einheitliches Körpergefühl zu gewinnen. Eine weitere beliebte Übung heißt *kòuzi* (釦子 – Knopf bzw. Knoten): Das ist eine Art Salto, wobei man jedoch nicht auf den Beinen, sondern auf den Schultern landet. Hierbei lernt man sein Körpergewicht einheitlich abzufangen, was hervorragend bei Stürzen angewendet werden kann. Dabei muss man seine Kraft gut kontrollieren. Optional springt man dann aus der Rückenlage auf die Füße (siehe Übung 8, *dàtīng*). Die gleichfalls recht verbreitete Übung *cè kōngfān* (側空翻) ist ein Radüberschlag (siehe Abbildungen 464 und 465). Diese Übung fördert eine explosive und einheitliche Kraft.

Abbildung 463: Eine Phase der Übung »Wirbelwindfuß«.

Abbildungen 464 und 465: Radüberschlag *cè kōngfān.*

Üben Sie Überschläge oder Drehsprünge mit einem erfahrenen Partner oder Lehrer. Wenn Sie einen Überschlag ausführen, seien Sie nicht zu zaghaft. Sie benötigen für einen Überschlag eine Menge Energie. Wenn Sie sich wegen des Gelingens unsicher fühlen, vermeiden Sie derartige Übungen.

Abb. 463

Abb. 464

Abb. 465

Abb. 466

Abb. 467

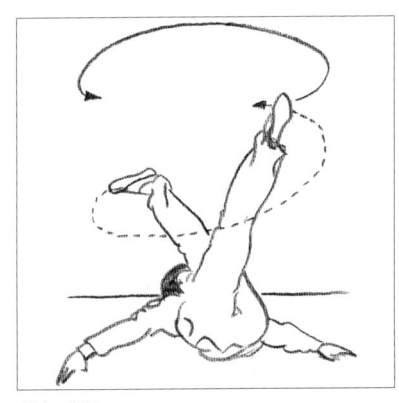

Abb. 468

Abb. 469

Abb. 470

Abb. 471

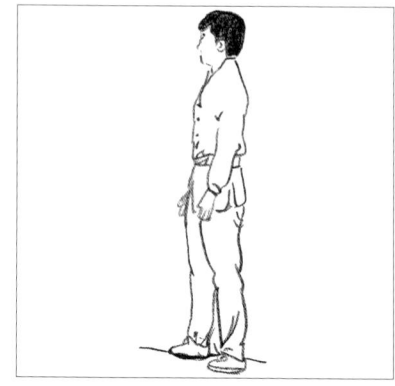

Abb. 472   Abb. 473

Wir empfehlen Ihnen, einige der Übungen 1 bis 8 zu praktizieren, die
für einen gut trainierten Menschen nicht übermäßig schwierig sein sollten.
Eine Variante des »Wirbelwindfußes« haben wir in unserem Buch über das
Yàn Chí Gōng vorgestellt.[51] Eine etwas leichter zu praktizierende Version
besteht darin, den Sprung aus einem Anlauf heraus vorzunehmen. Die
weiteren in diesem Abschnitt aufgezählten Übungen können Sie gegebenenfalls bei Interesse bei einem erfahrenen *Wǔshù*-Trainer erlernen. Abgesehen von den Drehsprungtritten raten wir davon ab, dies ohne Anleitung
zu versuchen, da eine ungeschickte Ausführung zu schweren Verletzungen
führen kann. Dies gilt natürlich auch für den Kopfüberschlag (Salto vorwärts oder rückwärts) aus Übung 2.

Generell gilt, dass Sie akrobatische Übungen aller Art zunächst mit Vorsicht angehen und sich im Zweifelsfall lieber von einem erfahrenen Trainer
anleiten lassen sollten, als dass Sie unkontrollierbare Risiken eingehen, indem Sie dies auf eigene Faust versuchen.

Bei allen mit Sprüngen verbundenen Übungen ist es wichtig, dass man
von den Fußballen abspringt und am Ende wieder mit ihnen aufkommt.
Andernfalls wird das Gehirn zu stark erschüttert.

---

[51] Xióng, D., a. a. O., S. 200.

III. Das Training der inneren Kraft

Was sind Gōng-Übungen?

Der Begriff *gōng* (功) lässt sich durch die deutschen Begriffe Errungenschaft, Fähigkeit und Mühe gut wiedergeben. Der daraus gebildete Begriff *gōngfu* (功夫) bedeutet lebenslanges hartes Training, oder allgemeiner ein ausdauerndes und zielgerichtetes Bestreben. Auf die Kampfkünste bezogen bedeutet es, dass man schwere und mühsame Bewegungen bzw. Stellungen so lange trainiert bzw. aushält, bis diese nicht mehr als hart und anstrengend wahrgenommen werden. *Gōng* steht auch für verschiedene konkrete Übungssysteme, die den Körper und den Geist umfassend schulen. Dies wird auch als Training der inneren Kraft bezeichnet. Generell kräftigen solche Übungen den Körper innerlich und äußerlich und machen ihn zäh und ausdauernd. Die Widerstandsfähigkeit – darunter fallen auch die sogenannten Nehmerfähigkeiten – erhöht sich, was eine notwendige Grundlage für den Kampf darstellt. Zu den klassischen *gōng* zählen das *Yàn Chí Gōng* und das *bāguàzhǎng* (siehe ab Seite 221), aber auch das (ursprüngliche) *tàijí quán*. Da das chinesische *Gōng*-Training Gegenstand einer separaten Arbeit der Autoren ist,[52] soll hier nur exemplarisch eine ebenso einfache wie wirkungsvolle Übung, das *mǎbù zhuāng* (马步桩), vorgestellt werden.

In der chinesischen Kultur hat sich das Training auf der Grundlage der chinesischen Medizin entwickelt. Chinesische Medizin bedeutet in erster Linie die Pflege und Gesunderhaltung des Körpers bis ins hohe Alter. Sämtliche Bewegungen und Kampftechniken haben die chinesische Medizin als Basis, d. h. die Gesundheit und den Schutz der Gesundheit. Alle Übungen aus dem authentischen *wǔshù*, die wir Ihnen in diesem Buch vorstellen, sind Stärkungsübungen für den gesamten Organismus, von der Dehnung angefangen. Die *Gōng*-Übungen haben genauso wie die Dehnung die Aufgabe, den Körper in seiner Gesamtheit gesundzuerhalten und zu pflegen.

Eine Anmerkung zum Begriff *qìgōng*: Dieser Begriff wird in China erst seit den 1950er Jahren verwendet und ist dort bis heute für traditionelle

---

[52] Xióng, D., Albrecht, M. und Rudolph, F.: *Yàn Chí Gōng. Eine fast vergessene Shaolin-Tradition*. Chemnitz: Palisander 2014.

Gōng-Übungen eher ungebräuchlich. Im Westen werden darunter sowohl traditionelle *Gōng*-Übungen als auch reine Gesundheitsübungen, die sich teilweise daran anlehnen, verstanden. Man könnte den Begriff mit »ausdauernde, zielgerichtete Arbeit mit der Lebensenergie« übersetzen. Unter Lebensenergie (*qì*) versteht man die Gesamtheit aller Prozesse, die zum Erhalt des Lebens notwendig sind: Stoffwechsel, Atmung, Reizleitung, Blutkreislauf, Lymphsystem usw. Ob das *qì*, wie mitunter behauptet wird, auch ein »übernatürliches« Element, das heißt, ein Element, das sich prinzipiell einer naturwissenschaftlichen Erklärung entzieht, enthält, ist reine Glaubenssache. Für das Verständnis der Wirkung der *(Qì)gōng*-Übungen und der chinesischen Medizin ist eine solche Annahme nicht erforderlich. Alle traditionellen *Gōng*-Übungen beeinflussen in hohem Maße den Fluss des *qì*, da sie die natürlichen Transportwege für alle Aspekte der Lebenskraft im Körper optimal funktionieren lassen. Somit können sie – nach westlichem Verständnis – tatsächlich auch als *Qìgōng*-Übungen angesehen werden.

Stehen wie ein Pfahl

Vorbemerkung

Das *zhàn zhuāng*, welches das ausdauernde Stehen in der Reiterstellung (*mǎbù zhuāng*) und im Handstand (siehe Abschnitt »Der Handstand«, ab Seite 67) umfasst, ist eine essentielle Trainingsmethode in den chinesischen Kampfkünsten. *Zhàn zhuāng* bedeutet sinngemäß »stehender Pfahl oder Pfeiler«. Man will hierbei durch unbewegtes Stehen auf den Füßen oder auf den Händen – so wie ein in der Erde fest verankerter Pfeiler – den Organismus innerlich kräftigen. Es ist dies also ein ganz anderer Ansatz, als er im Kraft- und auch im Kampfsport üblich ist. Es geht um eine zu erlangende innere Stärke. Diese wird zwar oftmals als höchst geheimnisvoll dargestellt oder auch so wahrgenommen, ist es jedoch keineswegs. Durch dieses Training wird über einen langen Zeitraum ohne Unterbrechung eine Innenspannung der Muskeln aufrecht erhalten. Es ist eine Form des isometrischen Trainings. Durch die lange ununterbrochen aufrechterhaltene Spannung ist der Effekt der Kräftigung größer, als dies bei vielen

Wiederholungen mit einem schweren Gewicht der Fall wäre. In der im Zusammenhang mit dem isometrischen Training erzählten Episode über den an einem Bein gefesselten Frosch wurde dieser Umstand durch Zufall wissenschaftlich nachgewiesen. In der chinesischen Kampfkunst wird dieser Aspekt schon seit Jahrhunderten angewandt.

Das Stehen in der Reiterstellung (*mǎbù* 馬步) zählt zu den ältesten Trainingsmethoden in China. Tatsächlich kann der Effekt, den man hiermit erlangt, durch keine andere Übung erreicht werden, und deshalb hat sich der *mǎbù* über Jahrhunderte in den chinesischen Kampfkünsten erhalten. Seltsamerweise hielt Bruce Lee nicht viel davon. Doch Lee war ein sehr ungeduldiger Mensch, der einer schnellen Kampfbereitschaft wegen einiges an Nachhaltigkeit opferte, was man ebenfalls an seiner mangelhaften Dehnung sieht.[53] Doch damit stellte er keine Ausnahme dar: So ähnlich hielt man es zu allen Zeiten, wenn es darum ging, sehr rasch halbwegs brauchbare Kämpfer hervorzubringen, z. B. in Kriegszeiten. Auch heute, wo es vorrangig darum geht, schnell in die Lage zu kommen, in Wettkämpfen Punkte erzielen zu können, werden solch langwierige Methoden wenig geschätzt. Leider ist dieser Umstand einer der Gründe, weshalb man in Europa selbst für höhere Prüfungen nur zehn Minuten in der Reiterstellung verharren können muss. Solch kurze Zeit genügt jedoch für das zu erlangende Ziel bei weitem nicht.

---

[53] Wir hatten, während wir mitten in der Arbeit zu diesem Kapitel waren, eine Unterhaltung mit Meister Chen (陳師, geb. 1932). Meister Chen ist der Erbe des alten *hóngmén* (洪門) und einer von den Könnern und Kennern der Materie. Er ist manchmal unbequem, da er das *qìgōng* (氣功) und die meisten seiner Vertreter als unseriös entlarvte, doch hat er einen guten Blick für echte Meister. Wir unterhielten uns mit ihm über Bruce Lee, von dem Chen sehr angetan ist. Kritik äußerte er nur wegen dessen ungesunden Trainings, welches Lee nicht unter dem Aspekt der Nachhaltigkeit ausführte und dadurch die Kampfkunst nicht in ihrer ganzen Vollkommenheit trainieren konnte. Er sagte: »*Bruce war wie ein Soldat, der immer in Alarmbereitschaft ist, keine Wachablösung zulässt und letztendlich beim Aufeinandertreffen mit dem Feind wegen Erschöpfung verliert.*« Des weiteren kritisierte Chen Bruce Lees sexuelle Ausschweifungen. Das meinte er durchaus ernst. In den Kampfkünsten und in der chinesischen Medizin wird Sex unter der Rubrik »potentiell körperschädlich« eingeordnet. Meister Chen meinte weiter: »*Der Tod Bruce Lees lag einmal daran, dass er zu erregt trainierte. Er überschliff seinen Körper. Auch wenn er nicht trainierte, war er angespannt und kampfbereit. Es ist durchaus nicht gut, in einem angespannten Zustand kampfbereit zu sein. Auf lange Sicht verschleißt man so seinen Körper.*«

Die Methode des ausdauernden Stehens im Reiterstand führt zu einem enormen und effizienten Kraftzuwachs. Zudem wird der Kreislauf gestärkt, ohne dass das Herz übermäßig stark schlägt. Stoffwechselprodukte werden durch das mit der Übung verbundene starke Schwitzen ausgeschieden. Und – was für die Kampfkünste von besonderer Bedeutung ist – der Wille und das Durchhaltevermögen werden auf extreme Weise geschult.

Ein über 90-jähriger Meister[54] der südchinesischen Kampfkunst *nán-quán* (»Südfaust«) erzählte darüber eine Geschichte, die sich in seiner Jugend zugetragen hatte. Er war damals Schüler eines angesehenen Meisters der Südfaust. Zwar wollte er gern das Können seines Lehrers übernehmen, aber der Mühe, dafür endlos im Reiterstand verharren zu müssen, wollte er lieber aus dem Wege gehen. Denn dieses Training erschien ihm damals als unfassbar anstrengend. Eine dieser Übungen bestand darin, viele Stunden in der Reiterstellung zu verharren. Man durfte sich kein Stück bewegen. Das war keine Auslegungssache. Kein Stück hieß wirklich *kein* Stück.[55]

Dieses bedingungslose Verharren in der Position stärkt vor allem den Willen, denn es ist sehr schwer, aus eigener Entschlusskraft wirklich stillzustehen und die richtige Höhe zu halten. Der Körper fängt nach einer Weile zu »maulen« an. Der Geist gaukelt einem vor, dass dieses lange Stehen unmöglich gesund sein könne. Der junge Mann und seine *Gōngfu*-Brüder sahen das ähnlich. Als der Meister sich für einige Zeit entfernen musste, schärfte er seinen Schülern ein, sich ja nicht zu rühren, bis er zurückkäme. Die Jungen dachten aber gar nicht daran, sich ohne Aufsicht selbst zu quälen. Sie kamen auf die Idee, einen von ihnen als Wache aufzustellen und tollten dann ausgelassen herum. Als der Meister zurückkam, nahmen sie schnell wieder den *mǎbù* ein. Sie waren alle außer Atem und schwitzten stark. Alle taten so, als seien sie am Ende, und ihr Schweiß schien ihren Fleiß zu bestätigen. Aber der Meister ließ sich nicht täuschen. Er ging zu jedem einzelnen und befühlte die Oberschenkel. Sofort merkte er, dass keiner von ihnen trainiert hatte. Die Art des Schwitzens und des Atmens unterscheidet sich zwischen isometrischer und isotonischer Anstrengung.

---

[54] Siehe auch Albrecht, M. und Rudolph, F.: *Wu – Ein Deutscher bei den Meistern in China.* Chemnitz: Palisander, 2. Aufl. 2013, S. 324 ff.

[55] In diesem Zusammenhang sind einige der älteren Jackie-Chan-Filme interessant, da sie oft Trainingsmethoden zeigen, die es in ähnlicher Form tatsächlich gab.

Es war also weder »*Măbù*-Schwitzen« noch »*Măbù*-Atmen«. Wenn man lange in dieser Stellung verharrt, reguliert sich der Atem. Er wird ruhig und kräftig. Außerdem kann ein Meister anhand der Körperspannung feststellen, was und wie trainiert wurde. Durch eine kleine Berührung erfährt er, ob *gōngfu* dahintersteckt oder nicht. Als der Schwindel auf diese Weise aufflog, lachte er verächtlich und beschimpfte sie kurz als Schwächlinge. Dann wandte er sich ab. Seine Schüler haben nie wieder versucht, den Weg abzukürzen. – Man kann in der Kampfkunst nicht betrügen. Deswegen sagte Bruce Lee auch ganz richtig: »*Kampfkunst ist der ehrlichste Selbstausdruck des Menschen.*«

Die Übung

Beim korrekten *măbù* sollen die Unterschenkel wirklich wie Pfähle senkrecht zum Boden stehen, die Oberschenkel nahezu parallel zu ihm. Die Füße können nach vorn zeigen oder nach außen; beides ist möglich. Der Stand darf nicht zu breit sein und das Gesäß soll nicht tief hängen – ein Fehler, den man bei Europäern und jungen Chinesen, besonders aus dem Showsport, immer wieder sieht. Stellen Sie sich vor, dass Sie auf einem Stuhl sitzen würden. Ist der Stand zu langgezogen und das Gesäß zu tief, gehen der Trainingseffekt und die Standsicherheit verloren. Der Stand darf nicht wie ein chinesischer Opernstand aussehen, sondern muss Kompaktheit, Einheitlichkeit und Kraft vermitteln.[56]

---

[56] Der *măbù* ist für langbeinige Europäer sehr schwer zu trainieren, aber dafür ist der Effekt um so größer. Viele chinesische Meister waren am Anfang des 20. Jahrhunderts bis in die 1940er Jahre vollkommen dagegen, das Menschen aus dem Westen Unterricht in chinesischer Kampfkunst bekamen. Besonders die alten Trainingsmethoden sollten ihnen um keinen Preis vermittelt werden. Das mag teilweise daran gelegen haben, dass es oft keine freundlichen Beziehungen gab oder einfach daran, dass die chinesische Kultur sehr konservativ ist. Ein Grund war jedoch auch, dass die Chinesen wussten, dass, wenn Europäer mit ihrer im Durchschnitt kräftigeren Physis beginnen würden, die alten Methoden zu trainieren, die Chinesen das Nachsehen haben würden. Es gibt Aufzeichnungen von Meistern, die sinngemäß besagen: »*Die Europäer sind uns körperlich überlegen. Wenn wir ihnen noch unsere effektiven Trainingsmethoden beibringen, haben sie überhaupt keine Chance mehr gegen sie. – Der Reiterstand ist einer der wichtigsten Trainingsstände der chinesischen Kampfkunst. Er ist eine richtige Wurzel, die gepflegt werden muss. Gesundheit und Kraft hängen von dieser Übung ab.*«

Abb. 474

Abb. 475

Abb. 476

Abb. 474: Ein Meister der traditionellen chinesischen Kampfkünste in einer Form des *mǎbù*.

Abb. 475: Ein korrekter *mǎbù*.

Abb. 476: Ein fehlerhafter *mǎbù*. Die Stellung ist nicht ausbalanciert. Das Becken ist nicht nach vorn gekippt. Dadurch stimmt die Hüftstellung nicht. Der Oberkörper ist wie aufgesetzt und nicht mit dem »Untergestell« verbunden. Wenn das Becken so weit zurück steht, befindet sich die Wirbelsäule nicht im Lot, was den Schwerpunkt auf ungünstige Weise verschiebt.

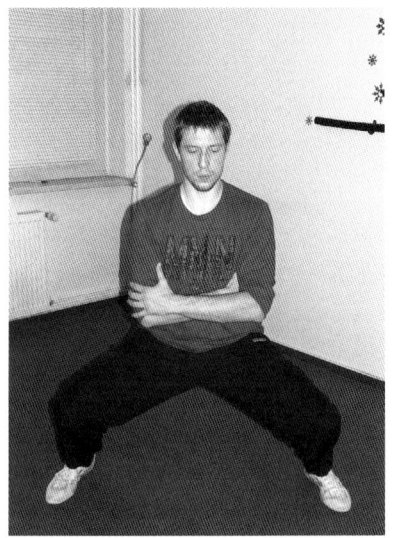 

Abb. 477   Abb. 478

Abbildungen 477 und 478: Trainingsvarianten des *măbù*, allein und als Partnerübung.

Einige Anmerkungen zum Training der inneren Kraft

MMA-Kämpfer, Boxer oder auch Fußballer benutzen verschiedene Arten des Intervall-Trainings, beispielsweise auf dem Laufband, wo der Sportler gezwungen ist, eine bestimmte Zeit ein bestimmtes Tempo durchzuhalten, um bis an die Grenzen des Möglichen zu gehen. Solche Intervall-Übungen sind sehr anstrengend, aber zeitlich begrenzt. Dabei wird das Herz überstrapaziert, was für eine dauerhafte Gesundheit nicht förderlich ist. Sportler können das nur auf sich nehmen, um sich auf Wettkämpfe vorzubereiten. Allgemein dauern Wettkampfvorbereitungen zwischen drei bis vier Monaten. Nach dem Wettkampf folgt eine Pause. Diese Art von Intervall-Training kann man nicht sein ganzes Leben durchhalten, denn es zerstört den Körper auf lange Sicht. Deshalb hören Leistungssportler nach ihrer Karriere meist gezwungenermaßen mit ihrem Sport auf. Ein großer Teil von ihnen hat dann den Rest des Lebens mit den verschiedensten gesundheitlichen Problemen zu kämpfen – von Gelenkproblemen über chronische Rückenbeschwerden bis hin zu Herzkrankheiten und psychischen Erkrankungen.

211

Gōng-Übungen wie das Training des *măbù* über den Zeitraum von einer Stunde oder mehr sind etwas vollkommen anderes. Man bekommt auch ein anderes Zeitgefühl. Zunächst scheint die Zeit überhaupt nicht vergehen zu wollen, eine Minute kommt einem wie eine Stunde vor. Die Schmerzen nehmen mit jeder Sekunde zu. Die schlimmsten Phantasien gaukeln einem alles Mögliche vor, und man muss wirklich mit eisernem Willen dagegen ankämpfen aufzugeben oder sich durch eine Veränderung des Standes Erleichterung zu verschaffen. In der Anfangsphase stellt jede Minute, die man länger in diesem Stand verharren kann, einen Sieg dar. Hat man sich einmal auf diese Weise eine bestimmte Grundstärke erarbeitet und hält die Stellung länger durch, kommt man irgendwann an einen Punkt, an dem man beginnt, die Zeit zu vergessen. »Wenn du lange leben willst, lebe langsam«, besagt ein chinesisches Sprichwort. Genau das ist das Prinzip dieser Trainingsmethode. Erst die Langsamkeit schafft ein vollkommenes Körperbewusstsein. Man bekommt ein intensives Körpergefühl. Man nimmt sich ganzheitlich bis ins kleinste Detail wahr.

Durch das Halten des Körpers oder eines seiner Teile in einer bestimmten Position und Spannung wird die gesamte Muskulatur von innen heraus einheitlich gespannt. Hierbei wird eine anwendbare, explosive Kraft aufgebaut, die uns in die Lage versetzt, unseren Körper urplötzlich und einheitlich anzuspannen, so ähnlich, wie es beim Erschrecken passiert. Diese Fähigkeit benötigt man für jede Art des effektiven Schlagens und Tretens. Zudem wird der gesamte Organismus durch dieses Training gestärkt, so dass er bessere Nehmerfähigkeiten entwickelt. Gerade diese sind unabdingbar für einen Kämpfer, besonders wenn man es mit einem starken Gegner oder gar mit einer Übermacht zu tun bekommt. Ohne gut entwickelte Nehmerfähigkeiten sind Sie allein schon psychisch nicht in der Lage, sich gegen starke Gegner zu verteidigen, da andernfalls immer die Angst vor Treffern mitschwingt und Sie »lähmt«. Die Fähigkeit, alle Muskeln blitzartig spannen zu können, kann über Leben und Tod entscheiden. Sie verkraften Schläge besser, da der Muskel mehr Energie absorbieren kann, und Sie können sich insgesamt effizienter bewegen.

Die innere Kraft, welche durch *Gōng*-Übungen erworben wird, muss im Kampf mit einheitlichen Bewegungen umgesetzt werden. Nicht die Faust schlägt zu, sondern der gesamte Körper, nicht der Fuß führt den Tritt aus, sondern jede Faser von uns ist daran beteiligt. Wir bewegen uns als Einheit und ziehen die Kraft aus unserem Inneren. Auf diese Weise können wir beim ersten Kontakt mit dem Gegner explodieren. Im Grunde lautet das Prinzip dieser Art des Trainings: »Willst du schnell sein, sei langsam.« Dieser Punkt wird im westlichen Training oft nicht verstanden. Die inneren chinesischen Kampfkünste arbeiten hingegen seit jeher nach solchen natürlichen Trainingsprinzipien.

Und der Gesundheitsaspekt kommt auch nicht zu kurz. Man hetzt sich bei dieser Art des Übens nicht ab. Das Herz schlägt kräftig, ruhig und gleichmäßig. Der Körper und das gesamte Muskelgewebe stehen unter starker Anspannung. Sie werden aufgrund der Innenspannung zwar stark zu schwitzen anfangen, mehr als bei den meisten isotonischen Belastungen, jedoch in einer reinigenden Art und Weise. Ihre Muskeln werden derart trainiert, wie es kein Krafttraining vermag, denn sie werden aus Ihrem Kern heraus gestärkt. Ist der Kern stark, ist alles stark. Keine andere uns bekannte Übung vermag diesen Effekt zu erreichen: Erlangung von funktioneller Kampfkraft bei wachsendem Wohlbefinden und besserer Gesundheit.

Das Training der inneren Kraft, so wie es hier am Beispiel des *măbù* beschrieben wurde, ist nicht nur physisch, sondern vor allem auch psychologisch zu verstehen. Die alten Kampfkünste bestanden hauptsächlich aus Übungen, die den eigenen Willen herausforderten. Es geht darum, sich selbst zu besiegen. Mit Übungen wie dem Stehen im Reiterstand erlebt man diesen Kampf im wahrsten Sinne des Wortes. Sie können das selbst im praktischen Versuch testen. Spätestens nach fünf Minuten werden Sie verstehen, wovon hier die Rede ist.

In einem realen Kampf geht es nicht in erster Linie um Technik und Kraft. Es geht um die Einstellung, bis zum Äußersten gehen zu können. Je mehr man bereit ist zu sterben, desto größer ist die Chance, zu überleben. In diesem Punkt hatten die japanischen Samurai durchaus recht. Natürlich kann man im Training schwer den Tod und das Sterben nachstellen. Aber man kann sich durch harte Übungen einen sehr entschlossenen Willen antrainieren. Das Training des *măbù* hat genau diesen Effekt. Eine Stunde bewegungslos in der tiefen Reiterstellung zu verharren, ohne sich bewegen zu dürfen, erfordert einen Willen, der durchaus dem Willen entspricht, im Notfall bis zum Äußersten zu gehen.

In China werden Übungen wie die in den Abbildungen 479 und 480 dargestellten Halteübungen dazu benutzt, die erreichte Stufe des *gōngfu* zu zeigen. Gerade wenn es darum geht, den Grundsatz »*Die Beine müssen so flexibel wie Arme und die Arme müssen so stark wie Beine sein*« zu demonstrieren, eignen sich Halteübungen gut. Für die in Abbildungen 479 dargestellte Demonstration wird erst das Knie hoch nach vorn angehoben und dann das Bein langsam gestreckt, bis der Fuß seine Endposition erreicht hat und man in der gehaltenen Position etwas auf der Sohle abstellen könnte. Der Fuß darf dabei nicht durch die Hand gestützt werden, sondern muss sich völlig frei bewegen und halten lassen. Wenn Sie das ausdauernde Stehen im *mǎbù* beherrschen, werden Ihnen solche Halteübungen ebenfalls möglich sein.

In Abbildung 480 ist der Stand ein *mǎbù*, und zugleich wird mit gestreckten Armen über einen längeren Zeitraum ein Gewicht gehalten.

Abb. 479

Abb. 480

Gibt es Gōng-Übungen in den westlichen Kampfkünsten?

Allgemein sind aus der europäischen Tradition stammende *Gōng*-Übungen heute kaum noch bekannt. Doch es gab sie einst. Interessant ist das Bild des Trainierenden aus der griechischen Antike, welches eine Übung zeigt, die geradezu dem chinesischen *Yàn Chí Gōng* entnommen sein könnte (Abbildung 481). Diese Übung ist sehr effektiv; sie trainiert ein starkes und gleichzeitig flexibles »Untergestell« und ein sehr gutes Gleichgewicht. Ebenfalls interessant ist die Tatsache, dass der Übende auf dem Bild die Brust einzieht und das Becken nach vorn hebt. Er baut eine ähnliche Spannung auf, wie es in den chinesischen *Gōng*-Übungen oder einigen okinawanischen Techniken der Fall ist. Als Erschwernis hält der Jüngling noch Steingewichte in den Händen. Auch dies ist eine in China und auf Okinawa bekannte Praxis.

Abb. 481: Zeichnung nach einer antiken Vasenmalerei, um 450 v. Chr.

Es haben sich nur wenige entsprechende antike Beschreibungen und Abbildungen erhalten. Es gibt ein paar Darstellungen von Kämpfern, die am und mit dem Sandsack trainieren. Diese Säcke konnten verschiedene Größen haben, ähnlich wie heute, und sie dienten auch verschiedenen Zwecken. Einige wurden wie unsere Maisbirnen benutzt, andere dienten

215

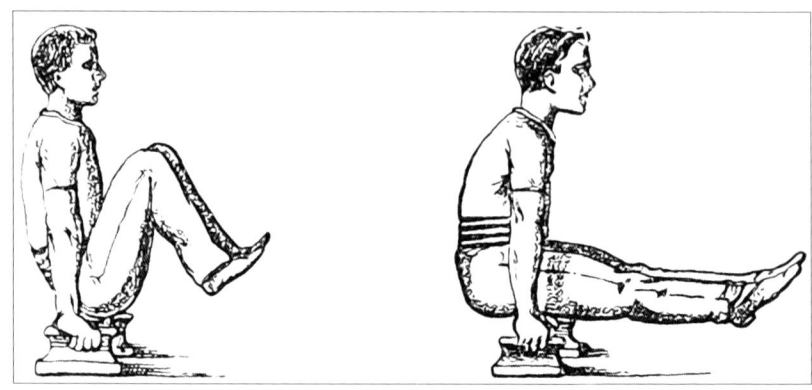

Abb. 482: Übung auf Stützen, 1870.

Abb. 483: Kniebeuge einbeinig, 1870.

Abb. 484: Tiefer Sitz, Fechten, 18. Jh.

als Schlag- und Trittobjekte und wieder andere als Gewichte. Es ist kaum etwas bekannt, wie die einzelnen Übungen aussahen; da jedoch die antike Schwerathletik tausend Jahre Bestand hatte, können wir davon ausgehen, dass einige der Übungen hochentwickelt waren.

Aus späterer Zeit erfahren wir auch nur wenig über ein westliches Äquivalent zu den chinesischen *Gōng*-Übungen. Der Mangel an Informationen muss hier jedoch nicht auf einen Mangel an Vorhandenem verweisen. Die Wehrtüchtigkeit mancher Krieger kann sich schwerlich in allen Fällen nur mit ihrer Jugend begründen lassen. Viele Kämpfer standen über Jahre aktiv auf dem Turnierplatz oder im Feld und erhielten sich ihre Kampfkraft über Jahrzehnte. Wir wissen, dass man sich in Europa im Steinstoßen übte, im

Weit- und Hochsprung, im Laufen und in verschiedenen Ausdauerübungen. Es gab Schuhe mit Metallsohlen, mit Blei gefüllte Stäbe und extra schwere Waffen. Wie die Übungen im einzelnen aussahen, darüber liegen nur wenige Informationen vor.

Während der Niederschrift dieses Buches hatten wir mehrfach Gelegenheit zu Gesprächen mit dem Fechtlehrer Erk Sens-Gorius.[57] Er offenbarte ein tiefes Verstehen für unseren Ansatz eines nachhaltigen Trainings. Zwar vertritt er eine sportliche Richtung, doch gibt es etliche Berührungspunkte zwischen seinem Fechttraining und der Thematik unseres Buches. Besonders die innere Spannung, die Haltung der Hüfte und das »tiefe Sitzen« sind recht ähnlich. Die tiefe Körperhaltung gehört selbst im Sportfechten zu den Grundlagen, und wer die dynamische Gangart dieses Mannes, der bereits das Rentenalter erreicht hat, sieht, erkennt sofort die Bedeutung eines guten Fundamentes.

Eine linguistische Anmerkung

Die chinesische Sprache und ihre Schriftzeichen sind sehr tiefgründig. Das Zeichen *tǐ* (体) bedeutet Körper.[58] Es setzt sich aus dem Zeichen *rén* (人 – Mensch) und *běn* (本 – Wurzel) zusammen. Dies verweist darauf, wie wichtig die Wurzel bzw. der *dǐpán* (底盤), das »Untergestell«, für den Menschen ist. Die philosophische Deutung lautet: Vergiss nie deine Wurzeln (Herkunft). Das Zeichen 体 wird ebenfalls benutzt, um alle anderen Arten von Körpern zu bezeichnen, wie z. B. Bäume, Gebäude oder Objekte. Bei all diesen Körpern muss das »Untergestell«, die Wurzel, gut sein, wenn Stabilität erreicht werden soll. Das »Untergestell« ist von primärer Bedeutung für den (gesundheitlichen) Zustand des Körpers.

---

[57] Erk Sens-Gorius (geb. 1946) war 1976 Olympiasieger und 1969 und 1971 Zweiter bei der WM im Mannschaftsfechten mit dem Florett.

[58] Das gilt für das Kurzzeichen. Das Langzeichen wird 體 geschrieben, mit dem Radikal *gǔ*, was Knochen bedeutet, und dem Zusatz *lǐ* bzw. *fēng* (豊). Darüber hinaus existieren noch mehrere verschieden alte Varianten, die ebenfalls *tǐ* gelesen werden, nämlich: 骵 oder 躰 oder 軆. Bei den letzten beiden Formen lautet das Radikal zudem *shēn*, was Rumpf oder ebenfalls Körper bedeutet.

IV. Grundprinzipien des Trainings für Kampfkünste

Die einheitliche Bewegung des Körpers

Einheitliche Bewegungen sind das A und O in der Kampfkunst. Viele Übungen beim Fechten, beim Schwertkampf oder beim waffenlosen Kampf dienen nur dazu, diese Einheitlichkeit zu erlernen. Viele asiatische Formen oder sogar manche komplette Stile sind in erster Linie dazu geschaffen worden, den Körper dazu zu erziehen, als effektive Einheit zu agieren. Der Mensch kann bei guter Ausbildung und mit Entschlossenheit selbst einer Übermacht standhalten, wenn er sich einheitlich bewegt. Zerstreut er seine Kraft, bringt ihn auch ein einzelner Gegner zu Fall.

Um sich effektiv bewegen zu können, muss man sich nach bestimmten Grundsätzen bewegen. Für die Kampfkunst sind das im Wesentlichen fünf Prinzipien: Koordination, Gleichgewicht, Flexibilität, Kraft und Schnelligkeit. Welche körperliche Übung man auch trainiert, man muss dabei einen Baustein für die Vereinheitlichung dieser fünf Faktoren schaffen, so dass man in jeder Situation mit seinem Körper die optimalen Vorraussetzungen für einen dynamischen Kampf besitzt.

Als Beispiel hierfür sollen die westliche Trainingsmethode *Peek-a-boo*[59], die der alte Boxmeister Cus D'Amato[60] für Mike Tyson[61] entwickelt hat, und die chinesische Trainingsmethode des *bāguàzhǎng* dienen. Beide Me-

---

[59] *Peek-a-boo* ist ursprünglich eine Art Guckguck-Spiel für kleine Kinder. Die Positionierung der Fäuste und Arme in der Grundhaltung, bei der das Gesicht des Boxers verborgen ist, gab dem Boxstil seinen Namen.

[60] Constantine »Cus« D'Amato (1908-1985) war ein erfolgreicher US-amerikanischer Boxtrainer. D'Amato, der sein erstes Boxstudio – das *Gramercy Gym* – bereits 1939 eröffnete, war ein Meister des Rings. Er brachte seinen Schülern bei, wie sie sich erfolgreich in dem Seilgeviert bewegen mussten, um effektiv agieren zu können. Die von ihm ausgebildeten Boxer, Halbschwergewichts-Meister José Torres und die Schwergewichtler Floyd Patterson und Mike Tyson, bewiesen die Richtigkeit seiner Kunst. D'Amato half unter anderem auch Muhammad Ali bei seiner Karriere, ohne dass er als dessen unmittelbarer Trainer in Erscheinung trat. Die von ihm unterwiesenen Trainer, darunter Teddy Atlas, Joey Fariello und Kevin Rooney, führten seinen Weg teilweise fort.

[61] Mike Tyson (geb. 1966) war der jüngste Schwergewichtsweltmeister im Boxen. Er gewann den Titel 1986 im Alter von 20 Jahren. Ein Jahr später gewann er die Titel in den größten Verbänden und durfte sich *Undisputed Heavyweight Champion* nennen.

219

thoden sind sich ähnlicher, als selbst viele Kenner der Kampfkünste glauben werden, auch wenn sie nicht miteinander verwandt sind. Es ist zumindest recht unwahrscheinlich, dass Cus D'Amato das *bāguàzhǎng* kannte. Doch beide, *bāguà* und *Peek-a-boo*, nutzen den Körper als Einheit. Egal, ob beim Schlagen oder Ausweichen, der Körper bewegt sich geschlossen, von den Füßen bis zum Kopf (siehe Abbildungen 485 bis 487 auf Seite 223).

Der mit seinen 1,80 Metern für einen Schwergewichtler eher kleine Tyson konnte nicht mit einer entscheidenden Reichweite aufwarten, weswegen D'Amato das *Peek-a-boo* für ihn entwickelte. *Peek-a-boo* nutzt den Körper als Einheit. Tyson gehörte mit dem *Peek-a-boo* zu den besten Boxern aller Zeiten. Jemand sagte einmal sinngemäß, Tyson bewege sich wie ein Kasper aus der Kiste, der selbst dann noch überraschend erscheine, wenn man wisse, dass er da sei. Mit D'Amato als Trainer lernte der Boxer, seinen Körper flexibel, geschlossen und als Einheit zu bewegen, von den Füßen bis zum Kopf, egal ob beim Schlagen oder Ausweichen. Er bewegte beim Pendeln den gesamten Körper und ging auch kompakt in seine Schläge hinein. Mike Tyson praktizierte also das genaue Gegenteil des unattraktiven und wenig effektiven Standboxens,[62] wie man es heute sieht. Bei alten Boxern und Boxstilen sieht man diese flexible einheitliche Bewegung des Körpers noch sehr gut.

Einige Kämpfer, wie die weiter oben bereits erwähnten, sehr realistisch übenden Dog Brothers, kritisierten den Fakt, dass viele Kampfkünstler es nicht verstehen, ihre Gliedmaßen koordiniert zu bewegen. Sie beziehen das zwar auf ihre Kunst, doch ist diese Aussage allgemeingültig.

Sehr viele Boxer und Kickboxer springen oder laufen heute ein wenig im Ring herum, bleiben dann auf der Stelle stehen und schlagen gegenseitig aufeinander ein. Während sie schlagen oder treten, sind sie unflexibel und können sich nicht mehr effektiv bewegen. Sie stehen einfach still und prügeln so lange aufeinander ein, bis der Stärkere schließlich gewinnt. Das Wissen um die vielfältigen Möglichkeiten in der Kampfkunst ist auf diesem Gebiet weitgehend verloren gegangen. Moderne Wettkämpfer verstehen es

---

[62] Es wird auch als Zwei-Zeiten-Boxen (One-Two-Fight) bezeichnet, da zwischen Schritt (1) und Schlag (2) eine Pause gemacht wird. Früher benutzte man diese Methode als Training für Anfänger, die mit der Einheitlichkeit noch nicht vertraut waren.

nicht – wie beispielsweise noch ein Muhammad Ali – ihre Beine und Hände koordiniert und einheitlich zu bewegen. – Niemals steif stehenzubleiben, sondern sich mit Fäusten und Füßen gleichzeitig zu bewegen, um jederzeit seine Richtung wechseln zu können, ist bereits im Ring sehr nützlich, noch wichtiger ist es aber, wenn man in eine reale Kampfsituation gerät.

Heinz Mägerlein (1911-1998) schrieb vor über 70 Jahren über das Boxen: »*Der Boxschüler muß vor allem den Ablauf der Bewegungen lernen. Bei der Zergliederung lernt er aber in erster Linie nur Stellungen. Werden dann die einzelnen Phasen zu einer Bewegung zusammengesetzt, so zeigt es sich immer wieder, daß mit dem Üben der einzelnen Teile gar nichts gewonnen wurde. Es fehlt dann nicht nur der Fluß der Bewegung; der so geübt hat, hat damit auch das Gefühl für die Totalität der Bewegung verloren.*« Und sein Zeitgenosse Hans Schingnitz schrieb: »*Die Gefahr des Bemühens, die Bewegungsabläufe im Sinne der Mechanik zu zergliedern und in einzelne Bewegungsabläufe für sich zu üben, ist das Steckenbleiben im Technischen, in rein mechanischen Bewegungsformen, unter Außerachtlassung des kämpferischen Trainings.*« Das sollte für alle Bewegungsarten gelten, doch in der Kampfkunst ist dieses Prinzip unerlässlich.

Das chinesische *bāguàzhǎng* ist in erster Linie eine Trainingsmethode für die Einheitlichkeit. Man bewegt den Körper geschlossen, ohne seine Energie zu zerstreuen, ganz egal in welcher Haltung. Dies wiederholt man solange, bis diese Bewegungen vollkommen in Fleisch und Blut übergegangen sind. Als Kampfkunst ist das *bāguàzhǎng*, so wie wir es heute kennen, zwar noch nicht sehr alt, doch als Trainingsmethode für Einheitlichkeit und Koordination gibt es entsprechende Techniken bereits seit Jahrhunderten, vermutlich mindestens schon seit der Han-Dynastie.[63] Das hat aber kaum etwas mit der stark verklärten und fehlerhaft ausgeführten Bewegungstechnik zu tun, die heute im Westen und in China ausgeführt wird. Bei korrekter Ausführung gewöhnt sich der Körper die optimale Bewegungsform nach und nach an. Wird man in einen plötzlichen Kampf verwickelt, agiert und reagiert der Anwender einheitlich und erreicht so die höchste Effektivität. Im Leben wie im Kampfe ist alles in fließender Bewegung. Und alles ändert sich ständig. Deshalb sind fixe Techniken und ihre Beschreibungen an sich wenig hilf-

---

[63] Die Han-Dynastie (chin. *hàncháo* 漢朝) bestand in China von 206 v. Chr. bis 220 n. Chr.

reich. Doch *bāguàzhǎng* ist nur eine Trainingsmethode und ein Hilfsmittel zur Vorbereitung auf einen möglichen Kampf.

Beim *bāguàzhǎng* beschreibt man die Bewegungsabläufe nicht durch Aufzählung von technischen Details, wie das in den japanischen Schulen üblich ist, sondern in blumigen Sprüchen, zum Beispiel: »*Im wilden Boden ist die Blume versteckt*« (chin. *yědì cáng huā* 野地藏花) oder »*Den Mond umarmen*« (chin. *huái zhōng bào yuè* 懷中抱月). Diese Sprüche enthalten aber gleichzeitig Strategien. Es werden hier philosophische Begriffe verwendet, die auf den Wandel in der Natur hinweisen. Alles was wir tun, ist naturverbunden. Der Mensch kann sich nicht davon lösen, egal wie dick das kulturelle Makeup auch sein mag. Politik, Kunst, Kampf, all unser gesellschaftliches Leben ist der Natur entnommen. Und dies gilt auch für die Kampfkünste und deren Trainingsmethoden, die nur die Gesunderhaltung und die Vorbereitung zum Kampf als Zweck haben.

Natürlich würde eine komplette Beschreibung des *bāguàzhǎng* den Rahmen dieses Buches sprengen. Darum soll es hier auch nicht gehen. Die Abbildungen 488 bis 498 und ein Internet-Video (www.palisander-verlag.de/videos (»Beispiel für Baguazhang-Übungen«)) werden Ihnen jedoch eine gute Vorstellung davon vermitteln, was in der chinesischen Trainingslehre unter einheitlichen Bewegungen verstanden wird, so dass Sie dies in ihre Trainingspraxis einbinden können. Es geht hierbei vorrangig um das Prinzip und nicht um exakte Reproduktionen von Bewegungen.

Für Karateka interessant wird eine weitere Parallele sein, die ebenfalls nicht sofort ins Auge springt: die Verwandtschaft des dem *shorei ryu*[64] entsprungenen okinawanischen *goju ryu* (jpn. 剛柔流)[65] mit dem *bāguàzhǎng*. Es gibt zwar mehrere Einflüsse, aber besonders das *bāguàzhǎng* ist

---

[64] Das *shorei ryu* ist eine der beiden wichtigen Schulen der Kampfkunst Okinawas. Die andere Richtung ist das *shorin ryu*. Beide Schulen sind mit mehr oder weniger chinesischen Einflüssen verwoben. Den genauen Anteil kann man heute kaum noch feststellen. Aber beim älteren *shorin ryu* sind diese Einflüsse weniger deutlich zu erkennen. Das liegt auch am japanischen Nationalismus des 19. und 20 Jahrhunderts, jedoch nicht nur. Die Meister Okinawas veränderten diese Kunst auch, um sie ihren Bedürfnissen anzupassen. Das jüngere *shorei ryu* und die dazu gehörenden Stile *goju ryu* und *uechi ryu* (jpn. 上地流) entstanden später und konnten sich eine größere Treue zum Ursprung bewahren.

65 Das *goju ryu* wurde von Meister Miyagi Chojun (宮城 長順, 1888-1953) aus Elementen verschiedener okinawanischer und chinesischer Einflüsse geschaffen.

in einigen *Goju-ryu*-Formen enthalten. Dies wird besonders in den einheitlichen Körperbewegungen deutlich. Auch wenn die Okinawaner die Kraft anders gebrauchen, sei es, dass sie die chinesischen Feinheiten nicht gelernt oder verstanden haben, oder sei es, dass sie aufgrund ihrer Kultur und ihres Körperbaus andere Wege gingen, die chinesischen Wurzeln sind erkennbar. Zwar sagt man den okinawanischen Schulen insgesamt einen chinesischen Einfluss nach, doch beim *shorei ryu* kann man am Einsatz der angehobenen Hüften und der damit verbundenen Innenspannung und der einheitliche Bewegung das *bāguàzhǎng* besonders deutlich erkennen.

Abb. 485: Doppeldeckung.

Abb. 486: Ducken.

Abb. 487: Blocken.

Abbildungen 485 bis 487 verdeutlichen die Prinzipien des *Peek-a-boo*-Boxstils. Der Körper bewegt sich stets als eine Einheit und ist deshalb in der Lage, sich unverzüglich und flexibel an die jeweilige Situation anzupassen.

223

Abb. 488

Abb. 489

Abb. 490

Abb. 491

Abb. 492

Abb. 493

Abb. 494

Abb. 495

Abb. 496

Abb. 497

Abb. 498

Abb. 499

Abbildungen 488 bis 498: Bewegungsfolge aus dem *bāguàzhǎng*.
Abbildungen 499 bis 501: Effektive einheitliche Bewegung in einer Kampfsituation.

Abb. 500

Abb. 501

Abb. 502

Abb. 503

Abb. 504

Abb. 505

Abbildungen 502 bis 505: Beispiele für falsches und »zerstreutes« Bewegen. – Betrachten Sie bei allen Techniken Ihren Körper als unteilbare Einheit. Wenn Sie ihn »zerteilen«, zerstreuen Sie Ihre Energie. Bleiben Sie bei Ihren Angriffen und Ihrer Verteidigung »geschlossen«.

Abb. 506

Abb. 507

Abb. 508

Abbildungen 506 bis 508: Beispiele für einheitliche Bewegungen mit dem Schwert.

Abb. 509

Abbildung 509: Falsches, »zerstreutes« Bewegen mit dem *dāo*. Solche Bewegungen sieht man häufig bei Show-Vorführungen; für den Kampf wären sie gänzlich ungeeignet.

Das richtige Gehen

Gehen ist nicht gleich Gehen. Das wird viele überraschen. Doch das Gehen hat sich tatsächlich im Lauf der Zeit verändert. Viele, wenn auch nicht alle Naturvölker gehen anders als die Bewohner der Industrieländer. Das hängt gewiss mit der heutigen Fußbekleidung zusammen, aber nicht nur. Der aus Okinawa stammende Karatemeister Mabuni Kenei schrieb: »*Aufgrund der traditionellen Fußbekleidung traten die Japaner früher mit der Fußspitze zuerst auf und hatten einen schleifenden oder schlurfenden Gang (suri ashi). Die Zehenbänder an den* zōri *[Strohsandalen mit zwei Riemen] und* geta *[mit zwei Riemen befestigte Holzsandalen mit (abgerundet) rechteckigem Querschnitt] hielten die Sandalen nur fest, wenn man im Paßgang ging. Aber es war keineswegs so, daß der Paßgang sich durchsetzte, um sich der Kleidung aus Kimono und* geta *anzupassen, sondern die Kleidung entwickelte sich entsprechend der Art zu gehen. Neuere Forschungen haben ergeben, daß es sehr gesundheitsfördernd ist und daß das Gehen weniger ermüdet, wenn man dabei mit den Zehen die Zehenbänder der* geta *halten muß. Das hat seine Ursache darin, daß man auf diese Weise beim Gehen zuerst mit den Zehenspitzen auftritt, während man beim Gehen mit geschlossenen Schuhen die Ferse zuerst aufsetzt.«*[66]

Die Japaner waren nicht das einzige Volk, welches den Ballengang favorisierte. Der US-amerikanische Kampfkünstler Charles Daniel berichtete, dass er während seiner Zeit bei den Apachen ebenfalls den Ballengang trainieren musste, da dieses Volk es so praktizierte. Viele Kampfkünstler oder Forscher, die sich von Naturvölkern zum Beispiel in die Jagd einführen ließen, machten ähnliche Erfahrungen. Der Fersengang ist auf Dauer von unserem Körper nur zu verkraften, wenn Dämpfungskeile, weiche Einlagen und Sohlen den Rückstoß absorbieren. Ohne diese Hilfsmittel ginge der Stoßimpuls bis in die Hüften und würde die Hüftgelenke und auch die Wirbelsäule verschleißen.[67]

Es ist sehr natürlich für den Menschen, beim Gehen zuerst den Ballen bzw. die vorderen zwei Drittel des Fußes aufzusetzen. Erst dadurch bewegt sich der Körper mit minimalem Aufwand, geringstem Verschleiß und der maximale Ausnutzung der körperlichen Fähigkeiten. Heute bewegen sich die meisten Menschen über die Ferse abrollend, auch wenn Kleinkinder, die das Laufen lernen, dies häufig anders praktizieren. Wenn Sie einmal stark mit der Ferse auf den Boden stampfen, werden Sie die schädliche Erschütterung bis in den Hinterkopf wahrnehmen.[68]

Wahrscheinlich ist der Fersengang ein Ergebnis des Lebens in den Städten mit ihren ebenen Straßen und Plätzen. Oft wirkt auch das Schuhwerk dem natürlichen Schritt entgegen. Unter diesen Aspekten stellt der Fersengang eine verständliche Anpassung an die Gegebenheiten dar. Doch solche vollkommen ebenen, stets trittsicheren Flächen gibt es in der Natur

---

[66] Mabuni, K.: *Leere Hand. Vom Wesen des Budo-Karate.* Chemnitz: Palisander. 3. Aufl. 2014, S. 157 f.

[67] Beim Militär und bei einigen Outdoor-Spezialisten geht man einen Kompromiss ein. Dieser sieht eine Zwei- oder Dreiteilung vor, je nach Gelände. Grob gesprochen kann man sagen, je härter der Boden, desto eher wird der Ballengang bevorzugt. Ist der Boden weich, wird ebenfalls der Fersengang verwendet.

[68] Einen extremen Fall erlebten wir vor einigen Jahren selbst. Ein Bekannter von uns rutschte beim Besteigen einer Leiter von der zweiten Sprosse ab, kam mit der Ferse auf und brach sich die Hüfte. Der Rückstoß konnte nicht vom Körper aufgefangen werden.

selten. Auf unebenem Grund, auf Geröll oder an Berghängen ist es fast unumgänglich, zuerst mit dem Ballen aufzutreten, wobei auch die Knie stets leicht gebeugt bleiben, so dass eine gewisse Grundspannung in den Beinen besteht. Auf diese Weise kann der Körper sofort angemessen reagieren, wenn beispielsweise der Untergrund plötzlich nachgibt oder wenn man ausgleitet. Diese Reaktion wird bei einem gut trainierten Menschen blitzartig und instinktiv erfolgen. Mit dem Fersengang des unzureichend trainierten Stadtbewohners würde man in diesem Fall höchstwahrscheinlich hinfallen oder sich den Knöchel verstauchen oder gar einen Kniegelenkschaden oder einen Kreuzbandriss erleiden.

Dass in den Kampfkünsten – nicht zuletzt im oben vorgestellten *bāguàzhǎng* – der Ballengang recht verbreitet ist, hat nur bedingt mit dem erkannten Wert der Technik zu tun, sondern auch mit verschiedenen Betrachtungen, welche die Meister anstellten. Säugetiere gehen nicht auf ihren Fersen. Weder Raub- noch Beutetiere. Der geschmeidige Gang der Raubkatzen ist nur möglich, weil sie sich auf ihren Ballen fortbewegen. Das haben die Meister erkannt. Sicher, die meisten Tiere bewegen sich auf vier statt nur auf zwei Gliedmaßen. Der aufrechte Gang hat unter anderem die Beckenstellung verändert, aber wir pflegen nicht unsere ursprüngliche Gangart. Wir glauben nur, dass wir das tun. Wenn wir in dieser Hinsicht nicht die nützlichen Erkenntnisse der Kampfkünste akzeptieren wollen, sollten wir doch denen vertrauen, die uns in vielen Dingen als Vorbild dienen können, den Raubtieren.

Die bereits erwähnten Extremläufer, die Tarahumara (siehe Seite 61), laufen oft barfuß und federn sich vom Ballen her ab. Wenn Sie den Ballengang ins tägliche Leben integrieren, werden Sie merken, dass bei längeren Schritten das Fußgelenk gut gedehnt wird. Sie werden also Gangart und Beckenhaltung wie von selbst verändern. Nicht von ungefähr praktizierten in alter Zeit einige Nachrichtenläufer den Ballengang. Bei dieser Art des Gehens hat man zudem den Vorteil, dass man die Bodenbeschaffenheit abtasten kann und nicht so leicht stolpern wird. Auch die Gefahr des Ausrutschens wird minimiert, während diese beim Auftreten mit der Ferse stets besteht. Sollten Sie in einer dunklen Gegend unterwegs sein oder in einem unbeleuchteten Treppenhaus, werden Ihre Füße wie Sensoren arbeiten. Anfangs ist dieses »Gleiten« ungewohnt. Doch sobald der Körper sich die alte Form des Gehens zurückerobert hat, werden Sie das Abtasten des Untergrunds ganz von selbst ausführen, ohne noch darauf zu achten.

Unser Körper ist, wie bereits mehrfach ausgeführt, ein System, in dem alles mit allem zusammenhängt. Sie werden durch den Gang auf den Fußballen schneller und kraftvoller werden und besser darauf vorbereitet, blitzschnell auf eine unerwartete Situation zu reagieren.

Beim Gang auf den Fußballen gleiten diese über den Boden – egal, bei welchem Untergrund –, so dass der gesamte Körper sich ausrichtet. Auf diese Weise bleibt das stabile Fundament kontinuierlich erhalten. Die äußeren Kräfte, die auf den Körper wirken, werden schonend in die Erde abgeleitet, wie bei den Wurzeln eines Baumes. Es ist also nur scheinbar so, dass die Körperhaltung an Stabilität einbüßt, wenn die Füße nur mit einem Teil den Boden berühren und nicht mit der ganzen Fläche. Knie und Hüften arbeiten unaufhörlich ausgleichend, so dass der Körperschwerpunkt (siehe auch Seite 246) zentriert bleibt.

In den okinawanischen Kampfkünsten ist der Ballenschritt in vielen Formen (*kata*) enthalten. Hier findet sich auch eine listige Anwendung für den realen Kampf. Während man den vorderen Fuß sanft aufsetzt, kreist man langsam mit der Spitze im weichen Boden. Man sammelt dabei unauffällig Erde, Sand oder Steinchen, die man plötzlich gegen den Gegner schleudert. Dieser wird dabei vielleicht solange geblendet, dass der gleichzeitig stattfindende Angriff seine optimale Wirkung zeitigen kann. Auf Okinawa, einer Insel, die vielerorts sandigen Boden hat, funktioniert das sicher sehr gut. In einer modernen Großstadt ist diese Taktik aber nur noch selten anwendbar.

Fünf Linien, sechs Punkte

Einheitlichkeit und Koordination

Nach der chinesischen Trainingslehre betrachtet man im menschlichen Körper sechs Kraftpunkte (Körpermitte und die »Spitzen«, d. h., die Enden der Gliedmaßen und der Scheitelpunkt des Kopfes) und fünf Linien, die sich vom Zentrum (erster Kraftpunkt) zu den fünf Spitzen ziehen. Das

Abb. 510: Der »übliche« Fersengang.

Abb. 511: Der Ballengang.

sind die Linien der vier Gliedmaßen und die Rumpflinie, welche zum Kopf führt. Die fünf Linien enden an den fünf Körperspitzen oder Körperendpunkten – Finger, Zehen und Scheitelpunkt. Diese Lehre wurde zwar für die Kampfkünste entwickelt, aber sie ist allgemeingültig.

Bei allen Kampfkünsten, Bewegungsformen und Sportarten muss die Körperkraft, soll sie vollständig genutzt werden, entlang dieser Linien zu den Endpunkten verlaufen. In diesem Fall fungieren sie als sogenannte Kraftlinien (siehe folgender Abschnitt). Egal, ob man einen Ball ins Tor schießt, eine Kugel stößt oder einen Boxschlag ausführt, ihre volle Wirkung wird die Technik erst entfalten, wenn sich der Körper harmonisch und koordiniert bewegt und die Kraft sich entlang dieser Linien ungestört zu den Endpunkten bewegt. Die Kraft muss stets vom Körpermittelpunkt entlang der fünf Körperlinien an die Körperendpunkte (dies können gegebenenfalls auch die Ellbogen oder die Knie sein – siehe Abbildungen 513 bis 522) gelenkt werden, je nachdem, wie man es für die entsprechende Disziplin braucht. Das gilt auch für die Opfertechniken solcher Kampfsportarten wie *judo*.

Die fünf Linien der chinesischen Trainingslehre können als Kraftlinien betrachtet werden, aber ihre Bedeutung ist weiter gefasst. Sie können sowohl als die geometrischen Verbindungslinien zwischen dem Körperzentrum und den Enden der Gliedmaßen und des Kopfes aufgefasst werden, als auch generell als Transport- und Verbindungswege im Körper. Bei Übungen wie dem Armkreisen, bei denen es nicht darum geht, Energie auf einem bestimmten Punkt zu übertragen, fungieren die Linien beispielsweise nicht im Sinne von Kraftlinien, auch wenn durch das Kreisen natürlich Energie im Körper bewegt wird.

Mit der einheitlichen Kraft und der guten Dehnbarkeit Ihres Körpers, die Sie durch die in diesem Buch vorgestellten Übungen erwerben, schaffen Sie die Grundlagen für die optimale Beherrschung aller Bewegungskünste, seien es Kampfkünste oder Sportarten. Die Kraftausgabe bei Schuss- oder Wurftechniken beruht auf den gleichen Prinzipien wie die beim Schlagen oder Treten. Die wirkende Kraft hängt nicht von der Körpergröße oder der Muskelmasse ab, sondern von der einheitlichen Bewegung, der flexiblen Kraft und der Kraftübertragung.

Sie müssen lernen, Ihre Energie so durch den Körper leiten zu können, dass sie an den fünf Körperspitzen zur Verfügung steht, wenn dort benötigt wird. Hier kommt also das konkrete Techniktraining der Kampfkunst- oder Sportart, die Sie praktizieren, ins Spiel. Technik bedeutet nichts anderes als die zielgerichtete Anwendung der Körperkraft. Bei der Schusstechnik im Fußball muss die Kraft effektiv zum Schussfuß gelenkt werden, beim Boxen in die Schlaghand usw. Dabei müssen die fünf Körperlinien wohlkoordiniert bewegt werden. In der chinesischen Trainingslehre nennt man diesen Aspekt *xétiáoxìng* (chin. 協調性) – Koordination. Koordination bedeutet hier gleichzeitig Einheitlichkeit, denn erst ein Körper, der sich als Gesamtheit bewegt und die Kraftlinien zueinander ins richtige Verhältnis stellt, ermöglicht eine effektive und effiziente Kraftausgabe.

Die Umsetzung der Lehre der fünf Linien und sechs Punkte in der Praxis kann man gut bei allen leichtathletischen Disziplinen beobachten, sei es Speerwurf, Weitsprung, Hochsprung oder Laufen. Wie man an den großen Wettkämpfen im alten Griechenland[69] erkennen kann, haben die meisten dieser Disziplinen einen Bezugspunkt zur oder ihren Ursprung in

---

[69] In den Panhellenischen Spielen, zu denen u. a. die Olympischen Spiele gehörten, traten Athleten aus allen griechischen Stadtstaaten gegeneinander an.

der Kampf- beziehungsweise Kriegskunst. Das gilt häufig auch für scheinbar wenig martialische Ballsportarten wie Handball oder Völkerball.

Beim Speerwerfen – einer Disziplin, die sich unmittelbar aus der Kriegs- und Jagdkunst entwickelt hat – muss die gesamte Kraft des Körpers durch die richtige Koordinierung der fünf Körperlinien bis in die Spitze der Wurfhand geleitet werden. Ob Sie einen olympischen Meister oder einen afrikanischen Jäger beobachten, die Bewegungen sind sehr ähnlich. Es spielt in diesem Zusammenhang kaum eine Rolle, ob jemand versucht, so weit wie möglich zu werfen oder mit dem Speer ein sich bewegendes Ziel zu treffen. Ohne die richtige Koordinierung kann der Speer nicht optimal genutzt werden. Das gilt uneingeschränkt auch dann, wenn Wurfverstärker eingesetzt werden. – Um die Reichweite und/oder die Durchschlagskraft der Waffe zu erhöhen, erfand man im Laufe der Zeit verschiedene Hilfsmittel,[70] welche der Waffe zu einem weiteren Flug oder einer stabileren Flugbahn verhelfen können. Doch der Werfer wird hierbei nicht aus der Pflicht genommen, die Bewegung gut zu koordinieren. Stimmt die Schrittführung nicht, erhält die Wurfhand nicht genug Impuls, wirft der Arm zu früh oder zu spät, wird die Reichweite nicht optimal sein, und wenn der Rumpf in seiner Haltung vom Ideal abweicht, verschenkt man Kraft.

Beim Fußball wird die Kraft statt in den Arm zur Spitze des Schussfußes geleitet. Dabei sind ebenfalls die Körperhaltung und die richtige Koordinierung der fünf Linien von entscheidender Bedeutung, denn beides bestimmt die Kraftübertragung des Fußes auf den Ball und die Fluglinie desselben. Viele Fußballer schießen über das Tor, wenn sie ihren Körper zu weit nach hinten lehnen. Ist der Körper hingegen zu weit nach vorn gelehnt, bekommt der Schuss zu wenig Kraft, weil diese nicht vollständig an die Endspitze des Fußes übertragen wird. Das Standbein muss beim Schuss stabil auf der Erde stehen, das tretende Bein flexibel und schnell die Kraft des Körpers in die Spitze übertragen.[71] Hier gibt es keinen Un-

---

[70] Zu nennen sind die Speerschleuder, die in vielen alten Kulturen zu finden war, und das Schleuderband, welches Griechen und Gallier zu benutzen pflegten.

[71] Der brasilianische Fußballer Roberto Carlos hat eine der besten Schusstechniken der Welt. Seine Schusskraft gilt als eine der härtesten im Metier. Er hält den inoffiziellen Weltrekord darin. Carlos versteht es, seinen Körper harmonisch zu bewegen und seine Kraft optimal in den Schussfuß zu legen.

terschied zur Kampfkunst. Die Bewegungen und die Nutzung der Kraft der fünf Linien sind die gleichen.

Abb. 512: Speerwerfer, 1930.

Abb. 513

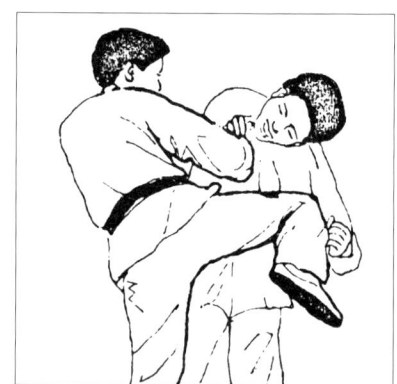

Abb. 514

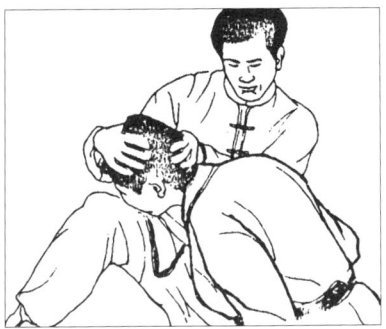

Abb. 515

Abb. 517

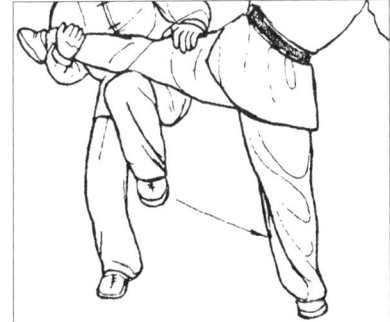

Abb. 516

Abbildungen 513 bis 517: Kniestöße. Diese gehören zu den Bewegungen, mit denen der menschliche Körper die größte Kraft entwickeln kann. Die Kraft wird auf die Kniespitze übertragen, die dann zum Körperendpunkt wird. Analog gilt das auch für die in Abbildungen 518 bis 522 dargestellten Ellbogenstöße.

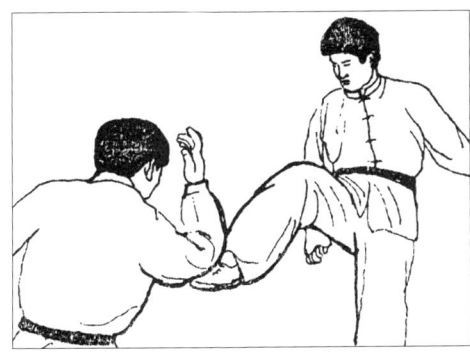

Abb. 518

237

Abb. 519

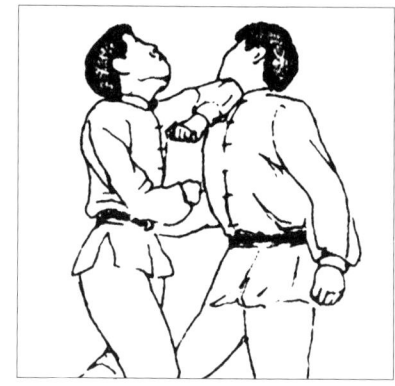

Abb. 520

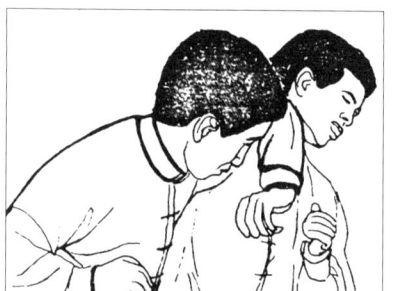

Abb. 521

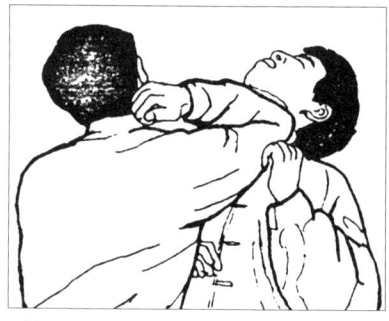

Abb. 522

Kraftlinien

Man kannte das Prinzip der Kraftlinie bereits in den antiken Kampfkünsten. Ohne das Verständnis dieses Prinzips wird so mancher Kampfkünstler ab einem bestimmten Punkt nicht mehr weiterkommen. Dieser Punkt ist erreicht, wenn das Alter seinen Tribut fordert oder wenn man einem Gegner gegenübersteht, der physisch im Vorteil ist. Im Grunde ist eine Kraftlinie eine theoretische Linie, durch welche die Kraftausgabe bei einem Schlag optimal geregelt wird. Die Kraft kommt von der Erde und fließt über die Beine ins Zentrum (Körpermittelpunkt: dort befinden sich die beiden wichtigen Muskeln *psoas major* und *gluteus maximus*), dann über Rücken und Schultern in den Trizeps, und von dort bis in die Faust, die Handfläche oder die Finger.

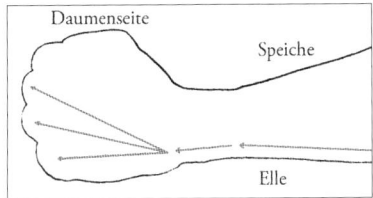

Daumenseite

Speiche

Elle

Abb. 523

Abb. 524

Abbildung 523: Beim Fauststoß wird die Kraft wird über die Elle und den Faustboden geleitet und über den Ring- und Mittelfinger auf den Gegner übertragen. Der kleine Finger ist aufgrund seiner relativen Schwäche kaum beteiligt.

Abbildung 524: Kraftübertragung beim Boxen. Die Pfeile kennzeichnen die Kraftlinien, entlang derer die vom Boden aufgenommene Energie über die Rückseiten der Beine, des Oberkörpers und der Arme transportiert wird. Die Energie wird – je nach Schlagtechnik – durch die Handfläche oder die Kleinfingerseite der Faust auf bzw. in den Gegner oder auch den Speer oder den Ball usw. übertragen.

Die Kreise zeigen die für die Kraftübertragung wichtigsten Zentren, d. h., die Schultern und die Hüften. Von besonderer Bedeutung für eine optimale Kraftübertragung sind zudem die Muskeln der Körpermitte, wie z. B. *psoas major* und *gluteus maximus*.

Die Bauchmuskulatur stellt in diesem Zusammenhang den Gegenspieler dar. Daher sollte man diese Region zwar ausreichend aber nicht übermäßig trainieren. Man verliert bzw. bindet sonst einen Teil der verfügbaren Energie.

Dort, wo die großen Muskeln aufeinandertreffen, kann die Kraftlinie unterbrochen sein, wenn der Übergang nicht optimal trainiert ist. Man spricht in diesem Zusammenhang von »schließenden Stellen«, da hier die Linie der Kraftübertragung geschlossen wird. An diesen schließenden Stellen sollte die Muskulatur besonders gut ausgebildet sein, da hier sehr große Kräfte und Beanspruchungen wirken. Gleichzeitig üben die herausgebildeten Muskeln eine Schutzfunktion aus.

All die Übungen, die wir hier beschreiben, trainieren genau diese Kraftlinien, einheitlich und zusammenhängend: Die Dehnung sorgt für einen vollkommen geschmeidigen Körper. Liegestütze und Handstand trainieren die Schultermuskulatur, den Rücken, aber auch das Körperzentrum (in einigen chinesischen Schulen wird daher sehr auf die Ausprägung eines starken Rückens und starker Schultern geachtet). Das Stehen im *mǎbù* trainiert das »Untergestell«.

Das Prinzip der Kraftlinien gilt immer. Auch wenn man mit Bogen, Pistole oder Gewehr schießt, etwas wirft, oder wenn man sich aufs Treten spezialisiert hat, behält es seine Gültigkeit. Wann immer man mit seinem Körper Kraft ausgeben möchte, benötigt man ein Verständnis dieser Linien, damit die Kraftausgabe auf effektive Weise erfolgen kann. Dieses Verständnis ist oftmals rein intuitiv, d. h., ein erfahrener Kampfkünstler oder Sportler muss nicht unbedingt die Theorie der Kraftlinie kennen, um auf richtige Weise agieren zu können.

Interessanterweise sind sehr ausgeprägte Bauchmuskeln eher schädlich für eine gute Kraftausgabe. Sie bremsen die vorwärtsgerichtete Energie ab. Ähnlich verhält es sich mit dem Bizeps beim Schlagen. Ein zu stark trainierter Bizeps hemmt die Kraft und die Geschwindigkeit. Dennoch benötigt man diese Antagonisten, die alles im Gleichgewicht halten. Sie dienen dem Schutz und unterstützen Zugbewegungen, also die zur Kraftausgabe entgegengesetzten Bewegungen. Deshalb sollten Übungen wie die hier vorgestellten Sit-ups[72] nicht vernachlässigt werden. Dadurch wird alles einheitlich geschult. Und auch die Embryonalhaltung sorgt dafür, dass innere Muskeln wie der *psoas major* gut gekräftigt werden.

Die Kraftübertragung im zuìbāxiān quán und im wing chun

Unser Körper ist der ausgebauten Infrastruktur eines Staates nicht unähnlich. Es gibt Straßen, Knotenpunkte und eine geordnete Struktur. So kann alles sehr schnell transportiert werden. Die Post funktioniert sozusagen gut, was, um es mit den Worten des Militärhistorikers Peter Guse[73] zu sagen, »*stets ein Zeichen für eine gute und hochentwickelte Kultur ist*«. Soll

---

[72] Im Gegensatz zu den Sit-up-Varianten aus den meisten Kampfarten, wird bei der hier empfohlenen klassisch chinesischen Version der gesamte Rumpf- und Beckenbereich trainiert. Zudem beinhaltet diese Art gleichzeitig die nötige Kraftabgabe. – Siehe S. 94.

[73] Peter Guse (geb. 1946) ist ein Militärhistoriker, der sich auf die Kriegsgeschichte des 18. bis 20. Jahrhunderts spezialisiert hat. Die Besonderheit Guses ist die lebendige Darstellung des Militärwesens aus der Sicht des »einfachen Soldaten«.

dieses System lange und zuverlässig funktionieren, muss es regelmäßig gepflegt werden. Eine gute Infrastruktur entscheidet über die Gesundheit des Staates. Mit unserem Körper ist es dasselbe. Unsere intakte »Infrastruktur« sind die gesunden Organe und die Blutgefäße, aber auch die Sehnen usw. Hier kann sich alles fließend bewegen. Richtiges Training und gesunde Ernährung sind die besten Mittel, den Körper kraftvoll und gesund zu erhalten. Nach alter chinesischer Vorstellung haben schädliche Stoffe, die wir durch Nahrung, Wasser und Atmung zu uns nehmen, bei richtigem Training kaum eine Möglichkeit, sich festzusetzen und bösartige Tumore zu verursachen. Denn es wird nicht nur Kraft durch alle Glieder und in die Endpunkte des Körpers gelenkt, sondern zugleich werden dabei die Transportwege stets gereinigt.

Unsere Gelenke müssen sich störungsfrei bewegen lassen, damit sie ihre Aufgabe als Verbindungsstellen für die Kraftübertragung erfüllen können. Beim Training für die Gesundheit und die Kampfstärke müssen alle Muskelfasern und alle Gelenke wie eine sich koordiniert bewegende Kette funktionieren, vom Kopf bis zu den Füßen. Jedes Kettenglied übernimmt die Aufgabe von einem »vorgeschalteten« Glied und gibt sie ans nächste weiter. Erst so kann die Schwerkraft, die auf uns wirkt, effektiv abgeleitet und genutzt werden. Wir können beim Schlagen die Kraft aus der Erde vollständig auf den Gegner übertragen.

Die traditionellen Formen sind oft nichts anderes als optimale Körperarbeit und Körperausrichtung. Das sieht man besonders beim *zuìbāxiān quán* (醉八仙, Boxen der acht betrunkenen Unsterblichen) und beim *yǒngchūn quán* (詠春拳, kanton. *wing chun*, Boxen des Frühlingsliedes) sehr gut. Beide Schulen lehren und trainieren in ihren Bewegungen genau das. Von den Beinen angefangen benutzen sie die Teile des Körpers wie Kettenglieder und die Gliedmaßen als ausschlagendes Gewicht am Ende der Kette. Die Kraft wird somit perfekt übertragen, bis sie sich im Ziel entladen kann (siehe Abbildungen 525 bis 535). Ein gutes Beispiel für die Kettenbewegung ist der Faustrückenschlag. Dies ist eine sehr effektive Schlagtechnik. Die gesamte Kraft wird von der Erde über die Schlaghand in den Körper des Gegners übertragen. Dies ruft Verletzungen im Inneren hervor. Wenn man diesen Schlag auf die Leber oder die Milz setzt, kann das den Tod des Getroffenen zur Folge haben.

Abb. 525

Abb. 526

Abb. 527

Abb. 528

Abb. 529

Abb. 530

Abb. 531

Abb. 532

Abbildungen 525 bis 531: Kraftübertragung im *wing chun*. Der Körper arbeitet als Einheit. Alle Teile funktionieren wie die Glieder einer Kette oder eine geschlagene Peitsche. Die Energie wird am Ende der Bewegung explosiv abgegeben.

Abb. 533

Abb. 534

Abb. 535

Abbildungen 532 bis 535: Beim Schlagen heben sich die Fersen, ein Punkt, der heute im *yŏngchūn* (*wing chun*) leider sehr vernachlässigt wird. Aber nur so wird die Kraft durch die Kraftlinien von der Erde vollkommen übertragen (siehe Abschnitt »Wie man die Schlagenergie erhöht«, Seite 258). Nach dem Schlag schnappen die Glieder zurück, damit die Energie durch den Körper fließen kann. Für die Kraftübertragung bedeutet das, dass so die gesamte Energie genutzt und verarbeitet werden kann.

Beim *zuìbāxiān*, wie generell bei den Techniken der verschiedenen Schulen des Betrunkenen, arbeitet man nach demselben Prinzip. Die Kraft wird aus dem Boden genommen, von den Füßen an durch den gesamten Körper geleitet und dann ins Ziel übertragen (siehe Abbildungen 536 bis 539).

Im Grundlagentraining des *zuìbāxiān* geht es, anders als häufig angenommen, nicht darum, wie ein Betrunkener herumzupurzeln. *Sī zuì fēi zuì* (思醉非醉) oder *yì zuìxīn bù zuì* (意醉心不醉) – »Die Bedeutung ist betrunken, aber nicht das Herz«, sagt man im Chinesischen. Das heißt, es geht darum, dass der Körper so locker, fließend und weich wie möglich wird – wie es dem entspannten Zustand eines Betrunkenen entspricht –, aber dass man zugleich klar im Kopf und im Herzen ist. Allerdings war es früher durchaus üblich, sich beim Training tatsächlich zu betrinken, um diesem Zustand so nah wie möglich zu kommen. Außerdem sollten die Schüler auf diese Weise auch die Wildheit und Unberechenbarkeit eines Betrunkenen erreichen. Uns soll es hier jedoch nur um den Trainingseffekt und die Trainingsmethoden gehen.

Abb. 536

Abb. 537

Abb. 538   Abb. 539

Abbildungen 536 bis 539: Kraftübertragung im *zuìbāxiān*. Die Kraft wird aus dem Boden genommen, von den Füßen an durch den gesamten Körper geleitet und dann ins Ziel übertragen. So wird die Energie nicht zerstreut.

Die Bedeutung des Körperschwerpunktes

Steht man mit den Füßen etwa schulterbreit auseinander und hat die Knie leicht gebeugt, so liegt der Körperschwerpunkt üblicherweise genau im »Schritt«, also zwischen den Beinen, ein Stück unter dem Körpermittelpunkt, der sich knapp unterhalb des Nabels befindet (siehe Abbildung 540).

Indem man die Standbreite variiert, kann man die Höhe des Schwerpunkts beeinflussen. Je nach Körperform kann der optimale Abstand zwischen den Füßen mehr oder weniger groß sein. Wird er jedoch zu schmal oder zu breit, muss man Kompromisse eingehen, die die Stabilität, die Geschwindigkeit oder die Flexibilität beschränken. Bei sehr langen Stellungen, wie sie in einigen Schulen üblich sind, wirkt sich die Suche nach der optimalen Balance mitunter nachteilig aus. Zwar senkt sich der Schwerpunkt ab, was sich bei angemessener Schrittlänge positiv bemerkbar macht, doch geht das in langen Stellungen zu Lasten der Stabilität. In der Zeit, die man benötigt, sein Gleichgewicht zu finden, ist man angreif-

246

bar. Das sieht man sehr gut an der okinawanischen *kata naihanchin* (jpn. 内畔戦) und ihrem Gegenstück, der japanischen *tekki* (jpn. 鉄騎). Bei beiden Versionen befindet sich der Körperschwerpunkt lotrecht zwischen den Beinen. Während man in der *naihanchin* wegen der Hüft- und Fußstellung handlungsfähig ist, wirkt man beim Ausüben der *tekki* schwerfällig. Die auf den Sport zugeschnittene japanische Form zentriert zwar den Körperschwerpunkt, kann jedoch nicht mehr optimal mit ihm arbeiten. Einige der Techniken, die in dieser *kata* enthalten sind, sind nicht mehr sinnvoll praktikabel. Man wird den Unterschied sehr schnell bemerken, wenn man beide Versionen und die entsprechenden Techniken auf rutschigem Boden (z. B. Eis) ausführt.

In allen Bewegungen sollte also der Schwerpunkt soweit wie möglich zentriert bleiben sowie der Körper und dessen Linien einheitlich koordiniert. Das heißt nicht, dass sich das Zentrum jederzeit genau im gleichen Abstand zwischen den Beinen befinden muss. Im englischen Sprachraum benutzt man den Ausdruck *imaginary center of gravity* (ICG).[74] Die Vorstellungskraft, die im Begriff *imaginary* enthalten ist, ist nicht zuletzt deshalb gefragt, da sich nicht immer beide Beine auf dem Boden befinden, der sich Bewegende jedoch zu jeder Zeit eine Vorstellung davon haben muss, wo sich dieses Zentrum befindet. Das gilt zum Beispiel für den *falling step* (siehe Seite 261) oder für die Technik *nami gaeshi* (jpn. 波返し) in der *kata naihanchin*. Je besser man das beherrscht, je besser man den Schwerpunkt bestimmen kann, desto weniger anfällig ist man gegenüber Gleichgewichtsbrüchen. Dann wirken sich auch gegnerische Fußfeger während unseres *falling step* nicht verheerend aus, da wir mit dem Bewusstsein unseres optimalen Körperschwerpunkts ebenfalls unsere Atmung und unser Zeitgefühl beherrschen und somit unverzüglich ausgleichend reagieren können.

In allen Kampfkünsten und Sportarten ist das Wissen vom Körpermittelpunkt und vom Schwerpunkt so essentiell wie das Wissen um die richtige Koordination der fünf Körperlinien. Paradoxerweise erhalten vie-

---

[74] Der Begriff ICG verweist darauf, dass man sich bei jeder Bewegung über die Stabilität des Körpers im Klaren sein muss. Das schließt viele Techniken von vornherein aus, da sie diese Stabilität nicht oder nur unter bestimmten Aspekten gewährleisten können. Nicht dazu zählen Bewegungen und Manöver, die genau darauf bauen und den Verlust des Körperschwerpunktes vortäuschen.

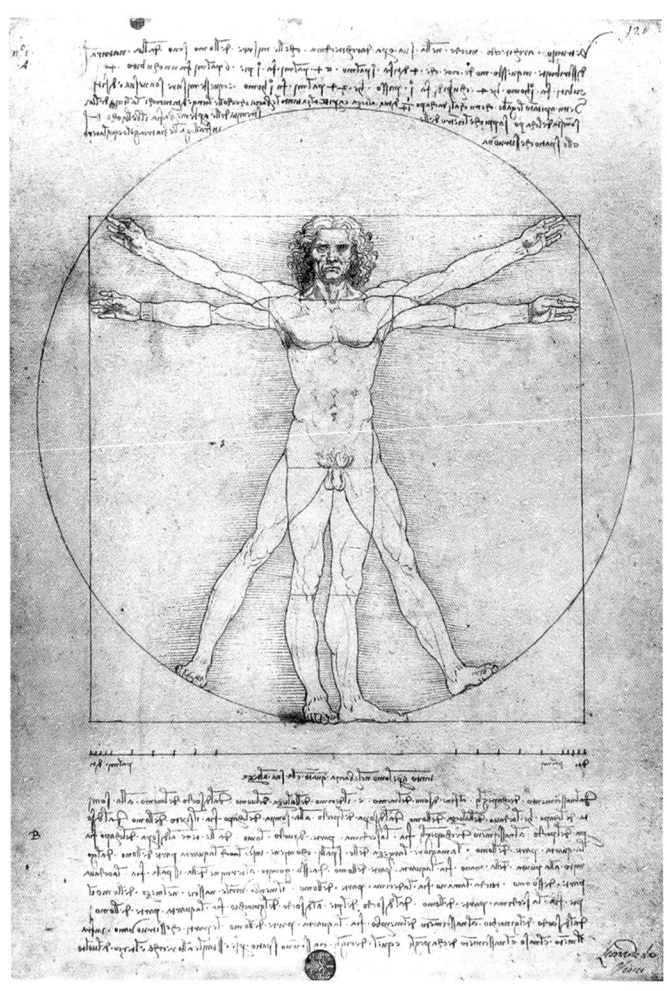

Abbildung 540: Der römische Architekt Vitruv (ca. 80–70 v. Chr. bis ca. 10 v. Chr.) schrieb vor über 2000 Jahren: »Ferner ist natürlicherweise der Mittelpunkt des Körpers der Nabel. Liegt nämlich ein Mensch mit gespreizten Armen und Beinen auf dem Rücken, und setzt man die Zirkelspitze an der Stelle des Nabels ein und schlägt einen Kreis, dann werden von dem Kreis die Fingerspitzen beider Hände und die Zehenspitzen berührt. Ebenso, wie sich am Körper ein Kreis ergibt, wird sich auch die Figur eines Quadrats an ihm finden. Wenn man nämlich von den Fußsohlen bis zum Scheitel Maß nimmt und wendet dieses Maß auf die ausgestreckten Hände an, so wird sich die gleiche Breite und Höhe ergeben, wie bei Flächen, die nach dem Winkelmaß quadratisch angelegt sind.« Diese Worte regten den italienischen Renaissancekünstler und Universalgelehrten Leonardo da Vinci (1452-1519) zu dieser berühmt gewordenen Zeichnung der idealen Körperproportionen an.

le Techniken ihre Wirkung durch die scheinbare Aufgabe des zentrierten Körperschwerpunktes, wie zum Beispiel beim Ausfall im Fechten. Gerade bei Würfen, hohen Tritten oder raumgreifenden Bewegungen benötigt man ein feines Gespür für die Dosierung der Kraft. Die Technik wird so kraftvoll wie nötig ausgeführt, ohne dass man sich dabei verausgabt. Berücksichtigt man das nicht, kann man die Balance verlieren. Bei Würfen fällt man dann am Ende selbst, bei Tritten wird man vom eigenen Schwung mitgerissen. Man dosiert also die eigene Kraft so, dass stets genug zur Wahrung der Stabilität übrig bleibt. Oder mit anderen Worten, man ist sich stets des Schwerpunktes bewusst.

Das Gleichgewicht bewahren

Sein Gleichgewicht zu behalten und zu kontrollieren, mental und körperlich, ist einer der wichtigsten Faktoren im Leben und im Kampf. Kampfsportler kennen folgende Situation: Beim Pratzentraining hält einer das Schlagkissen, während der andere so hart wie möglich treffen will. Der schlagende Partner wird dabei seine ganze Wucht und sein ganzes Körpergewicht in die Technik legen, um alle Energie auf das Objekt übertragen zu können. Nachdem er sich ein paarmal »eingeschossen« hat, nimmt der Partner beim nächsten Angriff plötzlich die Pratze aus der Schlaglinie, so dass sein Gegenüber das Gleichgewicht verliert und sich vielleicht sogar noch eine Zerrung zuziehen wird. Im Kampf ist eine solche Situation besonders gefährlich, denn in diesem Fall kann der Gegner die Schlagkraft aufnehmen und gegen uns selbst richten. Deshalb ist es wichtig, selbst bei den kraftvollsten Schlägen nicht das Gleichgewicht zu verlieren. Um dies zu schaffen, müssen Sie Ihren Körper mit einheitlicher Kraft und Flexibilität trainieren. Der Schlag erfolgt mit einem geschlossenen Körper, ohne Zerstreuung. So erreicht der Schlag die maximale Kraft bei bester Standsicherheit. Der Gegner kann Ihre Kraft nicht ausnutzen, und Sie werden selbst dann nicht Ihr Gleichgewicht verlieren, wenn er ausweichen sollte. Dies können Sie beim Pratzentraining recht gut üben. Auf diese Weise lernen Sie, das Gleichgewicht in jeder Situation zu wahren und dennoch kraftvoll und schnell agieren zu können. – Siehe Abbildungen 541 bis 548.

Abb. 541

Abb. 542

Abb. 543

Abb. 544

Abb. 545

Abb. 546

Abb. 547   Abb. 548

Abbildungen 541 bis 544: Falsche Art des Einsatzes von Körperwaffen. – Der Angreifer arbeitet nicht zentriert. Es ist, als führten seine Gliedmaßen ein Eigenleben. Dadurch kann er seine Energie nicht bündeln, und die Techniken entfalten nicht ihr volles Potential. Er selbst wird wegen seines schlechten Gleichgewichts angreifbar.

Abbildungen 545 bis 548: Richtige Art des Einsatzes von Körperwaffen. – Der Angreifer arbeitet als Einheit. Die Techniken sind nicht zerstreut. Das ermöglicht die volle Kontrolle und die volle Energieübertragung auf den Gegner.

Die Atmung

Es wird viel darüber geschrieben, wie wichtig die korrekte Atmung für das Training sei. Es gibt viele Übungen für das sogenannte richtige Atmen, doch die wenigsten dieser Techniken sind effektiv oder überhaupt notwendig. Wir müssen atmen, um uns am Leben zu erhalten. Die Natur sorgt also dafür, dass wir wissen, wie es geht. Die Atmung ist ein natürlicher Reflex. Deshalb hören wir auch im Schlaf nicht lange auf zu atmen. Dafür sorgt hauptsächlich das Atemzentrum im Stammhirn.[75] Abweichungen bewusster oder unbewusster Natur können auf lange Sicht zu Schädigun-

---

[75] Das Stammhirn ist der stammähnliche Teil des Gehirns, welcher das Rückenmark und das *Prosencephalon* verbindet. Es besteht aus der *Pons*, der *Medulla oblongata* und dem *Mesencephalon*. Der Hirnstamm fungiert als wichtige Verbindungsstation: Jeder Nervenimpuls zwischen Gehirn und Rückenmark muss den Hirnstamm passieren, um eine normale Funktion des Körpers zu gewährleisten. Der Hirnstamm sorgt für die Steuerung von Atmung, Schlaf und Kreislauf.

gen führen. Dieser Meinung sind viele alte Meister. Jegliche aktive bewusste Beeinflussung des Atmens ist deshalb riskant. In einigen Kampfschulen stellt man durch Pressatmung eine starke Körperspannung her. Das fühlt sich vor allem in jungen Jahren durch die erzeugte Innenspannung gut an, aber diese Art des Atmens zermürbt den Körper und ist ungesund für die inneren Organe. Der kurzfristige Nutzen wird auf Kosten des langfristigen Nutzens erkauft.

Man sollte also beim Training dem Atem einfach freien Lauf lassen. Unter Stress neigen viele Menschen jedoch dazu, zu flach zu atmen. Solch eine flache Atmung kann zur schlechten Gewohnheit werden, die auch außerhalb solcher Situationen beibehalten wird. Mabuni Kenei schrieb dazu: »*Laufen die Dinge nicht so, wie man es sich vorgestellt hat, fühlt man sich meist niedergeschlagen, deprimiert. Ohne daß man es merkt, wird auch die Atmung kurz und flach und geht kaum tiefer als bis zum Hals. Im schlimmsten Fall atmet man sozusagen nur noch mit der Nasenspitze. Wird solch eine Atmung zur Gewohnheit, braucht man nicht zu erwarten, mit einem langen Leben gesegnet zu werden.*«[76] Es ist durchaus sinnvoll, darauf zu achten, gerade in Stresssituationen – oder auch bei der Arbeit – eine ruhige, tiefe, natürliche Bauchatmung beizubehalten. Das allein reicht schon in vielen Fällen, die Situation problemlos bewältigen zu können, und man fördert damit generell die Gesundheit.

---

[76] Mabuni, K.: *Leere Hand. Vom Wesen des Budo-Karate.* Chemnitz: Palisander. 3. Aufl. 2014, S. 19.

V. Das Ausnutzen der Schwerkraft

Die unterschiedlichen Zielsetzungen im Leistungssport und in der Kampfkunst

Einer der größten Unterschiede zwischen dem Leistungssport und der Kampfkunst liegt darin, dass man im Sport bestrebt ist, gegen die Widerstände der Natur anzukämpfen. Im Sport geht es darum, so hoch oder so weit wie möglich zu springen, so schnell es geht zu laufen oder ein immer schwereres Objekt vom Boden zu heben. Unser Körper kann hierbei erstaunliche Leistungen vollbringen. Aber die natürliche Grenze ist bei jedem Menschen vorgegeben. Wenn der Ehrgeiz groß genug ist, versucht man mit allen möglichen Mitteln (z. B. Doping) die eigenen Leistungen über diese Grenze hinauszutreiben. Jedoch sind die Kräfte, die auf der Erde wirken und uns beeinflussen, auf Dauer nicht zu besiegen. Unaufhörlich gegen die Gesetze der Natur anzukämpfen ist nicht gesund, weder psychisch noch physisch. Beim Versuch, diese zu überwinden, wird der Mensch stets den Kürzeren ziehen. Er wird sich verletzen oder langfristig gesehen den Körper verschleißen.

Jede uns bekannte Kampfkunst weicht in ihrer Zielsetzung vom Sport ab. Kampfkunst hatte und hat den Zweck, Leib und Gesundheit rundum zu schützen.[77] Man war bereit zu kämpfen, aber als ebenso wichtig galt in den alten Kampfkünsten, fähig zu sein, Verletzungen zu heilen und den Körper generell gesundzuerhalten. Es geht in der Kampfkunst nicht darum, das Unmögliche zu versuchen, sondern darum, in den Grenzen des Möglichen so effektiv wie möglich zu handeln. Das heißt, nicht zu versuchen, gegen die natürlichen Gegebenheiten wie die Schwerkraft anzukämpfen, sondern sie zu nutzen, sich in Harmonie mit ihnen zu bewegen. In der chinesischen und okinawanischen Kampfkunst, wie man sie noch bis in die 40er und 50er Jahre des 20. Jahrhunderts gelehrt hat, versuchte man beispielsweise nicht, möglichst hoch zu springen. Man war bemüht, die Gravitation für

---

[77] Das ist nicht zu allen Zeiten machbar gewesen. Besonders, wenn die Kampfkunst in den Dienst einer politischen Sache gestellt wurde, trieb man die Leistungen voran und achtete nicht auf den Einzelnen. In solchen Situationen wurden die Kämpfer des höheren Zieles wegen verschlissen.

das Training und die Techniken zu nutzen. Je höher man springt, desto mehr Energie verbraucht man und desto mehr Zeit bleibt dem Gegner, auszuweichen bzw. zu kontern. Man versuchte ursprünglich, die Sprungenergie mit der Gravitation zu koppeln und während der Landung zu treten und nicht beim Absprung. Auf diese Art nutzte man das eigene Körpergewicht, um den gesprungenen Tritt zu verstärken (siehe Abbildungen 550 bis 554). Diese Tritte wirken nicht unbedingt ästhetisch, doch sind sie ungleich wirkungsvoller als die modernen Sprungtritte. Dies wird weiter hinten noch ausführlicher erläutert (siehe Seite 266).

Abb. 549

Abb. 550

Abbildung 549: *Fēijiǎo*. Gegen die Schwerkraft – akrobatische bzw. sportliche Version. Für die vollständige Darstellung siehe Abbildungen 444 bis 453 ab Seite 196. – Je höher man springt, desto mehr Energie verbraucht man und desto mehr Zeit bleibt dem Gegner, auszuweichen bzw. zu kontern.

Abbildungen 550 bis 554: Mit der Schwerkraft – klassische (für den Kampf geeignete) Version. – Sie müssen nicht hoch springen, um die Erdanziehung effektiv für sich nutzen zu können. Eine Anwendung dieser Sprungtechnik zeigt Abbildung 566 auf Seite 267.

Abb. 551

Abb. 552

Abb. 553

Abb. 554

Wenn es darum geht, seinen Körper zu trainieren und zu kräftigen, arbeitet man ebenfalls mit der Gravitation, aber auf umgekehrt Weise. Hierbei benutzt man diese Kraft als Widerstand, gegen den wir ankämpfen. Optimal geschieht dies auf die Weise, wie im Kapitel »Übungen ohne Hilfsmittel – der Körper als Hantel« (ab Seite 67) dargestellt. Mit dem Gewicht des eigenen Körpers gegen die Schwerkraft zu trainieren, ist das effektivste, praktischste Krafttraining, das man absolvieren kann. Das hat auch den Vorteil, dass man seinen Körper und die Wirkung der Schwerkraft zu verstehen lernt und sein Training darauf abstimmen kann.

Auch bei der weiter vorn beschriebenen Trainingsmethode des »Stehens wie ein Pfahl« (*zhàn zhuāng*) oder beim »tiefen Sitzen« beim Fechten arbeitet man mit der Gravitation, um eine effiziente Kraft herauszubilden. Also nicht höher, schneller und weiter wie im Sport, sondern tiefer und vor allem tiefgründiger. Dieses Stehen, diese Art des Trainings an sich, passt nicht in die dynamische Welt des modernen Sports. Das lange Stehen ist erstens viel zu mühsam und zweitens benötigt man dafür Geduld und Zeit. Auch werden die Muskeln anders beansprucht und ausgebildet, als dies im (Kampf-)Sport üblich ist. Das Ergebnis dieser Trainingsmethode ist jedoch erfahrungsgemäß den meisten Trainingsmethoden überlegen, was den Aufbau der Kraft und einer guten Gesundheit betrifft.

Schwerkraft und Kampfkunst

Geborgte Kraft

Viele Kampfkünste haben Übungen entwickelt, die sich die Schwerkraft in der einen oder anderen Form zunutze machen. Manche nutzen die Gravitation nur für ihre Fußarbeit, andere für die Handarbeit. Und es gibt einige Künste, die ein reiches Repertoire an entsprechenden Techniken ersonnen haben. Da die Menschen eine ähnliche Anatomie haben, bleibt es nicht aus, dass sich viele Übungen ähneln. Natürlich liegt das oft auch daran, dass die Vertreter der unterschiedlichen Schulen auch gern das eine oder andere von anderen Schulen übernehmen.

In der Kampfkunst empfiehlt es sich in besonderem Maße, von anderen zu lernen, da es hier um Erfahrungen geht, die häufig mit Blut und Schmerzen erkauft wurden. Hält man seinen Blick frei und seinen Geist offen, kann man lernen, ohne jeden Fehler wiederholen zu müssen. Zum Beispiel fällt auf, dass als effektiv geltende Kampfarten sich ihre Kraft von der Erde borgen.

Bereits in der Antike kannte man das Prinzip, sich die Kraft der Erde beim Kämpfen zunutze zu machen, und verarbeitete das Wissen in der Antaios-Legende. Antaios war ein Riese, der Reisende, die an ihm vorbei wollten, zum Zweikampf zwang. Er gewann die Kämpfe spielend, tötete seine Gegner und opferte ihre Schädel Poseidon, seinem Vater. Eines Tages stellte Herakles ihn zum Kampf. Doch obwohl er ein Sohn des Zeus war, konnte er Antaios nicht bezwingen. Denn dieser war ja ebenfalls göttlichen Ursprungs. Er war nicht nur der Sohn des Poseidon, sondern auch der Erdgöttin Gaia. Solange also Antaios den Boden berührte, bekam er von seiner Mutter unendliche Kraft. Als Herakles schon fast am Ende war, erkannte er diesen Umstand. Er hob seinen Gegner empor und erwürgte ihn in der Luft.

Da die Schwerkraft zu jeder Zeit auf uns einwirkt, bemerken wir sie erst bewusst, wenn uns etwas aus der Normalität herausreißt und wir beispielsweise das Gleichgewicht verlieren.

Tatsächlich ist jeder Schritt ein kontrollierter Fall, bei dem wir für einen Moment aus dem Gleichgewicht geraten. Dieser Fall wird für gewöhnlich mit dem vorgesetzten Fuß abgefangen. Das passiert so natürlich, dass wir nicht mehr darüber nachdenken. In der Kampfkunst können wir diesen kurzen Fall allerdings sehr nutzbringend einsetzen. Es ist dafür notwendig, dass man Kraft mit Flexibilität verbindet. Denn wenn man nicht flexibel ist, wird man sich nicht gut bewegen können. Hat man keine Kraft, trifft dasselbe zu. Diese Art der Nutzung natürlicher Gegebenheiten in den Techniken und den Bewegungsabläufen erhöht die Kampfkraft mitunter ganz erheblich. Die Schwerkraft wirkt als Verstärker oder Beschleuniger der eigenen Körpermasse. Kleine oder leichte Kämpfer können mit der optimalen Ausnutzung dieses Phänomens stärkere oder schwerere Gegner schlagen. Bei früheren Boxkämpfen, also zu einer Zeit, wo es weit weniger Klassifizierungen nach Körpergewicht gab als heute, war dieses Können nötig und sorgte häufig für Überraschungen. Jedenfalls sind unsere Attacken um so wirksamer, je besser wir wissen, wie unser Körper mit der Schwerkraft umgeht und wie er dabei funktioniert. Wie dies im einzelnen angewendet werden kann, wird im folgenden Abschnitt erläutert.

Wie man die Schlagenergie erhöht

In den klassischen Kampfkünsten – und hierzu zählen wir auch das alte westliche Boxen – entwickelten Kämpfer und Meister im Laufe der Zeit verschiedene Methoden, um ihre Schlagtechniken zu verbessern. Die Wirkung der Schläge kann, wie sich zeigte, durch einfache Mittel erhöht werden. Wir sprechen hier nicht vom Sandsacktraining oder vom Eindrehen der Hüfte, sondern von der Fähigkeit, mit der Schwerkraft zu arbeiten, um eine größere, explosionsartige Energie zu erzeugen. Einige dieser Möglichkeiten stellen wir in der Folge vor. Diese Methoden sind einander recht ähnlich, aber nicht vollkommen gleich. Wie so oft kommt es hierbei auf die feinen Nuancen an, durch die sie sich unterscheiden.

Der fallende Stern

Die erste Methode besteht darin, im Moment des Auftreffens die Kraft aus dem vorderen Bein zu nehmen und sich für den Bruchteil einer Sekunde der Gravitation hinzugeben. Einige Schulen lehren in diesem Zusammenhang, zugleich mit dem Aufschlagen der Faust das Knie hochzureißen. Auf Chinesisch nennt man dieses

Abb. 555: Laufstart, ca. 1920.

Prinzip *zéixīng* (賊星), was Meteor bzw. fallender Stern bedeutet. Gemeint ist nicht nur das rasche Absinken, sondern auch die erhöhte Einschlagsenergie. Das Grundprinzip des »fallenden Sterns« ist praktisch das gleiche wie das des im folgenden Abschnitt erläuterten *toboku ho*.

258

Abb. 556: Steinstoßen, ca. 1925.

Kraft von der Erde leihen

In den japanischen und okinawanischen Kampfkünsten wird das Prinzip des Nachgebens gegenüber der Erdanziehung als *toboku ho* (倒木步)[78] oder als *tochi ho* (倒地步)[79] bezeichnet. *Toboku ho* bedeutet aber nicht nur die Arbeit der Knie, sondern die Nutzung der Schwerkraft allgemein. Mabuni schreibt darüber: »*In dem […] Buch ,Die Essenz des okinawanischen Budō-Karate' von Meister Aragaki [Kiyoshi] ist ein Foto abgebildet, das mich als Kind bei einer solchen Übung zeigt. Es stammt aus dem Buch meines Vaters*[80] *von 1938 ,Einführung in die Angriffs- und Abwehrtechniken im Ka-*

[78] Das japanische *toboku ho* (倒木步) – fallender Baum – wird in China *dào xià shù* (倒下樹) genannt. Der Begriff wird jedoch ungern verwendet oder ganz vermieden, denn ein fallender Baum gilt als ein negatives Bild. Im Chinesischen herrscht hier ein anderes Verständnis. Das sieht man auch daran, dass man für diesen Begriff eine andere Zeichenkombination wählt, nämlich *dào xià* 倒下, was »direkt umfallen« bedeutet.

[79] *Tochi ho* bedeutet »zu Boden fallen«. Auf Chinesisch nennt man dieses Prinzip *shēntǐ xiàjiàng* (身體下降), *shēntǐ wǎng xiàjiàng* (身體往下降) bzw. *chén luò* (沉落), wobei *chén luò* auch für den Sonnenuntergang verwendet wird.

[80] Mabuni Kenwa (1889-1952). Gründer des Karatestils *shito ryu*.

rate'. Es zeigt, wie mein Vater mich stützt bzw. auffängt. Bei dieser Übung gewinnt der Körper seine Geschwindigkeit gleich einem fallenden Baum. Man bringt der Schwerkraft dabei keinerlei Widerstand entgegen. Dieses dem japanischen Budō eigentümliche Prinzip bezeichnet Aragaki als Gipfel menschlicher Körperbeherrschung. Mir persönlich gefällt die Formulierung, unter der die Technik im Itosu-Stil bekannt ist, am besten, auch wenn sie vielleicht nicht sehr wissenschaftlich ist. Man nennt sie hier ,Kraft von der Erde leihen'. Alle Anfänger im Itosu ryū beginnen ihre Studien mit den Kata des Shuri-te. Die Technik ,Kraft von der Erde leihen' gehört zu den Übungen des ursprünglichen Okinawa-te, also zu den Grundlagen des Shuri-te. Der natürliche Fall wird durch die Kraft der Erde bewirkt. Ob man stößt oder tritt, immer wirkt diese Kraft, und man kann sie sich dabei zunutze machen. In allen Kata des Shuri-te wird das Prinzip des fallenden Baumes angewendet.«[81] Man erinnert sich hier sofort an die Legende von Antaios und Herakles, besonders wenn Mabuni weiter schreibt: »An anderer Stelle habe ich festgestellt, daß die Stöße und Tritte im Karate dem Gesetz des »fallenden Baumes« (toboku ho) folgen. Ich kenne mich in den Naturwissenschaften nicht besonders aus, aber wenn man den natürlichen Fall bzw. die Schwerkraft für sich maximal mobilisiert, daraus Geschwindigkeit und Kraft gewinnt, dann bedeutet das doch nichts anderes, als ,eins mit der Erde zu werden, sich die Kraft von ihr zu leihen.'«[82]

Um das Prinzip des fallenden Baumes verstehen und anwenden zu können, ist ein erweitertes Verständnis vom Schwerpunkt, welches den Gegner mit einbezieht, erforderlich. Mabuni erklärt dies wie folgt: »Die Art, wie die erste Bewegung erzeugt wird, ist in Budō und Sport verschieden. Das zu erklären ist sehr schwierig. Sowohl beim jun zuki [gleichseitiger Fauststoß beim Schritt nach vorn] als auch beim gyaku zuki [gegenseitiger Fauststoß beim Schritt nach vorn] stemmt sich das stützende Bein nicht gegen den Boden, sondern gibt einen kurzen Moment in der Kniegelenkmuskulatur nach und setzt dort Kraft frei. Dadurch wird der Körper einen Augenblick lang von der Erdoberfläche angezogen und fällt. Man überläßt den Körper der Schwer-

---

[81] Mabuni, K.: Leere Hand. Vom Wesen des Budo-Karate. Chemnitz: Palisander. 3. Aufl. 2014, S. 45.
[82] Mabuni, a. a. O., S. 150 f.

kraft und nutzt für den Schlag die Kraft,
die von der Erdanziehung ausgeht. Diese
Bewegung kann man von außen kaum
wahrnehmen. Umgangssprachlich nennt
man sie ,das Knie herausnehmen' (hiza
o nuku). Durch diese Technik der ,he-
rausgenommenen Knie' fällt man in
den Schwerpunkt des Raumes, in dem
sich die Gegner gegenüberstehen. Die
für den Schlag erforderliche explosive
Bewegungsenergie wird also nicht wie
im Sport durch Drehung der Hüfte ge-
wonnen, sondern durch deren Absenken.
Unter dem Aspekt von gi *[Technik] und*
tai *[Körper] betrachtet, wird man auf*
natürliche Weise in den Punkt hinein-
gezogen, welcher der Schwerpunkt des
Raumes ist, den die beiden Gegner bil-

Abb. 557: Mabuni Kenwa und sein Sohn Kenei bei der Übung des »fallenden Baumes« (*tōboku hō*).

den und an dem sie sich im Gleichgewicht befinden. Das ist mit dem Gefühl
verbunden, daß sich der Schwerpunkt immer vor der Hüfte befindet. Man
muß dieses Gefühl bewußt erzeugen. Es ist das gleiche Empfinden, wie es sich
beim Paßgang einstellt: Um voranzukommen, muß sich erst die Hüfte nach
vorn bewegen, und der Körper folgt nach, als würde er von ihr gezogen. Das ist
die Technik des ,fallenden Baumes'.«[83]

Dieses Prinzip wird auch in den chinesischen Kampfkünsten angewendet, so z. B. im Stil der Fangheuschrecke (*tángláng quán* 螳螂拳).

Der drop step

Auch in den westlichen Kampfkünsten kommt das Prinzip des *tochi ho*
zum Einsatz. So zum Beispiel in Form einer Technik, die durch Bruce Lee
und durch die alten Boxer (z. B. Jack Demsey) bekannt geworden ist, der

---

[83] Mabuni, a. a. O., S. 159 f.

261

drop step bzw. *falling step*.[84] Der *drop step* ist im Grunde eine Art des normalen Gehens, die für den Kampf optimiert wurde. Wie schon ausgeführt, kann man jeden Schritt als einen kleinen Fall betrachten. Beim *drop step* nutzt man diese Tatsache aus, indem man kurz vor oder mit dem Aufsetzen des vorderen Fußes zuschlägt. Auch hier geht es um die Ausnutzung der Erdanziehung zur Erhöhung der Schlagkraft und der Schlaggeschwindigkeit. Beherrscht man das gut, wird der Schlag nicht »telegraphiert«. Das heißt, man vermeidet alle sichtbaren Zeichen, die eine Technik ankündigen, zum Beispiel die Verlagerung des Gewichtes, das Ausholen vor einer Technik, Vorbewegen der Schultern oder Arme. Je fließender die Gesamtbewegung wird, desto weniger kann der Gegner sie lesen. Das verbessert die Trefferchancen erheblich. Beim Auftreffen kann man auch die Kraft aus beiden Beinen nehmen, was den Druck auf den Gegner deutlich erhöht. Es ist jedoch anfangs schwierig, dabei die Koordination und das Gleichgewicht zu behalten.

Ehe man beim Boxen mit großen Handschuhen zu arbeiten begann, war man als Kämpfer gezwungen, eine wirkungsvolle Technik herauszuarbeiten. Die großen Handschuhe sorgten jedoch mit der Zeit dafür, dass sich die Boxer immer mehr dahinter verbargen. Das wiederum hatte Einfluss auf den Kampfstil und die Bewegungstechnik. Der Rücken wurde bogenförmiger, der Kopf ging nach vorn, die Hände zurück. Der Faustkampf wurde zu einer statischen Angelegenheit, bei der man sich stehend schützt und schlägt.[85] Beim früheren Boxen, als der Kampf noch als Selbstverteidigung und weniger als Sport angesehen wurde, benutzte man entweder keine Handschuhe oder nur sehr dünne Fäustlinge (engl. *mufflers*). Da auch Tritte und Ellbogentechniken erlaubt waren, konnte man es sich nicht leisten, statisch zu kämpfen. Man musste sich flexibel bewegen. Das tat man sehr einheitlich, und es war üblich, die Technik des *drop step* bzw. *falling step* dabei anzuwenden.

Abgesehen von der anderen Bewegungsart war auch die Haltung eine andere. Der Rücken blieb gerade. Durch die Gravitation wurde der Schlag

---

[84] Manche Sporttheoretiker vertreten die Auffassung, beide seien identisch, andere sehen geringfügige Unterschiede zwischen *drop step* und *falling step*.

[85] Das gilt hauptsächlich für das Schwergewicht. In leichteren Klassen sind die Kämpfer meist noch sehr agil.

beschleunigt und erhielt mehr Kraft. Man schlug also nicht mit dem Arm, sondern mit dem gesamten Körper. Wichtig beim *drop step* ist auch, dass der Körper als Einheit sofort nachrückt und das Gewicht nicht zu lange auf dem vorderen Bein gehalten wird. Man muss sich also schnell zentrieren, damit man einerseits die Handlungsfähigkeit nicht verliert und anderseits weniger anfällig für Fußfeger ist.

Abb. 558: Drop-step am Ball.

Abb. 559: Haken, ca. 1925.

Abb. 560

Abbildung 560: Den Gegner überrennen. – Diese Grafik von 1868 zeigt die Endphase des Angriffs, wenn beide Füße bereits wieder fest auf dem Boden stehen. Der Gegner wird mit der Schlagfaust gestoppt und überrannt. Das erfordert ein hervorragendes Timing und ein ebensolches Distanzgefühl.

Abb. 561

Abb. 562

Abbildungen 561 und 562: »Fliegen« Sie Ihrem Gegner entgegen. Greifen Sie an, als ob Sie von einem Bogen abgeschossen würden. Der linke Fuß wird in diesen Beispielen jeweils im selben Moment aus einem Schritt heraus aufgesetzt, in dem der Schlag mit der Hand erfolgt. – Die Franzosen nennen den Sturzangriff im Fechten *flèche* – Pfeil. Das trifft es sehr gut.

Der Ausfallschritt

In einigen chinesischen Kampfschulen und im westlichen Fechten gibt es noch eine weitere Version dieser Methode, den Ausfallschritt oder einfach Ausfall (engl. *lunge*). Gemeint ist die lange Vorwärtsbewegung, bei der die Hand das Ziel entweder unmittelbar mit dem Schritt erreicht oder kurz bevor der Fuß aufsetzt. Auf die Spitze getrieben haben es die Fechter mit der *flèche* (Pfeil) genannten Technik, bei welcher so schnell agiert wird, dass der hintere Fuß den vorderen überholt. Das erzeugt eine enorme Kraft und ist schwer abzuwehren. Weil es nur wenige Gramm Druck pro Quadratzentimeter erfordert, mit einer Stoßklinge in einen menschlichen Körper einzudringen, ist der *flèche* eigentlich eine zu kraftvolle Bewegung für das Fechten. Da jedoch die Arbeit mit der Gravitation sowohl die Geschwindigkeit deutlich erhöht als auch den Angriff verbessert, relativiert sich der Aufwand. – Siehe Abbildungen 561 bis 564.

264

Abb. 563: Fechten – Ausfall.

Die Fersen anheben

In vielen Schulen des Kampfes und bei »freien« Kämpfern sieht man, dass beim Schlag stets eine Ferse angehoben wird oder beide Fersen angehoben werden, um so die Schlagkraft zu erhöhen (siehe Abbildung 565). Das kann man bei den bereits erwähnten Dog Brothers ebenso beobachten wie in einigen chinesischen Schulen bzw. Trainingsformen wie *yīnyáng chuí* (陰陽錘) oder *pīguà* (劈掛) oder auch im westlichen Boxen. Auch hier wirkt die Schwerkraft schlagverstärkend.

Abb. 564: Fechten – Flèche.

Abb. 565

265

Tritt- und Sprungtechniken in der Kampfkunst

Die Verunglimpfung asiatischer Kampfkünste durch viele Straßenkämpfer hat vor allem mit den schlecht ausgeführten und daher falsch wahrgenommenen Tritt- und Sprungtechniken zu tun. Bei Wettkämpfen kommen nur sehr wenige Sprünge vor, da sie selbst im Voll- oder Leichtkontakt zu viele Risiken in sich bergen. Wenn dennoch jemand Sprünge anwendet, geht dies fast immer schlecht aus. Allgemein liegt dies am fehlenden Verständnis für diese Techniken. Hoch und weit springen passt in den Zirkus oder in die Leichtathletik. Im Kampf haben hohe und weite Sprünge absolut keinen Nutzen. Wie zu Beginn dieses Kapitels erwähnt, kosten sie Energie und sind sehr berechenbar.

In den alten chinesischen Schulen, zum Beispiel im Boxen (bzw. der »Hand«) des Goldenen Hahns (chin. *jīnjī zhǎng* 金雞掌) oder aber auch in den alten Formen des *karate* wie der *kata suparinpei* (jpn. 壱百零八手), werden die Sprungtechniken anders eingesetzt. Sprungtritte sind dafür gedacht, eine große Kraft in Fußtechniken zu bekommen. Auch hier wird mit Hilfe der Erdanziehung gearbeitet, welche die Kraft der körpereigenen Tritte erhöhen soll; dies wird auch unterstützt durch die Wechselwirkung der Bein- und Körperbewegung. Das Bein, welches zuerst nach oben geht, kann eine Abwehrbewegung gegen einen Tritt ausführen oder bereits einen eigenen Angriff. Diese erste Bewegung nutzt man auch für den Absprung mit dem anderen Bein. Wenn das erste Bein wieder fällt und das zweite den Tritt ausführt, hat man eine Wechselwirkung, die dabei hilft, die Kraft des zweiten Beines zu steigern. So entsteht hier aus dem Widerspruch der Wechselwirkung – ein Bein geht nach unten, eins geht nach oben – eine gesteigerte Kraft. Das ist *yīn* und *yáng* in praktischer Anwendung, ein Punkt, der in allen effektiven Techniken vorhanden sein muss.[86]

Dabei darf man keineswegs zu hoch springen, denn sonst flacht der Effekt ab. – Siehe auch Abschnitt »Die unterschiedlichen Zielsetzungen im Leistungssport und in der Kampfkunst« ab Seite 253.

---

[86] Alle (chinesischen) Kampfkünste, ihre Bewegungen und Techniken, sind nach dem *Yīn-yáng*-Prinzip aufgebaut. Hierfür ist der Gedanke verantwortlich, den Körper gegen innere und äußere Feinde langfristig zu schützen. Daher ist für jede Technik eine Wechselwirkung vorgegeben, beispielsweise Härte und Weichheit, Spannung und Entspannung.

Abb. 566: Anwendung des Sprungtritts, wie er in Abbildungen 550 bis 554 auf den Seiten 254 und 255 gezeigt wird.

Gesprungen wird kurz und »scharf«, es gibt hier keine langgezogene Bewegung. Es sieht im Grunde so aus, als ob einen die Erde nicht losließe. Wenn der erste Fuß aufsetzt, entsteht eine Kraft, die man im chinesischen *wǔshù* als Abprallkraft (chin. *fǎntánlì* 反弹力) bezeichnet.[87] Diese Abprallkraft entwickelt in Wechselwirkung mit der Erdanziehung eine sehr hohe zerstörerische Energie. Der zweite Fuß kann hiermit effektiv den Unterleib, das Kinn oder den Kehlkopf des Gegners treffen und großen Schaden anrichten. Diese Technik vereint Abwehr, Angriff und die Ausnutzung der widersprüchlichen Wechselwirkung (*yīnyáng*) der körperlichen Anatomie.

In vielen Kampfkünsten, wie zum Beispiel im thailändischen *muai thai*, gibt es auch eine Art von »*Shuffle*«.[88] Bevor Thai-Boxer einen ihrer gefürch-

---

[87] Der aufsetzende Fuß muss auf dem Ballen landen. Würde man auf der Ferse landen, könnte man den Druck nicht abfangen, was sowohl gefährlich für die Stabilität ist als auch für die Gesundheit. Der Fußballen hingegen nimmt den ganzen Druck des Sprunges sehr gut auf und nutzt diesen gleichzeitig als Abprallkraft.

[88] Der Shuffle ist eigentlich ein Musik-Rhythmus, aus dem ein dynamischer Tanzstil hervorging. Hier bezeichnet der Begriff aber eine schnelle, flache Fußwechsel- oder Schrittbewegung.

teten *low kicks* oder Kniestöße anbringen, führen sie meist eine Wechsel-bewegung mit ihren Beinen aus, um dadurch eine Spannkraft aufzubauen, welche ihre Tritte zerstörerischer macht. Dieser *Shuffle* kann gleichzeitig als Schutz und Abwehr dienen, um in ein und derselben Bewegung den geg-nerischen Angriff abzulenken und selbst anzugreifen. Auch hierbei werden die Wechselwirkung und die Gravitation genutzt.

VI. Training durch geistige Vorstellung

Die Kraft des Geistes

Der US-Amerikaner Milton H. Erickson (1901-1980) erkrankte 1919 an Kinderlähmung und fiel daraufhin ins Koma. Als er nach drei Tagen das Bewusstsein wiedererlangte, war er vollkommen gelähmt. Er war zur lebenslangen Bewegungsunfähigkeit verurteilt. So sagten ihm das die Ärzte, so glaubte es jeder in seinem Umfeld. Doch Milton H. Erickson ignorierte das. Er war von dem starken Wunsch beseelt, aus dem Fenster sehen zu können, und als sich eines Tages sein Schaukelstuhl bewegte – aus welchem Grund auch immer –, motivierte ihn dies, weiterzuüben. Er entwickelte eine äußerst starke Vorstellungskraft und erlaubte sich den Gedanken, gelähmt zu sein, nicht. Nach und nach gewann er die Kontrolle über seine Muskeln zurück, so dass er bereits nach einem knappen Jahr an Krücken gehen konnte. Um seinen Körper nachhaltig zu kräftigen, nahm der junge Erickson entgegen ärztlichem Rat an einer Kanutour auf dem Mississippi teil, die über 1 200 Meilen führte. Zwei Jahre später legte er seine Krücken ab – und behielt bis ins Alter lediglich ein Hinken mit dem rechten Bein zurück. Er wurde in der Folge ein erfolgreicher Psychotherapeut, der insbesondere durch neuartige Hypnosetechniken die Selbstheilungskräfte in seinen Patienten zu wecken verstand.

Dieses Beispiel, so wunderbar es klingt, ist bei weitem kein Einzelfall. Selbst Unfallopfer oder Menschen, die wegen einer Krankheit ihre Bewegungsfähigkeit weitestgehend verloren haben, müssen nicht immer zwangsläufig gelähmt bleiben. Es ist allgemein anerkannt, dass eine Verletzung der Halswirbelsäule mit Beschädigung der Hauptnerven zur Lähmung des Körpers führt. Aber es müsste eigentlich heißen »führen kann«, da in recht vielen Fällen die Nebennerven die Arbeit der Hauptnerven übernehmen können, wenn der Patient sich nicht an allgemein anerkannte »Glaubenssätze« hält.[89]

---

[89] Sehr interessante Gedanken und Informationen zu diesem Thema findet man in Frankl, V.: ...trotzdem Ja zum Leben sagen: Ein Psychologe erlebt das Konzentrationslager. München: Kösel 2009.

Dieser kleine Exkurs zeigt, dass die richtige Einstellung keine Sache der Gesundheit und des Alters ist. Gesund wird in erster Linie, wer gesund werden will. Und das gilt auch fürs Training. Wer seinen Körper kräftigen will, kann das mit den geeigneten Übungen immer vollbringen, gleichgültig, wie alt er ist.

Die Amerikaner bezeichnen das als »*positive imagination*«. Die Chinesen nennen das in den Kampfkünsten *yìlì xùnliàn* (毅力訓練) – Training eines unbeugsamen Willens. Diese *positive imagination* ist einer der Gründe, weshalb zum Beispiel der aus ärmlichen Verhältnissen stammende Schauspieler Jim Carrey heute zu den bestbezahlten Schauspielern der Welt gehört. Carrey stellte sich früher selbst imaginäre Schecks über 10 Millionen Dollar aus. Er malte sich aus, wie er ein gefragter Schauspieler werden würde, der für seine Filme eben diese hohe Gage bekommen würde. Er lebte so stark mit dieser Vorstellung, dass er die ganze Armut und Not um sich herum vergaß. Ein paar Jahre später trat die Situation ein, dass er tatsächlich einen Scheck über 10 Millionen Dollar für einen seiner Filme bekam.

Natürlich gibt es zahllose Menschen, die solche Methoden der positiven Vorstellung benutzen, aber trotzdem nie den gewünschten Erfolg haben. Man hört immer nur von den Erfolgreichen, aber niemals von den Tausenden Unglücklichen, die genau dasselbe versucht haben wie der Erfolgreiche und nichts erreicht haben. Aber wer seine positiven Vorstellungen mit harter Arbeit verbindet und das notwendige Quentchen Glück dazu hat, hat gute Aussichten auf Erfolg, solange seine Vorstellungen realistisch bleiben. Positive Gedanken sind jedoch nicht viel wert, wenn man nur faul auf dem Sofa sitzt.

Vorstellungskraft ist in jedem Fall ein nicht zu unterschätzender Faktor. Es wurden in diesem Zusammenhang auch verschiedene sportwissenschaftliche Experimente durchgeführt. Beispielsweise wurden zwei Basketball-Mannschaften auf unterschiedliche Weise trainiert. Eine Mannschaft führte ein hartes körperliches Training durch. Die andere Mannschaft trainierte vor allem in der Vorstellung. Die Mitglieder der letzteren stellten sich wieder und wieder einen Wettkampf vor, bei dem jeder ihrer Würfe glückte, und wie sie gemeinsam kombinierten, angriffen und verteidigten, stets erfolgreich. Sie gewannen dann den wirklichen Wettkampf gegen die »nur« physisch trainierende Mannschaft überragend.

Auch in der Kampfkunst ist diese Art der Vorstellung empfehlenswert. Nicht nur viele Boxer und Ringer praktizieren diese Trainingsunterstützung schon lange, es gehört ebenfalls zu den meisten asiatischen Disziplinen dazu. Stellen Sie sich vor, wie Sie angegriffen werden und sich erfolgreich gegen den Gegner zur Wehr setzen. Stellen Sie sich den Stress und die Angst vor. Suchen Sie nach der schnellsten und effektivsten Lösung, die Bedrohung zu beenden. Trainieren Sie das immer und immer wieder, voller Ernst, dann werden Sie in einer entsprechend realen Situation einen Nutzen daraus ziehen können. Dieses mentale Training ersetzt nicht das physische Training. Beides, Muskeln und Psyche, müssen gleichermaßen entwickelt werden.

Eine dieser Übungen, bei der man sich der Vorstellungskraft bedient, ist relativ bekannt, da sie in verschiedenen Kung-Fu-Filmen dargestellt wird. Es handelt sich um die Übung »den Felsen schieben« (*tuī yánshí* – 推岩石).

Den Felsen schieben

In der Schule des Südens (chin. *nánquán* 南拳) steht man hierbei in der Reiterstellung. Man gewinnt durch die Hüftbewegung (die Hüften werden nach vorn angehoben) und die Vorstellungskraft Energie aus der Erde. Diese wird über die Kraftlinie in den unteren *dāntián* (*xià dāntián* 下丹田) geführt und von dort weiter in die Hände geleitet. Die gesamte Kraft gelangt so in die schiebenden Hände (chin. *tuīshǒu* 推手). Man stellt sich dabei vor, wie man die gesamte Energie aus der Erde »gräbt«, in die Hände leitet und einen riesigen Stein wegschiebt. – Siehe Abbildungen 567 bis 570.

Schieben Sie in Ihrer Vorstellung nicht mit einzelnen Gliedern, sondern aus dem Körper heraus. Graben Sie wie ein Bagger. Spüren Sie, wie dabei Ihre Beine im Boden versinken oder Wurzeln schlagen.

Als Alternative können Sie das *tuī yánshí* auch im Kniesitz ausführen (chin. *zuòpán tuī yánshí* 坐盤推岩石). Diese Variante (Abbildung 571) ist etwas schwieriger, aber wer sich schon einmal auf dem Boden »geerdet« hat, weiß, dass dies nach wenigen Minuten fast ebenso gut wie im Stehen funktioniert. Diese Haltung kennt man sonst nur aus der japanischen Kultur; in China sieht man die kniende Position heute selten. Tatsache ist jedoch, dass es sich hierbei um eine bevorzugte Trainingsmethode aus der ursprünglichen *Shàolín*-Schule handelt. Dieses Sitzen ist eine gute Trainingsmethode für ein flexibles »Untergestell«. Man kann in seiner Vorstellung hervorragend mit der Erde verwurzeln, als ob der Körper aus dem Boden herauswachsen würde. Beim Schieben graben Sie die gesamte Kraft aus dem Boden aus und arbeiten dabei mit der Erdanziehung. Gleichzeitig lassen Sie ihren Körper in die Tiefe »sacken«. Sie selbst werden dadurch schwer wie ein Stein. Stellen Sie sich das tief in Ihrem Herzen vor, und Sie werden spüren, wie Sie einsinken.

Diese Übungen haben neben dem Training der Vorstellungskraft und der Stärkung des Willens auch einen isometrischen Effekt, da man den Körper von innen heraus anspannt. Wie oft und wie lange man diese Übungen ausführt, muss jeder nach seiner körperlichen Leistungsfähigkeit und nach der verfügbaren Zeit entscheiden. Was jedoch wichtig dabei ist, dass der Geist der Übung (chin. *jīng qì shén* 精氣神) stimmt. Sie müssen absolut entschlossen sein und diese Entschlossenheit ausdrücken. Je mehr Sie daran glauben, desto größer kann der Stein sein, den Sie zu schieben vermögen. Das wirkt sich wiederum positiv auf den Willen aus. Sie werden irgendwann einen Felsen bewältigen, der eigentlich unmöglich zu bewegen ist, aber es gibt für Sie dann keinen Unterschied mehr zwischen Realität und geistiger Vorstellung.

Diese Art des Trainings wird Sie körperlich und auch geistig eine große Entwicklung machen lassen. Körperlich strengen Sie sich dabei genauso an, als ob Sie einen realen Felsen schieben würden. Doch ohne geistige Entschlossenheit funktioniert es nicht. Das soll mit diesen Übungen trainiert werden. Denken Sie an den alten Spruch: *Der Wille versetzt Berge.*

Abb. 567

Abb. 568

Abb. 569

Abb. 570

Abb. 571

VII. Das Training und seine Wirkung

Die Beweglichkeit der Hüften

Der Bereich der Hüfte und der Taille ist einer der grundlegendsten Teile des menschlichen Körpers. Seine Flexibilität und Dehnbarkeit ist eine Hauptsäule für einen gut funktionierenden Körper. Dieses Steuerzentrum des Körpers ist an allen Bewegungen beteiligt, was jeder leicht erkennen kann, wenn er sich bewusst bewegt. Eine effektive und brauchbare Kraft kann man erst entwickeln, wenn diese Gegend kräftig und flexibel ist. Im Allgemeinen kann man sagen, dass vier Faktoren zeigen, ob man einen gesunden und funktionierenden Körper hat:

Erstens: Die Beine (das »Untergestell«) müssen kräftig und beweglich sein. Die Beweglichkeit kann man bereits gut durch die Einnahme der »Embryonalhaltung« (siehe Seite 76) überprüfen, die Stärke durch Verharren in der Reiterstellung (siehe Seite 206).

Zweitens: Man muss seinen Körper und dessen Gewicht selbst und aus eigener Kraft ziehen können – mit Klimmzügen. Je öfter man das kann, desto besser.

Drittens: Man muss seinen Körper und dessen Gewicht mit eigener Kraft wegdrücken bzw. stemmen können. Dies sollte durch Liegestütze oder besser noch durch den Handstand erfolgen. Auch hier gilt, je öfter bzw. länger, desto besser.

Viertens: Die Hüft-Taillen-Region muss flexibel und beweglich sein. Ob dies der Fall ist, kann man leicht feststellen durch Hüftkreisen, besser aber noch, indem man schaut, wie weit man seine Hüfte nach hinten dehnen kann, wie bei den Übungen der Brücke (siehe Seite 35).

Erfüllt man diese vier Punkte gut und bereiten einem die entsprechenden Übungen keine Probleme, ist man gesund und hat eine Körperkraft, die man auch flexibel anwenden kann. Alle in diesem Buch vorgestellten Übungen helfen dabei, diese wichtigen Kriterien erfüllen zu können.

Lebendigkeit

In China sagt man, die Lebensenergie bzw. Lebenskraft müsse lebhaft sein (*qì bìxū shì huó de* – 氣必須是活的). – *Qì* ist die allumfassende Energie, welche das Leben ermöglicht und alles in Bewegung hält. Es ist die Kraft des Körpers, sein Geist, sein Wille, seine Physis. Dies alles muss einheitlich und flexibel zur Anwendung kommen. Lebhaft bedeutet flexibel, geschmeidig und einheitlich. Das Trainingsziel aller hier dargestellten Trainingsmethoden ist die lebendige Kraft (*huólì* – 活力).

Weichheit

Innenspannung und Kraft ergeben sich im Idealfall bereits aus der Haltung des Körpers. Dieser wird wie ein Bogen gespannt. Das kann man am Beispiel des (echten) *tàijí quán* gut sehen. Auf einen Betrachter mag das *tàijí* weich und fließend wirken, aber innerlich ist der Körper gespannt wie ein Bogen. Diese Spannung wird gehalten und bringt einen enormen Kraftzuwachs und eine beachtliche potentielle Kampfstärke mit sich. Das ist mit innerem Training gemeint. Die Kampfkünste dieser Richtung werden im Westen häufig vollkommen falsch verstanden.[90] Das ist inzwischen auch in Asien oft der Fall. Wer sich also bemüht, sein *tàijí quán* oder *bāguàzhǎng* möglichst sanft auszuüben, im Glauben, je weniger Kraft, je weicher die Bewegung, desto besser, irrt. Die inneren Künste sind in der Tat sehr anstrengend und unmöglich in Wochenendkursen zu erlernen. Sie sind eine Art des isometrischen Krafttrainings. Das ist der Hauptgrund, weshalb man in China zwischen der gymnastischen Übung des *tàijí* (chin. *tàijícāo* 太極操) und der Kampfkunst des *tàijí* (chin. *tàijí quán*太極拳) unterscheidet. Da diese beiden Disziplinen außerhalb des Reiches der Mitte nicht getrennt werden, besteht kaum eine Möglichkeit, den Verfall dieser Kunst zu verhindern. Das *tàijícāo* wird manchmal mit einer Philosophie

---

[90] Auch werden die meisten Formen vieler asiatischer Kampfkünste nicht mehr korrekt ausgeführt. Durch die nicht optimierte Körperhaltung verschenkt man Energie und vergeudet sein Potential. Beispielsweise sorgt die »stolzgeschwellte Brust«, die Stärke signalisieren soll, bei der Anwendung für das Gegenteil. Die Energie wird zerstreut und nicht gebündelt.

und einer speziellen »Entspannungsatmung« verwoben, die mit Kampf-kunst nicht viel zu tun haben.

Ein Wort zur Kraft

Kampfkunst ohne Kraft ausüben zu wollen, ist verlorene Liebesmüh. Kraft sollte in der Kampfkunst zwar an die Bewegung und an die Beweglichkeit gekoppelt sein, doch prinzipiell ist reine Kraft nicht zu verachten. Sie er-möglicht erst die Bewegung und kann durch Umsetzung in Schläge, Trit-te und Stöße zum Schaden unseres Gegners angebracht werden. In vielen Schulen des Zweikampfes lehrt man, »sich von der eigenen Kraft freizuma-chen«. Das heißt aber nicht, auf die Kraft zu verzichten, sondern sich selbst nicht durch steife Muskeln zu behindern, damit man die eigene Energie effizient auf den Gegner übertragen kann. Dazu müssen die Muskeln weich und die Sehnen gedehnt sein. Andernfalls büßen unsere Glieder einen Teil ihrer Feinfühligkeit und Handlungsfreiheit ein. Gepresste Muskeln sind zu schneller Arbeit nicht fähig. Wer alle Muskeln anspannt, wird hilflos.

Es ist ein Irrweg, sich so viel Kraft antrainieren zu wollen, dass man jedem Gegner gewachsen sein kann. Irgendwann wird für jeden der Tag kommen, an dem er auf einen stärkeren, schnelleren und fitteren Heraus-forderer trifft. Deshalb ist es von Anfang an besser, nicht auf die Kraft des Gegners hin zu trainieren, sondern einfach dafür zu sorgen, allumfassend und ausgewogen trainiert zu sein.

Sich von der eigenen Kraft freizumachen kann auch so verstanden wer-den, dass man so trainiert, dass man die Kraft des Gegners optimal für die eigenen Zwecke nutzen kann. Das geht aber nur, wenn man selbst be-reits eine gewisse Grundstärke mitbringt. Ansonsten wird man von einem stärkeren Gegner einfach überrannt. Ohne eigene Kraft kann man gegen keinen Gegner bestehen. Ist man aber gut trainiert, dann kann man sich die Angriffswucht des Gegners durchaus zunutze machen und sie gegen ihn richten, z. B., indem man ihn mit geringem eigenen Krafteinsatz aus dem Gleichgewicht bringt.

Vom *aikido* bis zum *tàijí* lehrt man heute den Kraftaspekt oftmals falsch oder gar nicht. Das trifft auf die meisten Schulen zu. Wir möchten das nicht pauschalisieren, aber wir haben nur sehr wenige Ausnahmen gefunden. Dabei kann man den Irrtum sehr leicht erkennen, wenn man sich mit den Biographien der herausragenden Meister oder Gründer der Künste befasst. Ueshiba Morihei (jpn. 植芝 盛平) und Yáng Lùchán (chin. 楊露禪), um nur zwei Beispiele zu nennen, haben sehr hart gearbeitet und noch härter trainiert. Sie schufen sich eine starke Grundlage und konnten erst daraufhin weich agieren. Weich, aber keineswegs kraftlos. Das trifft auch auf die Lehrer und die frühen Schüler der beiden Männer zu.

Einer der Gründe für die heute üblichen Missverständnisse liegt in den jeweiligen Philosophien. Im *tàijí* wird betont, dass das *yi* (chin. 意, Absicht, Wille) und nicht das *lì* (chin. 力, Muskelkraft) ausschlaggebend für die Technik sei. Tatsache ist jedoch, dass durch korrektes *Tàijí*-Training der Körper eine bedeutende Innenspannung bekommt. In der traditionellen chinesischen Kampfkunst ist Weichheit nicht mit Schlaffheit zu verwechseln. Das gerät leider zunehmend in Vergessenheit.

Im *aikido* ist es die Lehre vom *aiki* (jpn. 合気), der Harmonie und der Lebensenergie, die heute dafür sorgt, dass die vermeintlich harmonisch Übenden zu unvollständig Trainierten werden. Jedoch schließen die Philosophien ein hartes Körpertraining nicht im mindesten aus. Viele Aspekte dieser Schulen sind praktisch erst durch eine gewisse Muskelkraft möglich. Es ist ein schlimmer Trugschluss anzunehmen, man könne mit nur wenig Kraft auf einen starken Gegner erfolgreich einwirken.

Innenspannung

In alten okinawanischen *kata* (jpn. 形 oder 型)[91] finden sich noch viele Körperhaltungen aus den chinesischen Schulen, die den primären Zweck haben, durch bestimmte Haltungen eine starke Innenspannung aufzubauen. Ein Beispiel ist die *Karate-Kata seienchin* (jpn. 征遠鎮). Auch hier wird der Körper auf solch natürliche Art gespannt (siehe Abbildungen 572

---

[91] Heute werden zwar beide Zeichen verwendet, aber wenn man von den alten okinawanischen Schulen spricht, ist das Zeichen 形 für Form – *kata* – besser. Das zweite Zeichen 型 wurde ursprünglich auf Okinawa nicht verwendet, wohl aber in Japan für die Formen des *judo*.

bis 574). Damit bewirkt die *kata* die Gesunderhaltung und Pflege der inneren Organe und die Stärkung des Organismus. Viele der in den alten *kata* enthaltenen Bewegungen dienen in erster Linie diesen Zielen und sind, wenn überhaupt, erst in zweiter Linie Kampfelemente.

Uechi Kan'ei (1911-1991), ein Meister des in seinen Wurzeln sehr chinesischen *uechi ryu* (jpn. 上地流), demonstrierte in seinen Formen eine nahezu perfekte Körperhaltung. Bei ihm sieht man sehr gut, wie sich eine starke und gleichzeitig natürliche Körperspannung aufbauen kann (siehe Abbildung 575). Becken und die Hüften sind nach oben gezogen, die Schultern gleichzeitig nach unten. Der Rücken bleibt gerade. Auf diese Art baut der Körper eine enorme Spannkraft auf und erhält die Gesundheit bis ins Alter. Das stellt ein sehr effektives isometrisches Krafttraining dar. Im Chinesischen gibt es einen eigenen Ausdruck hierfür: *yǎngshēn* (chin. 養身) – Lebenspflege. Leider verflacht im modernen *uechi ryu* auch dieses Wissen. Die heutigen Schüler demonstrieren ihre Formen oft ohne die Innenspannung.

Die für die inneren Organe optimale Haltung einzunehmen ist denkbar einfach. Die Schultern werden abgesenkt und das Becken angehoben, der Rücken bleibt gerade. Das ist das Wesentliche. Daraus folgt eine natürliche Spannung von innen heraus. Das Vorschieben der Hüfte, welches eine Form des isometrischen Trainings darstellt, kommt auch in vielen traditionellen Gesundheitsformen innerhalb der chinesischen und okinawanischen Kampfkünste vor, während diese Haltung in den japanischen Formen heute nicht mehr oder nur rudimentär unterrichtet wird. In dieser Haltung atmet man so, wie der Körper es verlangt, ohne künstliche Manipulation. Beim Training und generell in der Kampfkunst sollte die Körperspannung nicht durch die Atmung aufgebaut werden, sondern nur durch korrekte Bewegungen. Und das erreicht man am wirkungsvollsten durch optimale Positionen (siehe Abbildungen 576 bis 578).

Diese Haltung ist zugleich hervorragend dafür geeignet, die Energie zu bündeln. Sie gibt Ihnen die Möglichkeit, beim Schlagen die gesamte Körperkraft zu konzentrieren und in den Angriff zu übertragen. Ebenfalls ist es so möglich, die Schläge im Moment des Auftreffens zu fokussieren. Der Körper wird wie ein Bogen gespannt. Diese starke innere Spannung ist wichtig für die Aufrechterhaltung der richtigen Körperstruktur. Im Angriff

Abb. 572

Abb. 5734

Abb. 574

Abb. 575

erzeugen Sie damit eine Art Sog. Sie werden beinahe zu Ihrem Gegner ka-
tapultiert. In der Verteidigung wirkt diese Haltung wie ein Schild, der Sie
rundum schützt (Abbildung 579).

Abb. 576

Abb. 577: Position aus der *kata seisan*.

Abb. 578

Abb. 579

Hat man diese Haltung geübt, werden zum Ausgleich die Schultern gestreckt, also entfaltet. Es geht stets um die Balance von *yīn* und *yáng*. Dadurch wird der Körper gekräftigt und gleichzeitig gedehnt. Das ist besonders geeignet für alle, die lange im Büro sitzen oder andere einseitige Tätigkeiten ausführen. Der Körper wird mit der Zeit steif und krank. Bewegungsloses Sitzen gehört zu den ungesündesten Dingen für den Menschen. Vor allem, wenn es an Computerarbeit gekoppelt ist.[92]

Durch die richtig koordinierten Positionierungen der verschiedenen Körperpartien und Gelenke spannt sich die Muskulatur von ganz allein, ohne dass man durch Pressen und Pumpen seinen Organismus unter Stress setzt. Auch hier können uns sowohl die Tiere als auch die Naturvölker als Vorbild dienen. Wenn Raubtiere sich auf der Jagd befinden, sind sie ganz natürlich gespannt. Dabei bleiben sie leicht und geschmeidig. Sie nutzen nur so viel von ihrer Kraft, wie sie für den bevorstehenden Angriff brauchen. Während eines Kampfes sind sie ebenfalls nicht verkrampft. Andernfalls würden sie die Kraft verbraucht haben, ehe sie diese nutzen könnten.

Die heutigen Naturvölker handhaben das ganz ähnlich, und bei unseren Vorfahren wird dies zweifelsohne auch nicht anders gewesen sein. Keine der uns bekannten Jäger- und Sammler-Kulturen benutzt extreme Atemtechniken oder unnatürliche Körperhaltungen. Weder vor noch während der Jagd beansprucht man die Energiereserven des Körpers durch derartige Manipulationen.

Wir haben uns im Laufe der Jahre mit zahlreichen Kampfkünsten befasst. Eine grundlegende Erkenntnis, die wir daraus gewonnen haben, ist die folgende: Je älter eine Technik ist, desto natürlicher ist der Umgang mit dem Körper. Die alten Kampfkünste hatten die Notwendigkeit als Vorlage. Was nicht als notwendig oder zweckmäßig angesehen wurde, trainierte man auch nicht.

---

[92] Wenn Sie viel im Sitzen arbeiten müssen, verändern Sie wenigstens von Zeit zu Zeit die Körperhaltung. Es ist besser, gelegentlich auf dem Stuhl zu lümmeln und dabei vielleicht einen etwas unseriösen Eindruck auf sein Umfeld zu machen, als durch einseitiges Sitzen den Körper zu ruinieren. Abwechslungsreiche Positionen sind ein guter Ausgleich und nötig, um verklebten Faszien vorzubeugen. Noch besser ist es allerdings, wenn Sie regelmäßig aufstehen und einige Übungen absolvieren.

Erkennungszeichen

Jedes konkrete Trainingsprogramm entwickelt Muskeln oder Muskelgruppen, die durch eine andere Tätigkeit kaum entwickelt werden. Und auch jeder, der lange in einem bestimmten Beruf arbeitet, hat gewisse nur für diese Tätigkeit ausgeprägte physische Merkmale. Diese können nützlich oder schädlich sein. Ein Schmied bildet kräftige Unterarme und Hände aus, wie sie auch für die Kampfkunst unerlässlich sind, eine Frisörin andererseits entwickelt durch ihre typisch einseitige Belastung Haltungsschäden und eine verspannte Hals- und Nackenmuskulatur, die chronische Schmerzen verursachen kann. Es gibt aber auch Muskeln, welche man so gut wie ausschließlich bei traditionell ausgebildeten Kampfkünstlern gut entwickelt findet, nicht jedoch bei Kampfsportlern. Zum Beispiel der *psoas major*, der »große Lendenmuskel«. Dieser ist zwar auf den ersten Blick nicht sichtbar, er verrät aber nahezu alles über das Training. Austrainierte Muskeln sollen und müssen nicht an sichtbaren Stellen sein, sondern befinden sich oft an verdeckten Körperstellen, die jedoch entscheidend für unsere gesamten Bewegungen sind. Das bedeutet, dass man anhand der Bewegungen eines Menschen seinen Leistungsstand ablesen kann. Das geht auch sehr schnell. Im Grunde weiß jemand, der selbst in der Kampfkunst bewandert ist, nach wenigen Sekunden oder Minuten die wichtigsten Dinge über sein Gegenüber. »*Gib mir zwei Minuten mit einem anderen Menschen und ich kann dir alles über sein Training verraten*«, sagte der »Seelenschmied« und Schwertfechter Stefan Roth.[93]

Man kann anhand des normalen Gehens die körperliche Verfassung, die Trainingsintensität und, wenn man selbst sehr gut ist, auch die Art der Trainings, der Schule und des Stils usw. erkennen. Seeleute, Reiter, Balle-

---

[93] Der Waffenschmied Stefan Roth (geb. 1967) hat in seinem bisherigen Leben einen Großteil der bekannten und weniger bekannten Kampfsport- und Kampfkunstarten trainiert. Etwa um die Jahrtausendwende begann er sich der »Deutschen Schule« des langen Schwertes zu widmen, welche er bis heute trainiert und unterrichtet. Seit 1995 schmiedet er kampftaugliche Blankwaffen aller Art in Museumsqualität. Im Juni 2012 reiste Roth gemeinsam mit Maik Albrecht zum bekanntesten Schmied Chinas, Zhōu Zhèngwǔ (周正武), um sich über Schmiedetechniken auszutauschen. Im Anschluss überreichte er Vertretern der chinesischen Regierung und des militärhistorischen Museums von Hóng'ān ein von ihm gefertigtes *dāo*, welches heute in besagtem Museum besichtigt werden kann.

rinen oder Bodybuilder sind anhand ihres typischen Ganges auch für den Laien erkennbar. Die Muskeln, die den Ober- und den Unterkörper verbinden, werden bei diesen Gruppen entweder besonders ausgebildet oder in einer anderen Form kenntlich.

Modernes Kampfkunsttraining

In vielen modernen Kampfstilen, besonders im *karate* oder *taekwondo*, trainiert man zu statisch und zu steif. Zwar ist manchmal das theoretische Wissen vorhanden, aber es hapert an der praktischen Umsetzung. Man hat weder eine gute isometrische Spannung, noch trainiert man den Körper locker oder strafft ihn richtig. Das führt dazu, dass das Gewebe steif wird und schneller verschleißt. Die Bewegungen wirken, egal wie schnell die Anwender sind, hölzern und verkrampft. Durch diese Art des Trainings verliert man nach und nach seine natürlichen Instinkte (Natürlichkeit, Flexibilität, Unberechenbarkeit).[94]

Man könnte einwenden, dass es sich halt um verschiedene Stile oder Schulen mit ihren jeweils eigenen Regeln und Traditionen handele, die es zu bewahren gelte. Doch die Gesetze des Kampfes folgen stets denselben Regeln, die von der menschlichen Anatomie bestimmt werden, und da ist es egal, welche Technik der Einzelne vertritt. Außerdem haben die japanischen und koreanischen Faustkampf-Schulen sehr viel aus anderen westlichen und östlichen Lehren übernommen, so dass es hier keineswegs um die Bewahrung irgendwelcher »reinen Lehren« geht.

Leider macht man heute in vielen modernen Kampfsportarten – ohne dies allzu sehr pauschalisieren zu wollen – teilweise schwerwiegende Trainingsfehler. Die Folgen sind im günstigsten Fall Techniken, die im realen Kampf nicht richtig funktionieren, und im ungünstigsten Fall lebenslange

---

[94] Diesen Umstand haben viele Kämpfer erkannt und daraufhin »ihr« *karate* stark verändert, indem sie einerseits andere Künste studierten und eingliederten und andererseits in realen Kämpfen die nötigen Eigenschaften erwarben. Im Grunde ist es jedoch nicht nötig »fremdzugehen«, da man lediglich bemüht sein muss, das, was man lernt, komplett auszuschöpfen und zu verstehen. Oder, wie Vera F. Birkenbihl sagte: »Gib der Sprache nicht die Schuld, wenn du sie nicht sprechen kannst.«

Schäden an den Gelenken oder den Organen. Die Liste derjenigen, die durch ihren Sport zum Krüppel wurden, ist endlos. Und, wie weiter vorn erwähnt, tauchen dort sehr bekannte Namen auf, die, was noch schlimmer ist, als Vorbilder angesehen werden und denen bedenkenlos nachgeeifert wird, mit den entsprechenden Folgen.

Gesundheitliche Aspekte

Die traditionellen Formen der chinesischen Kampfkünste sind neben ihrem Zweck als Katalog für Kampftechniken stets auch Übungen der Medizin. Sie halten den Organismus gesund und beschleunigen im Krankheitsfalle die Heilung. Dies gilt auch für alle Trainingsmethoden, die wir in diesem Buch vorgestellt haben.

Trainierende, vor allem Leistungssportler, haben ihr Ziel klar vor Augen, doch übersehen sie dabei mitunter die Risiken ihres Weges zum sportlichen Erfolg. Doch die Frage, wie man die Substanz erhaltend trainiert, ist ebenso wichtig wie die Frage nach den Möglichkeiten zur Erlangung des Ziels. In vielen Fällen wird die Gesundheit als Preis für den Sieg bewusst in Kauf genommen. Das mag für einen Kampf auf Leben und Tod nötig sein, nicht aber für die Trainingslehre. Denn wenn man seinen Körper zerstört, hat man nicht mehr viel, das zu verteidigen sich lohnt. Und man beraubt sich der Möglichkeit, im Notfall andere beschützen zu können.

Wir haben bereits auf die Rolle der Dehnung aus Sicht der chinesischen Medizin hingewiesen. Ein umfassend gedehnter Körper wird seltener krank und zieht sich seltener Verletzungen zu. Insbesondere ist die Gefahr von Muskelrissen, Zerrungen und dergleichen bedeutend geringer als bei einem »steifen« Körper.

Ein weiterer Vorteil des korrekten Trainings – auch darauf haben wir weiter vorn bereits verwiesen – ist die beruhigende Stellung, in welche die speziellen Körperhaltungen die inneren Organe bringen. Herz, Leber, Darm, Nieren und Milz, alle Organe werden gepflegt und gesunderhalten. Das ist eine Tatsache, die oft übersehen wird.

Erste Hilfe bei Tritt oder Schlag in den Unterleib

Eine der problematischsten Stellen, die im Kampf oder – versehentlich – im Training getroffen werden können, ist der Unterleib. Das gilt übrigens für Männer und Frauen gleichermaßen. Ist der Angriff hart genug, kann es für Sie tödlich enden. Durch folgende Hilfsmaßnahme lässt sich der Schock lindern und im Extremfall das Leben des Getroffenen retten.

Der Getroffene wird sofort auf den Boden gesetzt. Ein Partner stellt sich hinter ihn, greift unter die Achseln und hebt ihn an (Abbildung 580). Der Getroffene bleibt in seiner zusammengesackten Haltung. Dadurch sind die inneren Organe in einer geschützten und erholsamen Position. Das Herz wird beruhigt, und auch auf den Unterleib kann sich erholen.

Abb. 580

VIII. Rahmenbedingungen für ein gutes Training

Zìrán – das Prinzip der Natürlichkeit

Wir sind in diesem Buch immer wieder auf die Natürlichkeit (chin. *zìrán* 自然)[95] zu sprechen gekommen. In China gibt es einen ganzen philosophischen Komplex, der sich nur mit der Natürlichkeit befasst. *Zìrán* zu praktizieren klingt erst einmal nicht schwierig. Doch das Gegenteil ist der Fall. Mit einem Minimum von Selbsterkenntnis wird man dies verstehen. Es geht darum, in allem, was wir tun, angemessen zu handeln. Im Zenbuddhismus gibt es den Ausspruch: »*Iss, wenn du hungrig bist, trink, wenn du durstig bist und schlaf, wenn du müde bist. Tue es ganz oder lass es ganz.*« Spontan werden wir sagen: »Aber genau das tue ich doch«. Meist stimmt das nicht. Hier geht es darum, sich seines Zustandes wirklich bewusst zu werden, seine momentane Handlung bewusst wahrzunehmen.

Wer isst und dabei liest, isst weder bewusst noch liest er bewusst. Natürlichkeit bedeutet, sich auch der kleinen Handlungen völlig bewusst zu sein. Es geht darum, natürlich zu bleiben und sich der jeweiligen Situation gegenüber angemessen zu verhalten. Kurz, den Geist für alles offen zu lassen. Auf diese Weise kann man verhindern lernen, dass Gefühle wie Wut oder Ärger den Handlungsfluss stören. Es geht darum, fähig zu sein, sich der jeweiligen Situation auf optimale Weise anzupassen. Ein Freund von uns erzählte einmal, dass er früher manchmal, wenn er mit seinem Training unzufrieden war, mit seinen Übungen noch einmal von vorn angefangen hat. Doch diese – selbstverschuldete – Situation frustrierte ihn, da er sein Training nun mit negativen Emotionen verband. Als er das begriffen hatte, änderte er seine Vorgehensweise und ließ alles fallen, was den Fluss störte. Heute trainiert er der Situation angemessen. Viele, die sich in

---

[95] Der Begriff *zìrán* hat im Laufe der Zeit mehrfach einen Bedeutungswandel erfahren. Manchmal konnte er auch mehrere Bedeutungen gleichzeitig haben und sich zum Beispiel mit *tiānrán* (天然) – vom Himmel gegeben; Gottgewollt – oder *wúwéi* (無為) – kein bewusstes Handeln – überschneiden. Zwei Begriffe gehören unbedingt und untrennbar zum *zìrán*: Veränderung (chin. *biànhuà* 變化) und natürlicher, immer wiederkehrender Wandel (chin. *zìrán jiùshì biànhuà* 自然就是變化). Das sind die Grundlagen, die für die Kampfkunst, die Gesellschaft und die Natur gleichermaßen gültig sind.

ähnlichen Lagen befinden, kommen aus dem Abwärtsstrudel aus Streben nach Erfolg und Frustration nicht wieder heraus und hören irgendwann ganz mit dem Training auf.

Für die Kampfkunst ist die Natürlichkeit eine der wichtigsten Voraussetzungen. Ohne sie kann man vielleicht einige durchschnittliche Gegner besiegen, mit ihr hingegen ist jeder Erfolg möglich. Die Natürlichkeit führt zu Beständigkeit beim Training und löst Zwänge auf. Sie anerzieht einen Geisteszustand, der für die Kampfkunst unabdingbar ist. Das ist keineswegs esoterisch gemeint. Wir sprechen hier von der Fähigkeit, angemessen zu agieren und zu reagieren.

Die Chinesen haben einen Kampfkunststil nach diesem Prinzip benannt: *zìránmén* (自然門). Wer die Techniken und Manöver des *zìránmén* sieht, reagiert oft enttäuscht, da er irgend etwas Geheimnisvolles erwartete. Doch auch die Vertreter dieser Schule bleiben Menschen und sind den Regeln der Anatomie unterworfen. Wir versuchen einen Schritt weiter zu gehen, denn obwohl man im *zìránmén* eine gewisse Freiheit der Handlung anstrebt, ist man dennoch an die Grenzen der Lehren dieser Schule gebunden. Erst ganz ohne Schule kann man sich ausschließlich auf das konzentrieren, worauf es ankommt. Im Falle des Kampfes ist das der Gegner. Bruce Lee sagte einmal: »*Ein Kampfkünstler, der ausschließlich nach einem gegebenen Kampfmuster trainiert, verliert seine Freiheit. Tatsächlich ist er zum Sklaven eines Musters seiner Wahl geworden und hat das Gefühl, dass das Muster das Wahre sei. Das führt zu Stagnation, denn der Weg des Kampfes beruht niemals auf persönlicher Wahl oder Phantastereien, sondern er ändert sich unaufhörlich von einem Moment zum anderen. Bald wird der enttäuschte Kämpfer entdecken, dass es seiner ‚Wahlroutine' an Flexibilität mangelt. Im Training muss es um ein »Sein« und nicht um ein »Tun« gehen. Man muss frei sein. Anstelle von Komplexität der Form sollte es Einfachheit im Ausdruck geben.*«

Gesunder Schlaf

Für die alten Meister der chinesischen Kampfkunst war auch die Körperhaltung im Schlaf Teil des Trainings.[96] Sie nahmen das sehr ernst, denn der Vitalisierungszyklus sollte so erfolgreich wie möglich sein. Die von ihnen empfohlene Position ist eine Fötalhaltung. Sie ist sehr ursprünglich. Der Körper und die Organe werden auch hier entspannt (schonend »eingewickelt«), das Herz schlägt gleichmäßig und ruhig. Die Handflächen zeigen nach oben, die Brust ist gerundet. Die Beine sind angewinkelt. In dieser Haltung hat der Körper die beste Möglichkeit, sich zu erholen und zu regenerieren.

Das Schlafen ist äußerst wichtig für den Menschen, wenn er optimal funktionieren soll. Wir können durchaus lange ohne Schlaf auskommen. Doch bereits nach kurzem Schlafentzug machen wir Fehler. Schlaf lädt unseren Organismus wieder auf. Schlafen gehört daher zum Training, und das richtige Schlafen ist ein wichtiger Bestandteil, wenn Sie erfolgreich und effizient trainieren und leben möchten. In der chinesischen Medizin gibt es für das Schlafen ein paar einfache Grundsätze, die auch teilweise in der westlichen Welt bekannt sind:

Erstens: Als beste Zeit für die Nachtruhe gilt abends 22:00 Uhr. Ab Mitternacht erreicht man den Tiefschlaf und kann dann gut erholt zwischen 4:00 und 6:00 Uhr morgens aufstehen. Schlafen soll man nicht zu lange, da zu langer Schlaf den Körper schwächt. In der chinesischen Medizin gibt es das Sprichwort: »*Zǎo shuì zǎoqǐ, duì shēntǐ hǎo* (早睡早起，對身體好). – *Früh schlafen gehen und früh aufstehen ist für den Körper sehr gesund.*« So bekommt der Organismus die meiste Energie. In China vertritt man die Meinung, dass spätes Zu-Bett-Gehen und spätes Aufzustehen den Menschen aggressiv und unausgeglichen werden lässt. Menschen mit so einer Lebensgewohnheit gelten sogar als gefährlich. Ihre Gedanken führen zum Chaos, heißt es in der chinesischen Medizin. Interessant in diesem Zusammenhang ist, dass drei der schlimmsten Diktatoren der Geschichte, Hitler, Stalin und Mao, notorische Spätaufsteher und »Nachtmenschen« waren.

---

[96] Das betrifft allerdings auch die Lehrer des Westens im 19. Jahrhundert. Die hygienischen Vorstellungen waren ebenfalls sehr umfangreich.

Zweitens: Beim Schlafen die richtige Position einnehmen, um den bestmöglichen entspannten Zustand zu erhalten.

Drittens: Vor dem Schlafen soll man ein Fußbad nehmen. Dies wird in China heute noch von alten Menschen so gehandhabt. Die junge Generation weiß dies oft nicht mehr. Dadurch wird der Blutfluss in einen harmonischen Lauf gebracht. Während des Bades soll man die Beine leicht massieren. Die Beine sind am weitesten vom Herzen entfernt und sollten deshalb immer warmgehalten werden. Wenn im Winter die Füße schnell kalt werden, sollte das als ein Warnzeichen angesehen werden. In diesem Fall ist oft eine Krankheit im Anmarsch.

Viertens: Ebenso wichtig ist es, sich mit möglichst leerem Magen hinzulegen. Nicht unbedingt nüchtern, doch so, dass der Magen nicht unnötig arbeiten muss.

Fünftens: Entsprechendes gilt für Aktivitäten. Anstrengungen vor dem Schlafengehen sollten vermieden werden, da der Organismus sonst schwer zur Ruhe kommt. Um es mit der Computersprache zu sagen: Man soll den Körper langsam herunterfahren. Zu empfehlen ist, vor dem Schlafen mäßig heißes Wasser oder warme Milch zu trinken. Dies entspannt den Körper. Das wussten schon unsere Großeltern.

Sechstens: Eine andere Sache, die vielleicht in vielen Kulturen ähnlich gesehen wird, ist, dass man auf einer eher harten Matratze gesünder schläft als in einem sehr weichen Bett. In China schlafen sehr alte Menschen noch häufig auf besonders harten Unterlagen. Das gilt als gesund für den Körper, da Knochen und Wirbelsäule nicht unnatürlich verbogen werden, wie das bei zu weichen Matratzen der Fall ist.

Betrachten Sie das Schlafen ebenfalls als einen wichtigen Teil des Trainings. Genauso, wie Sie Ihren gesamten Alltag als Training betrachten können. Das fängt an beim einfachen Spaziergang. Gehen Sie so oft wie möglich zu Fuß und halten Sie ihr »Untergestell« stark und beweglich. Achten Sie bewusst darauf, dass Sie körperlich in allen Situationen entspannt bleiben. Lassen Sie Ihren Körper locker. Das fängt allerdings im Geist an. Sind Sie im Kopf entspannt und sehen die Welt nicht so verbissen, wirkt sich das auf Ihren Körper und Ihre ganze Gesundheit aus – und damit auch auf ihren Schlaf. Sehen Sie das Leben als Möglichkeit, ständig Ihre Fähigkeiten zu verbessern. Denn darum geht es letztendlich.

Essen und Trinken

Laut chinesischer Medizin ist das gesündeste Getränk, das man zu sich nehmen kann, abgekochtes klares Wasser. Natürlich können Sie auch reines natürliches Quellwasser trinken, wenn Sie das Glück haben, in einer Gegend zu leben, in der Sie an solches Wasser herankommen. Trinkt man reines Wasser, so sind darin so gut wie keine Schad- oder Zusatzstoffe enthalten, die sich im Körper festsetzen können. Selbst in eigentlich gesunden Getränken wie Tee können Schadstoffe enthalten sein, die Krankheiten verursachen können. Ganz zu schweigen von den vielen schädlichen Zuckergetränken, wie sie derzeit in Mode sind.

Trinken Sie am besten zu keiner Zeit sehr kalte Getränke, auch nach anstrengendem Training nicht. Trinken sie warme Getränke. Diese schädigen den Magen nicht. In den chinesischen und okinawanischen Kampfkünsten gibt es die Praxis, in der warmen Jahreszeit warme Getränke und in der kalten Jahreszeit etwas kühlere Getränke zu sich zu nehmen. Der Organismus passt sich an die äußeren Witterungsumstände an. In der warmen Jahreszeit auch warme Getränke zu trinken und in der kalten kühlere, hält den Organismus im Gleichgewicht.

Wir bieten Ihnen hier keinen Diätplan an. Viele der zahllosen existierenden Diäten sind bestenfalls nutzlos. Auch in diesem Zusammenhang empfehlen wir Ihnen, die Augen offen zu halten und sich an der Natur und an den Naturvölkern zu orientieren. Wenn Sie sich ausreichend und gesund bewegen, können Sie alles essen, was Sie möchten. Machen Sie sich nicht zum Sklaven Ihres Magens, aber noch weniger zum Sklaven fremder Meinungen. Ihr Körper kann, wenn Sie bewusst auf ihn lauschen, stets dafür sorgen, dass Sie genau das zu sich nehmen, was sie benötigen. Wenn Sie Ihrem (unmanipulierten) Appetit folgen, liegen Sie meist richtig. Es gilt im Grunde nur wenig darüber hinaus zu wissen. Kaufen und essen Sie bewusst und nicht im »Rausch«. Sie werden sonst dazu neigen, alles Mögliche wahllos in sich hineinzustopfen.

Verzichten Sie auf Nahrungsergänzungsmittel für den Muskelaufbau. Es gibt in der Natur keine Eiweißkonzentrate und keine Vitamin- oder Hormonpräparate. Im günstigsten Fall haben diese Substanzen keinerlei Effekt, im ungünstigsten schädigen sie Ihren Organismus nachhaltig.

Mit Hilfe von Präparaten aufgebaute Muskeln sind ein Ausdruck »toter Kraft«.

Machen Sie sich frei von Sorgen um Ihren Body-Mass-Index. Wenn Sie gut trainieren und stets nach ihrem gesunden Appetit essen, können Sie kaum etwas falsch machen. Die noch existierenden Naturmenschen entsprechen meist keinem unserer oberflächlichen Schönheitsideale, kennen kaum moderne Bequemlichkeiten, essen, was sie finden und werden dennoch in der Regel recht alt. Viele dieser Menschen aus Naturvölkern sollten nach unseren Maßstäben Mangelerscheinungen haben, doch sie bewahren ihre Kraft und ihre Gesundheit bis ins Alter. Der Hauptgrund hierfür ist ihre viele Bewegung im Freien.

Ansonsten gilt, dass jeder Mensch anders auf bestimmte Arten von Nahrung reagiert. Achten Sie darauf, wie Ihr Körper verschiedene Nahrungsmittel verträgt, welche Nahrung Ihr Wohlbefinden steigert und welche dazu führt, dass Sie sich unwohl oder schwach fühlen. Die einen vertragen keine Milch, die anderen keinen Zucker usw.

Manche Menschen bekommen beim Training oft einen sogenannten »Hungerast«. Ein derartiger »Schwächeanfall« ereignet sich, wenn der Blutzuckerspiegel plötzlich abfällt. Das liegt häufig daran, dass sie ein unausgewogenes Verhältnis aus Kohlenhydraten und Eiweiß zu sich genommen haben oder dass die Kohlenhydrate, die sie gegessen haben, sich zu rasch in Einfachzucker umwandeln. Das führt zu einem kurzfristig erhöhten Blutzuckergehalt, den der Organismus möglichst schnell wieder reduzieren will, was in der Folge zu einer Unterzuckerung führt, die dann den »Hungerast« bewirkt. Häufig nimmt man in solchen Fällen schnell etwas Süßes zu sich, um den Zuckerspiegel im Blut zu erhöhen, z. B. Traubenzucker oder Schokolade oder einen »Energy-Drink«. Auch wenn es kurzfristig hilft – es bedeutet letztendlich nichts anderes, als den »Teufel mit dem Beelzebub« auszutreiben. Die Zufuhr von gut verdaulichem Eiweiß wäre in diesem Fall die bessere und nachhaltigere Lösung.[97]

---

[97] Die sich hinter diesem Phänomen verbergenden biochemischen Zusammenhänge werden z. B. in folgendem Buch gut erklärt: Sears, B.: *Das Optimum*. Berlin: Ullstein 2009.

Ergänzungen zum Training

Parkour

Weitere empfehlenswerte Übungen sind Techniken aus dem *Parkour*.[98] Diese interessante Disziplin hat eine Vielzahl von Techniken hervorgebracht, die mit und gegen die Schwerkraft arbeiten. Es gab und gibt natürlich ähnliche Methoden oder Übungen überall auf der Erde, zum Beispiel in Indien, Indonesien und auf Okinawa. Dort arbeitet man ebenfalls mit Hindernissen, um seine allgemeinen Fähigkeiten zu verbessern. Kampfkunst ist seit jeher auch militärisches Training gewesen, und das Überwinden von Hindernissen zur Flucht oder zum Angriff war ein wichtiger Bestandteil.

Schwimmen

Auch das Schwimmen – egal in welchem Stil – ist eine sehr gute ergänzende Übung, die den Körper in seiner Gesamtheit trainiert.

In den klassischen chinesischen und auch thailändischen Kampfkünsten wurde oft und gerne im Wasser trainiert. Tritte und Schläge müssen gegen den Wasserwiderstand ankämpfen, und gleichzeitig ist der Schwimmer bemüht, sich gegen den Auftrieb zu behaupten. Das Element Wasser verleiht dem Körper eine annähernde Schwerelosigkeit und lässt alle Muskeln, Gelenke und Glieder als Einheit zusammenarbeiten.

Auch zu empfehlen ist das Schwimmen in kaltem Wasser im Winter. Dies härtet Körper und Geist ab. Es macht Sie zäh und gesund; das Immunsystem wird gestärkt. Solche Übungen formen Sie als Menschen, weil es Sie Überwindung kostet; es stärkt Sie und bringt Sie auf Ihrem Weg voran.

---

[98] Eine detaillierte Vorstellung dieser Kunst würde den Rahmen des Buches sprengen. Wir verweisen den Leser auf die entsprechende Literatur, wie z.B.: Witfeld, J., Gerling, I. und Pach, A.: *Parkour und Freerunning: Entdecke deine Möglichkeiten.* Aachen: Meyer & Meyer Sport 2012.

Musik

Eine ebenfalls gute und in allen Kulturen beliebte Ergänzung zum Training ist die Musik. Sowohl in Thailand, Brasilien und Afrika, aber auch in der westlichen Kultur ist Musik als Motivation und für das Rhythmusgefühl beliebt. Musik schafft einen Rhythmus und motiviert Sie beim Training und in vielen Kulturen auch beim Kampf.[99] Welche Richtung Sie bevorzugen oder welche zu Ihrem Training passt, entscheiden Sie je nach Zweck und Stimmung.

Wie finde ich einen guten Lehrer?

Es gibt in unserer Zeit der totalen Aufklärung durch das Internet immer noch genügend Scharlatane, die mit den simpelsten und oft albernen Methoden Jünger anwerben und Menschen betrügen. Bereits in den klassischen chinesischen Schriften über die Kampfkunst wurde vor solchen Leuten gewarnt. Etliche Kampfkunstmeister rieten eindringlich, an übernatürlichen oder mystischen Kräften zu zweifeln oder machten sich einfach darüber lustig, wenn jemand damit prahlte, was für Wunderdinge er dank der Kraft seines ganz besonderen »qi« vollbringen konnte, denn stets verbargen sich dahinter leicht erklärbare Tricks. Leider trugen diese Warnungen keine Früchte, weder im Westen noch im Osten.

Es gibt immer wieder Scharlatane, die die im Westen noch recht verbreitete Naivität hinsichtlich ostasiatischer Kampfkünste ausnutzen. Die Wahrheit ist, dass heute nicht wenige Europäer und Amerikaner über die asiatische Kampfkunst und Kultur oft mehr wissen, als viele Bewohner des entsprechenden Landes. Andererseits gibt es Chinesen und Vietnamesen, die sich als Großmeister der inneren und äußeren Stile ausgeben und in Europa durch Augenwischerei ihre Brötchen verdienen.[100] Im Bereich der Kampfkunst bieten viele Scharlatane ein Pseudo-Kung-Fu an oder ein

---

[99] Im Kampf selbst sollte man allerdings aufpassen, sich nicht dem Rhythmus des Gegners anzupassen. Hier müssen Sie arhythmisch bleiben.
[100] Bei Japanern sieht es etwas anders aus. Hier trifft man zwar ebenfalls auf schlecht oder wenig trainierte Lehrer, doch nur selten auf Betrüger.

Konglomerat aus Sport und Erfundenem. Dazu kommt meist eine kru-
de philosophische Lehre. Was heute alles unter dem Namen *tàijí, wǔshù,
gōngfu* oder *qìgōng* angeboten wird, ist mit Frechheit noch sehr wohlwol-
lend beschrieben. Die *pànzi* (骗子), also Betrüger, nutzen beispielsweise
den verbreiteten Glauben aus, wenn man sich im seidenen Pyjama irgend-
wie schlaff bewege, müsse es wohl *tàijí* sein. Ebenso gilt schnelles unkoor-
diniertes Gefuchtel mit möglichst seltsamen Handhaltungen automatisch
als »Kung Fu«.

Wenn Sie auf der Suche nach einem guten Lehrer eine Schule der
Kampfkünste aufsuchen und Ihnen von dem Gesagten oder Gezeigtem
irgend etwas Bauchschmerzen bereitet, hinterfragen Sie es. Wirkliche
Meister können immer mit klaren Worten erklären, was sie weshalb machen. Scharlatane werden ausweichend antworten oder auf pseudophilo-
sophische Floskeln zurückgreifen. Bleiben Sie wachsam und vertrauen Sie
Ihrem Verstand.

Nachwort

Dieses Buch ist als Unterstützung für alle Bewegungs- und Sportarten gedacht. Es ist für Kinder, Jugendliche und Erwachsene, für den Fußballer wie für den Tänzer, den westlichen Kampfsportler und den Praktizierenden einer asiatischen Kampfkunst gleichermaßen geeignet. Es gibt mehrere Möglichkeiten, seine Leistung zu steigern. Negative Methoden wie exzessives verschleißendes Training oder Doping werden leider, besonders im Leistungssport, allzu häufig genutzt. Fragen Sie sich immer, wofür Sie trainieren und machen Sie sich bewusst, dass ein gesunder Körper das größte Kapital überhaupt ist.

Mit diesem Buch wollen wir Ihnen positive Methoden mit auf den Weg geben. Diese werden Ihren Körper maximal leistungsfähig machen, Ihnen alle Ihre körperlichen Möglichkeiten zur Verfügung stellen und Sie bis ins Alter gesunderhalten. Das Hauptaugenmerk liegt dabei immer auf der Pflege der inneren Organe, des Immunsystems, aller Glieder und Gelenke. Und es liegt auf dem einheitlichen Training von Körperkraft bei gleichzeitiger Flexibilität und damit auf der Möglichkeit, Ihre Kraft auch optimal anwenden zu können.

Die Übungen können jedem Menschen als Ausgleich für einseitige oder schädliche Arbeit dienen, wie langes Sitzen im Büro oder Tätigkeiten mit ungesunder Haltung, um den Organismus dauerhaft gesundzuerhalten. Genauso aber dienen sie dem Sportler, um sich für seine Disziplin beweglicher und kräftiger zu machen. So gut wie jede Sportart verlangt eine gute und gesunde Physis, welche immer eine Hauptsäule darstellt, auf der alles andere beruht. Und mit den hier vorgestellten Übungen stärkt ein Sportler oder Kampfsportler diese Säule und verbessert dadurch seine Leistung, was dem sportlichen Wettkampf zugute kommt. Und natürlich nutzen sie in jeder Hinsicht dem Kampfkünstler, gleichgültig, ob er einer bestimmten Stilrichtung angehört oder ob er frei von allen Vorgaben seine eigene Bewegungs- und Kampfkunst herausarbeiten möchte.

Durch dieses Buch haben Sie ein richtiges Verständnis für gutes physisches Training bekommen. Ergebnisse, die wirklich etwas taugen, erreicht man nur durch logisch begründbares Training. Es gibt dabei keine Geschenke. Nichts ist umsonst in der Natur und im Leben. Hinterfragen Sie alles. Dann schützen Sie sich zum großen Teil vor Betrug. Meister kann man nur aus sich selbst heraus werden, mit eigenem Training, aber nicht, indem man Meistern oder Gurus hinterherläuft, die viel versprechen und wenig halten.

Trainieren Sie täglich und machen Sie das Training zu einem täglichen Bedürfnis, so wie die Nahrungsaufnahme. Lassen Sie sich durch Unterbrechungen, die immer vorkommen können, nicht abhalten, Ihr Training wieder aufzunehmen. Nach Trainingspausen ist es oft schwer, seinen Trainingsrhythmus wiederzufinden. Es kommt einem vor, als wären alle früheren Trainingsergebnisse verschwunden. Deswegen ist es gerade vom Willen her sehr schwer, den Faden wieder aufzunehmen. Sie werden aber schon bald sehen, dass das bisher Geleistete nicht umsonst gewesen ist. Lassen Sie sich nicht entmutigen und seien Sie ausdauernd. Ihre Lebensqualität wird sich dadurch erhöhen.

Dàqìwǎnchéng (大器晚成) lautet ein Ausspruch des chinesischen Philosophen Laozi, was sinngemäß bedeutet: »Wirkliches Talent und eine große Sache reifen erst spät.« Und dieser Spruch ist das eigentliche Motto dieses Buches. Er gilt voll und ganz auch für das Training eines Menschen. Dieses muss langfristig verstanden und aufgebaut sein. Gesund sein und sich immer verbessern, ein ganzes und vor allem langes Leben lang, das ist das Ziel. Die meisten körperlichen Aktivitäten und Sportarten zielen auf den schnellen Erfolg und verschleißen Sie schnell. Uns geht darum, dass Sie solange wie möglich gesund und jung bleiben, innerlich und äußerlich.

Quellen

Bildrechte

Autorenfoto (S. 5), Foto Klemens Neumann (S. 11), Ariomar-Logo (S. 12), Abbildungen 43, 53, 54, 56, 57, 65-77, 90, 100, 107-111, 127-132, 171-174, 193, 203, 229-244, 248-250, 296, 301, 311-314, 348, 358-389, 398, 418, 474, 477, 478, 480, 523-539, 567-571, 577: Maik Albrecht und Frank Rudolph. Abbildungen 8-41, 44-52, 55, 58-64, 84-88, 93-99, 101-105, 112-119, 122-126, 133-135, 137, 138, 141-146, 149-170, 176-182, 190, 191, 194-200, 204-209, 213-216, 223-228, 258-266, 268-270, 272-289, 324-327, 329-333, 400-417, 419-426, 434-442, 444-453, 475, 476, 479, 488-511, 541-554, 561, 562, 566, 572, 574, 576, 578-580: Palisander Verlag. Abbildung 78: Dellex (»Kämpfende Rote Riesenkänguruhs«, lizenziert unter Creative Commons Attribution-Share Alike 3.0 Unported license, URL: http://creativecommons.org/licenses/by-sa/3.0/deed.en). Abbildungen 463-465: Wolf Lux (mit freundlicher Genehmigung). Abbildung 575: Roland Habersetzer (mit freundlicher Genehmigung). Abbildung 300: Gemeinfrei – Dank an Christoph Amberger. Alle anderen Abbildungen: Gemeinfrei.

Literatur

Ravenstein, August: Volksturnbuch. J.D. Sauerländer's Verlag, 2. Auflage 1868

Fischer, Hans W. : Körperschönheit und Körperkultur. Deutsche Buch-Gemeinschaft 1928

Jaeger, Otto Heinrich: Neue Turnschule. Adolf Bonz & Comp. 1891

Glucker, A.: Springseil-Gymnastik und Atmung. Paul Mähler Verlag, 3. Auflage 1923

Dörr, Wilhelm: Leibesübungen für alle. Dörr ca. 1920

Surén, Hans: Kraftgymnastik. Frankh'sche Buchhandlung 1935

Neuendorff, Edmund: Die deutschen Leibesübungen. Schumann 1927

Dàomíng Xióng: Yàn Chí Gōng

Die Wiederentdeckung einer alten Shaolin-Tradition

Im Jahre 1963 beschloss Großmeister Dàomíng Xióng, sein Wissen über das Yàn Chí Gōng schriftlich festzuhalten. Im Jahre 2012 gestattete Li Zhènghuá, Meister Xióngs geistiger Erbe, die Erstveröffentlichung des Manuskripts in deutscher Sprache. Sein Schüler Maik Albrecht übersetzte den Text und kommentierte ihn gemeinsam mit Frank Rudolph.

Das Yàn Chí Gōng ist ein in sich geschlossenes Übungssystem (gōng bzw. qìgōng), das anderthalb Jahrtausende lang nur Eingeweihten im Shaolin-Kloster bekannt war und schließlich fast vollkommen in Vergessenheit geriet. Es zielt darauf ab, eine nachhaltige innere Stärke von Körper und Geist und lebenslange Gesundheit zu entwickeln. Die Übungen werden im Buch auf nachvollziehbare Weise in Text und Bild dargestellt. Die einfacheren Übungen sind für Menschen, die einen Ausgleich zu vorwiegend sitzenden Tätigkeit suchen, bestens geeignet. Darüber hinaus ist das Yàn Chí Gōng ein hocheffektives, über Jahrhunderte erprobtes Trainingssystem für Kampfkünstler, das den Körper als Ganzes trainiert – einschließlich der inneren Organe und des Bindegewebes –, ohne ihn dabei zu verschleißen, wie dies oft im Leistungssport der Fall ist. Der Körper gewinnt durch die Übungen an Ausdauer, Kraft und Geschmeidigkeit.

Neben den eigentlichen Übungen wird auch das dahinterstehende Gedankengebäude des Daoismus tiefgründig erläutert, von der Schöpfungslehre über Medizin bis hin zur Sexualkunde.

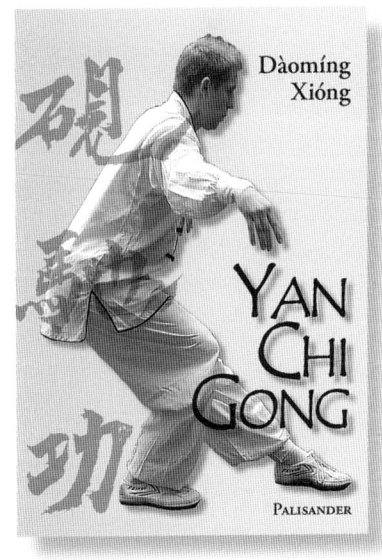

Xióng Dàomíng (ca. 1900-1986) war ein Großmeister der chinesischen Kampfkünste (Wushu). Er war Schüler des letzten Xiákè des alten China, Yáng Zuānkuí. Jener war nicht nur ein außerordentlicher Meister der alten Kampfkünste, sondern darüber hinaus ein universell gebildeter Mann. Zu den wertvollsten Dingen, die er Xióng Dàomíng lehrte, gehören das Trainingssystem und die Philosophie des Yàn Chí Gōng.

Dàomíng Xióng
Yàn Chí Gōng
Eine fast vergessene Shaolin-Tradition
Aus dem Chinesischen übersetzt und kommentiert von Maik Albrecht und Frank Rudolph
256 Seiten, ca. 280 Abbildungen
ISBN 978-3-938305-75-1
19,90 €

Wu – Ein Deutscher bei den Meistern in China

Die Welt der chinesischen Kampfkünste

Geheimnisvolle Mönchskrieger mit scheinbar übernatürlichen Fähigkeiten, die sie in spektakulären Vorführungen zur Schau stellen, und eine Unzahl von Kung-fu-Filmen prägten bislang das Bild des Wushu im Ausland. – Dieses Buch räumt mit Klischees auf. Es zeigt, was authentische chinesische Kampfkunst ist: eine Kunst, die jahrhundertelang in Kämpfen auf Leben und Tod erprobt wurde und auf diese Weise zu unvergleichlicher Wirksamkeit gelangte.

Maik Albrecht ist seit zehn Jahren direkter Schüler eines der besten Meister Chinas, Li Zhenghua. Durch diesen erhielt er auch Zugang zu anderen großen Meistern, die heute oft vollkommen zurückgezogen leben. Aus ihrer Sicht ist nur der bereit, echte Kampfkunst zu lernen, der es auf sich nimmt, sich über lange Zeit hinweg durch mühselige Gongfu-Übungen die notwendigen Grundlagen hierfür anzutrainieren.

Den Leser erwartet eine atemberaubende Reise durch die Landschaft der chinesischen Kampfkünste mit vielen interessanten Verweisen auf europäische oder japanische Traditionen. Meister aus Vergangenheit und Gegenwart, die hierzulande völlig unbekannt sind, aber zu den besten der Welt gehören, werden vorgestellt, ebenso einige bekannte und weitgehend unbekannte Stilrichtungen sowie klassische Trainingsprinzipien und -methoden für den Aufbau der inneren Kraft.

Maik Albrecht ist Chinaexperte und Kenner der chinesischen Kampfkünste. 2006 gewann er als einziger Ausländer in der chinesischen Profigruppe eine Goldmedaille bei der Wushu-Weltmeisterschaft in Zhengzhou. Im selben Jahr erhielt er den 4. Meistergrad (Wushu Duan). Albrecht besitzt einen Abschluss in Sinologie von der Universität Wuhan.

Koautor Frank Rudolph studierte Journalistik und praktiziert verschiedene europäische und asiatische Kampfkünste. Mehrere Studienreisen führten ihn nach China.

Maik Albrecht und Frank Rudolph
Wu – *Ein Deutscher bei den Meistern in China*
368 Seiten mit 235 Fotos
2. Auflage 2013
ISBN 978-3-938305-12-6
23,80 €

Gewalt: Selbstschutz gegen Schläger

Das Dilemma der modernen Zeit

Eine Biene sticht nur, wenn sie sich bedroht fühlt. Für ihre Verteidigung ist sie bereit zu sterben. Auf den Menschen übertragen heißt das: Wir sind friedlich, solange wir nicht bedroht werden. Aber falls man uns angreift, nutzen wir jedes zur Verfügung stehende Mittel zu unserem Schutz, wenn es sein muss, unter Einsatz des eigenen Lebens.

Um sich selbst zu schützen, benötigt man eigentlich keine gezielte Ausbildung. Jeder Mensch hat das Rüstzeug für die Verteidigung und den Angriff von der Natur mitbekommen. Aber aufgrund der vorwiegend sitzenden Lebensweise und der vielen Bequemlichkeiten im Alltag hat sich der moderne Mensch vom »Normalfall« weit entfernt. In diversen Selbstverteidigungskursen wird suggeriert, dass jeder, wenn er nur ein paar einfache Tricks lernt, sich wirksam verteidigen könne. Das ist leider ein Wunschtraum. Um tatsächlich eine Chance zu haben, in einer echten Schlägerei bestehen zu können, müssen Sie ausdauernd und auf effektive Weise trainieren.

In diesem Buch geht es darum, den Leser darauf vorzubereiten, Gefahrensituationen zu erkennen und ihm Möglichkeiten zu vermitteln, angemessen zu reagieren. Können Sie der Gefahr nicht ausweichen, dann sollten Sie darauf vorbereitet sein, der Gewalt des Schlägers überlegene Gewalt entgegenzusetzen.

Die vorgestellten Techniken und Übungen sind auf effektiven Selbstschutz ausgerichtet und dienen dazu, Körper und Geist so zu trainieren, dass Sie einem Angriff erfolgreich begegnen können.

M. Albrecht und F. Rudolph
Gewalt
Selbstschutz gegen Schläger
232 Seiten, ca. 200 Abbildungen
1. Auflage 2014
ISBN 978-3-938305-58-4
19,90 €

Mabuni Kenei: Leere Hand – Vom Wesen des Budô-Karate

Das Lebenswerk eines Großmeisters des Karatedô

Budô ist der Weg der traditionellen japanischen Kampfkünste. Mabuni Kenei ist diesem Weg bis heute durch nahezu acht Jahrzehnte gefolgt. Er gehört zu den letzten Meistern, die bei den Gründervätern des modernen Karatedô in die Lehre gegangen sind. Der Sohn und Erbe Mabuni Kenwas, des Gründers des Shitô ryû, ist im Lauf seines Lebens zu einem tiefen Verständnis vom Wesen des Karate als Budô-Kampfkunst gelangt. Auf lebendige, fesselnde Weise versteht er es, dem Leser dieses außerordentlich komplexe und vielschichtige Wissen nahezubringen. Dies geschieht in Form von Lebenserinnerungen, technischen Erläuterungen, historischen und philosophischen Ausführungen, Legenden und anekdotischen Begebenheiten aus dem Leben berühmter Samurai und Budôka (u. a. Meister des Schwertkampfes, des Aikidô, des Okinawa-te und des Karate).

Mabuni Kenei, Träger des 10. Dan, wurde 1918 auf Okinawa, dem Ursprungsort des Karatedô, geboren. Als Sohn eines der bedeutendsten Karateexperten in der Geschichte der Kampfkünste lernte er in seiner Jugend viele der großen Meister des Budô kennen, so z. B. Miyagi Chôjun, Motobu Chôki, Konishi Yasuhiro, Fujita Seiko und Funakoshi Gichin. Im Alter von 34 Jahren übernahm er den Vorsitz des Shitô ryû. Noch heute, im hohen Alter, hält er regelmäßig Lehrgänge in verschiedenen Teilen der Welt ab, in denen er authentisches Karatedô vermittelt.

Dieses Werk, aus dem eine ebenso vergessene wie wertvolle Vergangenheit zu uns spricht, ist eine Einladung, dem Weg des »vollendeten Menschen« zu folgen, welcher der wahre Weg des Karatedô ist. Sôke Mabuni geht sogar über diesen Weg hinaus, indem er Verbindungen zu buddhistischer, taoistischer und konfuzianischer Spiritualität knüpft. Möge seine Botschaft gelesen und verstanden werden.

Roland Habersetzer

Kenei Mabuni
Leere Hand – *Vom Wesen des Budô-Karate*
Aus dem Japanischen von Bernd Winter
Herausgegeben von Carlos Molina
256 Seiten mit 100 Abbildungen
3. Auflage 2014
ISBN 978-3-938305-05-8
19,80 €

Jamal Measara: Verschollene Traditionen des Okinawa-Karate

Traditionen für unsere Zeit

Der aus Malaysia stammende Jamal Measara genießt weltweit den Ruf eines der besten Kenner der klassischen okinawanischen Kampfkünste. Anhand zahlreicher Beispiele und Geschichten zeigt der Schüler von Shimabukuru Zenpo und Donn F. Draeger in diesem Buch, was die Philosophie und die Praxis des Okinawa-Karate auszeichneten. Zu den Themen zählen die Rolle der Geduld, die Bedeutung des Respekts, das Verhältnis zwischen Lehrer und Schüler, die Beziehung zwischen Kampfkunst und Heilkunde sowie traditionelle Methoden zum Muskelaufbau und zur Abhärtung. Ein großer Teil des Buches ist den Kampftechniken des klassischen Karate gewidmet. Mit Hilfe von Fotografien und Erläuterungen werden eine Reihe konkreter Anwendungen von Techniken aus den alten Kata vorgestellt, von Verteidigungen, die zugleich als Angriffe eingesetzt werden, bis hin zu Vitalpunkttechniken. Besonderer Wert wird darauf gelegt, aufzuzeigen, dass die Kampftechniken einst von kampferprobten Meistern für den Zweck der Selbstverteidigung entwickelt wurden. Im modernen Karate werden viele davon kaum noch gelehrt, weil sie für den sportlichen Wettkampf nicht geeignet sind.

Der Autor erläutert, welche nützliche Rolle Tradition in der modernen Zeit spielen kann. Schülern des Karate sollen die Möglichkeiten, die ihre Kampfkunst ihnen bieten kann, gezeigt werden, nicht nur hinsichtlich der Entwicklung ihrer kämpferischen Fähigkeiten, sondern auch für ihre Persönlichkeitsentwicklung, welche im klassischen Budō eine zentrale Rolle spielt. Tatsächlich kann Karate-dō einen lebenslangen Weg darstellen, eine umfassende Schule des Lebens.

Karatetrainer erhalten zahlreiche Anregungen, wie sie die Ausbildung ihrer Schüler reichhaltiger gestalten können.

Sensei Measara lebt seit 1980 in Deutschland. In seinen Lehrgängen, die ihn in zahlreiche Länder führen, verbreitet und lehrt er die klassischen Kampfkünste Okinawas.

Jamal Measara
Die verschollenen Traditionen des Okinawa-Karate
160 Seiten, ca. 280 Fotos
1. Auflage 2012
ISBN 978-3-938305-11-9
€ 18,90

Roland Habersetzer – Die Grundtechniken des Karate

Ein Handbuch über die Grundlagen des Karate

Sensei Roland Habersetzer, 9. Dan, stellt anhand von mehr als 1 000 präzisen Zeichnungen über 100 Einzeltechniken des Karate vor. Die wesentlichen Punkte für jede Technik werden klar und verständlich dargelegt. Sämtliche Grundtechniken (Kihon waza), die die Karateka des Shôtôkan und des Wadô-ryû vom Weißgurt bis zum 1. Dan beherrschen müssen, werden auf nachvollziehbare Weise präsentiert.

Darüber hinaus werden die zehn Grundlagen, auf denen die Techniken und der Geist des Karate beruhen, erläutert, und es erfolgt eine Einführung in das Kumite mit zahlreichen Übungsbeispielen.

Dieses Buch stellt ein umfassendes Handbuch dar, das dem Karateka, unabhängig von seiner Stilrichtung, auf jeder Stufe seiner Entwicklung wertvolle Anregungen für sein Training gibt.

»Das Wesentliche beim Kihon lässt sich mit den folgenden Stichpunkten zusammenfassen: Respekt vor der Form der Ausführung, Konzentration, Präzision, Kontrolle, Wille nach Vervollkommnung, andauernde Geduld … Allesamt Konzepte, die nicht unbedingt dem herrschenden Zeitgeist entsprechen. In der heutigen Gesellschaft geht es fast immer nur darum, so rasch wie möglich die gewünschten Ergebnisse zu erreichen, am besten augenblicklich. Dennoch ist alle Mühe gerechtfertigt. Ein Baum, dessen Wurzeln gekappt werden, stirbt. Der erste Windstoß wird ihn umstürzen. Die Wurzeln einer jeden Kampfkunst sind die Grundtechniken. Damit ist alles gesagt.«

(Auszug aus der Einleitung)

Roland Habersetzer
Die Grundtechniken des Karate
Vom Weißgurt bis zum 1. Dan
272 S., ca. 1000 Zeichnungen und 26 Fotos
1. Auflage 2011
ISBN 978-3-938305-18-8
€ 19,90
Auch als eBook erhältlich!